Quant à moi...

Témoignages des Français
et des Francophones

Third Edition

Quant à moi...

Témoignages des Français et des Francophones

MANUEL DE CLASSE

Jeannette D. Bragger
The Pennsylvania University

Donald B. Rice
Hamline University

THOMSON

HEINLE

Australia   Canada   Mexico   Singapore   Spain   United Kingdom   United States

Quant à moi…
Third Edition
Bragger / Rice

Editor in Chief: *PJ Boardman*
Publisher: *Janet Dracksdorf*
Acquisitions Editor: *Lara Semones*
Senior Production Project Manager: *Esther Marshall*
Editorial Assistant: *Catherine Kraus*
VP, Director of Marketing: *Elana Dolberg*
Manufacturing Manager: *Marcia Locke*
Project Manager: *Sev Champeny*

Compositor/Art Manager: *Greg Johnson, Art Directions*
Photo Manager: *Sheri Blaney*
Photo Reseacher: *Linda Finigan*
Interior Designer: *Brian Salisbury*
Cover Designer: *Ha Nguyen*
Printer: *QuebecorWorld*
Cover Art: PastPresent Gallery, Celebration, Florida

For permission to use material from this text or product, submit a request online at:

http://www.thomson.com

Any additional questions about permissions can be submitted by email to thomsonrights@thomson.com

Library of Congress Cataloging-in-Publication Data

Bragger, Jeannette D.
   Quant à moi— : témoignages des Français et des Francophones : manuel de classe / Jeannette D. Bragger, Donald B. Rice. — 3rd ed.
      p. cm.
   "Instructor's annotated edition."
   Includes index.
   ISBN 0-8384-6043-7 — ISBN 0-8384-6051-8
   1. French language—Textbooks for foreign speakers—English.
I. Rice, Donald – II. Title.

PC2129.E5B67 2004
448.2'421—dc22

2003071189

Table des matières

To the Student

Bonjour! Welcome to Quant à moi..., a comprehensive intermediate French program designed to follow up on the beginning French course(s) you've taken in high school or college.

The Quant à moi... program consists of the following components:

- The **Manuel de classe** is your in-class textbook. You'll need to bring it to class every day.

- The **Manuel de préparation** provides follow-up to work done in class and preparation for your next class period(s). Your instructor may ask you to bring this to class also.

- The **Audio CDs** contain interviews with real speakers of French, so that you can experience and work with authentic spoken language on a regular basis. These speakers come from different parts of the French-speaking world and their speech patterns are unique to each one (faster, slower, regional accents, etc.). You don't need to bring the CDs to class, unless you want to listen to them in between classes.

- The **Website** provides self-scoring activities based on the grammar structures and words and phrases in each chapter. Also included are text-tied cultural exploration activities designed to give you more opportunity to explore authentic Francophone sites. Video activities to guide you through each video segment are also located on this site. If you have a copy of the computerized writing assistant, *Système-D*, then you should consult this site to find a correlation guide for the writing activities in your **Manuel de préparation**.

  http://quantamoi.heinle.com

Quant à moi... is organized into three sections as follows:

CHAPITRE PRELIMINAIRE: C'est la rentrée

This preliminary chapter helps you reactivate the French you already know as you get acquainted with your classmates and your instructor. Even if you're a bit rusty on the first day, you'll find that you'll get back into the language fairly easily through the familiar material in this chapter.

PREMIERE PARTIE

CHAPITRE 1: Allons voir les Français et les Francophones... chez eux!
CHAPITRE 2: Allons voir les Français et les Francophones... à table!
CHAPITRE 3: Allons voir les Français et les Francophones... aux heures de loisir!

Chapters 1–3 introduce you to three main themes important to French and Francophone cultures (as well as your own culture): (1) where people live; (2) what they eat; (3) how they spend their leisure time.

DEUXIEME PARTIE

CHAPITRE 4: On décrit
CHAPITRE 5: On discute
CHAPITRE 6: On raconte

In chapters 4–6, you'll get the opportunity to enhance your writing and discussion skills through a variety of topics of broad general interest. You'll deal with social issues that concern us all (crime, human relationships, terrorism, prejudice, the environment, etc.), and you'll read different types of texts (magazine articles, literary excerpts, short narratives, etc.) that will help you acquire the vocabulary and writing/discussion skills you need to engage in interesting exchanges either in writing (e.g., e-mails, compositions, papers) or in speaking.

Acknowledgments

Many people have contributed to the development of Quant à moi... We would like to thank Janet Dracksdorf, Lara Semones, and Esther Marshall. We would also like to express our thanks to Myrna Rochester, Sev Champeny, Jackie Rebisz, Serge Laîné, Brian Salisbury, Ha Nguyen, and to Greg Johnson. Our thanks also go to Sheri Blaney, Linda Finigan, Isabelle Pelet, and Sylvie Pittet.

We would also like to acknowledge the following colleagues who made excellent suggestions for revisions and valuable contributions:

Anne-Laure Bonnardel-Kalim, *University of Pennsylvania*

Virginie Delfosse-Reese, *Bennington College*

Stayc DuBravac, *Florida Atlantic University*

Glenn Fetzer, *Calvin College*

Holly Harder, *Brandeis University*

Erin Joyce, *Baker University*

Josy McGinn, *Syracuse University*

Lydie Meunier, *University of Tulsa*

Charles Pooser, *University of Louisville*

Jean-Marie Schultz, *University of California, Berkeley*

Patricia Siegel, *SUNY Brockport*

Barbara Vigano, *Mt. San Antonio College*

Catherine Weibe, *University of Oregon*

Finally, we wish to thank Baiba and Mary, who as always have patiently encouraged and supported us during the preparation of this edition. As for Alexander (age 20) and Hilary (age 15), it is with both interest and consternation that they continue watching as the shelf of French books awaiting their use grows longer and longer.

J.D.B.
D.B.R.

Le monde francophone

As the title Quant à moi... and the subtitle (**Témoignages des Français et des Francophones**) indicate, this program gives you a variety of perspectives on the many topics you'll be studying. On this page, you can meet for the first time the "witnesses" (**témoins**) from all over the French-speaking world who will be giving you their points of view. You can use the maps located in the **Manuel de classe** to pinpoint their geographical location.

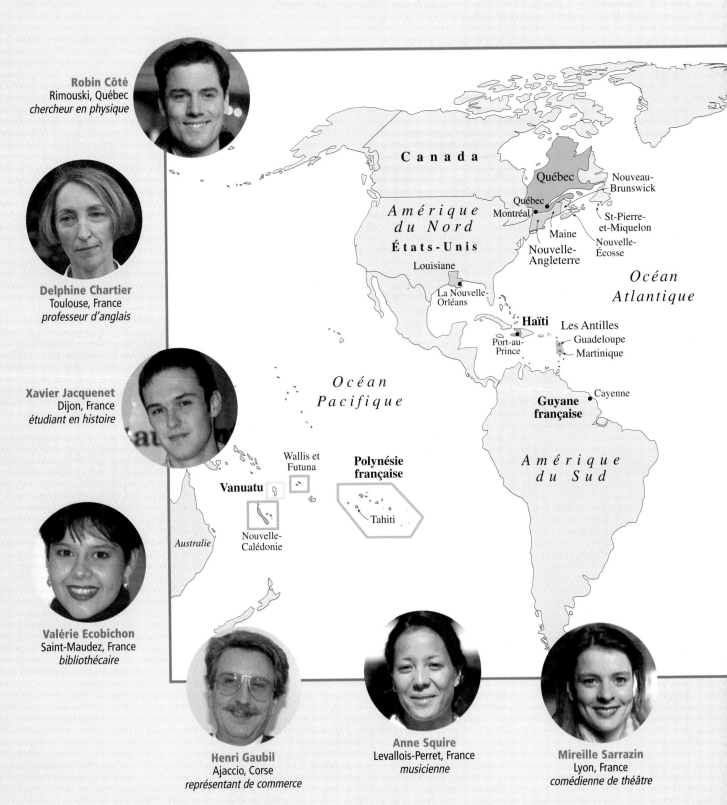

Robin Côté
Rimouski, Québec
chercheur en physique

Delphine Chartier
Toulouse, France
professeur d'anglais

Xavier Jacquenet
Dijon, France
étudiant en histoire

Valérie Ecobichon
Saint-Maudez, France
bibliothécaire

Henri Gaubil
Ajaccio, Corse
représentant de commerce

Anne Squire
Levallois-Perret, France
musicienne

Mireille Sarrazin
Lyon, France
comédienne de théâtre

Canada

Québec

Québec
Montréal

Nouveau-Brunswick

St-Pierre-et-Miquelon

Amérique du Nord

États-Unis

Maine

Nouvelle-Angleterre

Nouvelle-Écosse

Louisiane

La Nouvelle-Orléans

Océan Atlantique

Haïti

Les Antilles

Port-au-Prince

Guadeloupe

Martinique

Cayenne

Océan Pacifique

Guyane française

Amérique du Sud

Wallis et Futuna

Polynésie française

Vanuatu

Australie

Nouvelle-Calédonie

Tahiti

Dovi Abe
Dakar, Sénégal
fonctionnaire

Philippe Heckly
Asnières, France
ingénieur

Véronica Zein
Savigny-sur-Orge, France
étudiante en droit

Sophie Everaert
Bruxelles, Belgique
psychologue

Bruxelles

Europe

Asie

Belgique

Luxembourg

Paris

Genève

France

Suisse

Andorre

Corse

Monaco

Rabat

Alger

Tunis

Tunisie

Liban

Maroc

Algérie

Viêt-Nam

Hanoi

Laos

Mauritanie

Mali

Niger

Tchad

Vientiane

Cambodge

Sénégal

Pondichéry

Phnom
Penn

Guinée
Burkina-Faso

République
centrafricaine

République
de Djibouti

Côte
d'Ivoire

Togo

Gabon

Seychelles

Océan
Indien

Bénin

Congo

Ruanda
Burundi

Cameroun

Comores

République
démocratique
du Congo

Mayotte

Afrique

Maurice

Réunion

Antananarivo

Australie

Madagascar

Océan
Atlantique

Océan
Indien

Antarctique

Océan
Pacifique

Terres australes
et antarctiques
françaises

Pays et régions où le
français est langue officielle

Pays et régions où le
français est langue co-officielle

Pays et régions où le
français est langue administrative

Pays et régions où l'influence
culturelle française reste importante
et où le français est encore une
langue courante

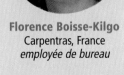

Florence Boisse-Kilgo
Carpentras, France
employée de bureau

Nezha Le Brasseur
Casablanca, Maroc
professeur de sciences
naturelles

Djamal Taazibt
Alger, Algérie
professeur de psychologie
industrielle

Cinq étudiants

C'est la rentrée et cinq étudiants français vous parlent de leurs études et aussi des vacances qu'ils viennent de passer.

Sylviane Cordin

Annick Ducharme

Jérôme Guilland

Marie-Noëlle Alazard

Sébastien Hamel

C'est la rentrée!

A. Bonjour! Je suis en première année à l'université Pierre Mendès-France à Grenoble. Je prépare un DEUG de psychologie. Ce semestre, j'ai deux cours de psychologie, un cours de statistiques et un cours d'anglais. L'été dernier j'ai voyagé dans l'Europe de l'Est avec des copains. Nous avons visité la République tchèque et la Hongrie.

B. Salut! Moi, je suis en première année. Je fais mes études à l'université Louis Pasteur à Strasbourg.

Après les grandes vacances!

Je fais des études scientifiques. J'ai des cours de biologie, de physique, de maths et d'allemand. Mes vacances n'étaient pas très intéressantes. J'ai passé tout l'été chez mon oncle en Auvergne.

C. Bonjour! Moi, je suis étudiante à l'université Nancy 2. C'est ma troisième année à l'université (j'ai déjà mon DEUG). Je prépare une licence d'histoire de l'art. Cette année, j'ai des cours d'archéologie, d'art classique et médiéval et aussi d'art moderne. Pendant l'été, j'ai travaillé comme serveuse dans un restaurant sur la plage aux Sables d'Olonne. J'ai beaucoup aimé la plage, mais le travail était assez dur.

D. Bonjour! Moi, je suis en deuxième année à l'université de Toulouse-Le Mirail. Je me spécialise en anglais. J'ai un cours de littérature américaine, un cours de langue anglaise écrite et un cours de langue anglaise orale ainsi qu'un cours de civilisation américaine. L'été dernier j'ai fait un stage dans une maison d'édition à New York. C'était vraiment formidable!

E. Salut! C'est ma deuxième année à l'université Paris X-Nanterre. Je prépare un DEUG d'économie et gestion. Ce semestre, j'ai des cours de microéconomie, de statistiques, de relations internationales et d'espagnol. Pendant l'été j'ai travaillé comme monitrice dans une colonie de vacances près de Montpellier. C'était très amusant!

Objectives

In this chapter, you will learn to:

- introduce yourself to your classmates;
- talk about your vacation;
- talk about the courses you're taking;
- talk about where you're from and where you're living.

Chapter Support Materials (Student)
MP: pp. 1–14
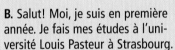
Audio: CD1, Track 2

le DEUG (Diplôme d'Etudes Générales Universitaires) degree after two years of university
la licence more specialized French degree (one year beyond the DEUG)

Pour communiquer

Ecoutez!

Audio: CD1, Track 2

A. Trois étudiants au café. Ecoutez la conversation entre trois étudiants (Mélodie, Anne, Cyril) qui se trouvent sur la terrasse d'un café près de l'université de Bourgogne à Dijon. Ensuite, complétez le tableau en précisant leur ville d'origine, leur année à l'université, leur spécialisation, leurs cours et ce qu'ils ont fait pendant les vacances d'été.

Nom	Ville	Année	Spécialisation	Cours	Vacances
Mélodie					
Cyril					
Anne					

Parlez!

B. Questions et répliques. Trouvez dans la colonne de droite la meilleure réplique aux questions de la colonne de gauche.

1. Tu t'appelles comment?
2. Tu viens d'où?
3. Tu es en quelle année?
4. Qu'est-ce que tu prépares comme diplôme?
5. Qu'est-ce que tu fais comme études?
6. Qu'est-ce que tu as comme cours?
7. Qu'est-ce que tu as fait cet été?
8. Comment est-ce que tu as passé les vacances?

a. Je prépare un DEUG d'allemand.
b. Rien d'intéressant.
c. J'ai travaillé pour mon oncle.
d. Je suis de Rennes.
e. En troisième année.
f. Moi, c'est Jean-Pierre.
g. Je suis en philosophie.
h. J'ai latin, grec et espagnol.

Pour mieux vous exprimer

Demander et donner le nom de quelqu'un

Tu t'appelles comment?
Comment tu t'appelles?

Moi, c'est...
Je m'appelle...

Demander et dire d'où on vient

Tu viens d'où?
Tu es d'où?

Je viens de...
Je suis de...

Demander et dire ce qu'on fait comme études

Qu'est-ce que tu prépares comme diplôme?	Je prépare un diplôme de (maths).
Qu'est-ce que tu fais comme études?	Je fais des études de (droit).
Tu es en quelle année?	Je suis en première (deuxième,...) année.
Qu'est-ce que tu as comme cours?	J'ai un cours de... (des cours de...).
Quels cours (est-ce que) tu as?	J'ai (littérature espagnole,...)

Demander et dire ce qu'on a fait pendant les vacances

Qu'est-ce que tu as fait pendant les vacances?	Moi, je suis allé(e)...
	Rien d'intéressant.
Comment est-ce que tu as passé les vacances?	Moi, j'ai passé (un mois) à...
	J'ai travaillé chez (avec, pour...)
	J'ai rendu visite à...
	J'ai voyagé en (au) (à) ...
	Je suis resté(e) ici.

Présenter quelqu'un

(Mike), je te présente (Judy). (Judy, Mike).
(Monsieur... / Madame...), je vous présente (Alex).

C. Faisons connaissance! Posez des questions à un(e) camarade de classe afin de vous renseigner sur:

1. sa ville d'origine
2. son année à l'université
3. sa spécialisation
4. ses cours
5. ce qu'il/elle a fait pendant les vacances

D. Faisons connaissance! (suite) Faites le tour de la classe en vous présentant aux autres étudiants et en vous renseignant sur leur ville d'origine, leur année à l'université, etc.

E. Faisons des présentations. Présentez à la classe un(e) des étudiant(e)s avec qui vous avez parlé (Ex. D). Donnez tous les renseignements que vous avez appris.

Do *A faire! (CP-1)* on page 2 of the **Manuel de préparation.**

Perspectives culturelles

Les stéréotypes

Les Américains sont-ils tous matérialistes et superficiels? Les Français sont-ils tous distants et intellectuels? Les stéréotypes sont-ils faux? Ont-ils une part de vérité? Comment peut-on parler des gens qui viennent d'une autre culture?

Des Français à Paris

Des Américains à New York

F. Des stéréotypes qui caractérisent les Américains? Avec vos camarades de classe, mettez en commun les mots que vous avez encerclés dans l'Exercice V du **Manuel de préparation.** Lesquels des mots sur votre liste semblent contenir une part de vérité en ce qui concerne les Américains? Quand vous aurez terminé votre discussion, écrivez ces mots au tableau.

G. Et les valeurs? En vous basant sur les choix que vous avez faits dans l'Exercice VI du **Manuel de préparation,** mettez-vous d'accord avec vos camarades sur les trois valeurs les plus importantes qui caractérisent la société américaine. Soyez prêts à expliquer (avec des exemples) pourquoi vous avez mis l'accent sur ces trois valeurs.

Modèle: —*A mon avis, une des valeurs les plus importantes, c'est la réussite matérielle. Ici, aux Etats-Unis, tout le monde veut vivre dans le confort. On veut une grande maison, une ou plusieurs voitures et beaucoup d'autres objets matériels. On a beaucoup de respect pour les gens qui ont beaucoup d'argent.*
—*Je suis d'accord. La réussite matérielle est beaucoup plus importante que l'honneur ou la justice ou même l'égalité. Vous vous rappelez l'affaire Enron?*
—*C'est vrai. Mais en même temps il y a beaucoup de gens pour qui le respect de l'individu est plus important que la réussite matérielle. Par exemple, mon oncle…*

H. Comment sont les Français? Identifiez les stéréotypes que vous avez à propos des Français et mettez-les sous forme de questions écrites que vous pourrez poser à votre professeur.

◉ Do *A faire!* (CP-2) on page 12 of the **Manuel de préparation.**

Modèle: anti-Américains
Est-ce que les Français sont vraiment anti-Américains?

Première *partie*

Chapitre 1
Allons voir les Français et les Francophones... chez eux!

Chapitre 2
Allons voir les Français et les Francophones... à table!

Chapitre 3
Allons voir les Français et les Francophones... aux heures de loisir!

Chapitre 1

Les Guides

Colin Doumba

- né à Douala, Cameroun
- habite actuellement à Toulouse, France
- travaille pour une société aérospatiale

Françoise Séguin

- née à Muret, une petite ville non loin de Toulouse
- habite actuellement à Toulouse
- travaille avec Colin

La ville natale de Colin au Cameroun

La maison natale de Françoise, à 20 km au sud-ouest de Toulouse

Allons voir les Français et les Francophones...

chez eux!

Basilique Saint-Sernin, Toulouse

Objectives

In this chapter, you will learn to:

- describe housing, things, and people;
- talk about relationships between people and space;
- talk about your surroundings;
- express comparisons;
- interview someone;
- write up an interview.

Chapter Support Materials (Student)
MP: pp. 17–62
Audio: CD1, Tracks 3–18

Vue de Toulouse

Documents déclencheurs

Françoise Séguin

«Bonjour! Mon collègue Colin et moi serons vos guides pour votre étude des attitudes des Français à propos de leur milieu et de leur logement.»

Colin Doumba

«Oui, et pour apprendre où et comment vivent les gens en France et dans le monde francophone, vous allez entendre trois Français et une Marocaine vous parler de leurs logements.»

Evolution de la population française
(en millions d'habitants)

1800	28,7
1850	36,4
1900	40,6
1939	41,3
1998	58,7
2025*	61,7
2050*	59,9

*Projections de l'ONU (Organisation des Nations Unies)

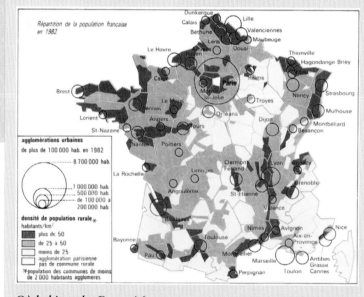

Où habitent les Français?

- Plus de la moitié des Français habitent dans les grandes villes (agglomérations) de plus de 200 000 habitants. Ils vivent dans des immeubles ou dans des maisons.
- Un Français sur quatre habite à la campagne. Beaucoup de ces Français habitent des villages et travaillent dans des villes voisines.
- En France, il y a certaines régions qui sont très peu peuplées. C'est le cas, par exemple, de la Champagne.
- Vingt pour cent de la population française (un Français sur cinq) vit dans la région parisienne.
- Dans l'agglomération parisienne, presque la moitié des résidences principales sont occupées par une personne seule avec, souvent, un chat ou un chien.
- Les quatre zones les plus peuplées de la France sont 1) la région parisienne, 2) la région lyonnaise, 3) le Nord-Pas-de-Calais, 4) la Lorraine (région du nord-est).

MERCURE BRETAGNE PAYS DE LOIRE BASSE NORMANDIE
35740 PACE
✆ : 02.99.85.25.00 Fax : 02.99.85.25.98

A 20 MINUTES DE RENNES: et à proximité d,une petite cité de caractère, **BELLE DEMEURE DU XVIIEME SIECLE**, offrant une surface habitable de 300 m² en 7 pièces principales sur 2 niveaux. 2 belles réceptions comportant chacune cheminée et vaisselier. 4 chbs. Piscine intérieure. Dépendance. Parc de 1,5 hect avec étang. Belle rénovation. <u>Réf.BLN370</u> **358 865 €**

A vendre en Bretagne

IMMOVAC - MORILLON
✆ : 04 50 90 14 61 - Fax : 04 50 90 72 81

MORILLON

appartement tt confort dans petit village. Accès télé-cabine rapide. Deux chambres, séjour avec coin cuisine, salle de bains et toilettes séparées. Terrasse. Exposition plein sud, sans vis à vis. Casier à skis et cave.

63.760€

A vendre à Morillon

11E METRO

OBERKAMPF 116Z46

Jolie maison de ville, intérieur style loft, refait à neuf, sur cour pavée et fleurie, 2 chbres + 1 grand séjour. Possibilité terrasse, calme et clair.

440 000 €

A vendre à Paris

immobilier bragato
CAMPG 32500 FLEURANCE
SAN MARTINO David ✆ : 05 62 06 15 49

GERS: Bienvenue en Lomagne, tranquille, bien exposée, de bons volumes, une belle vue, cette maison de campagne n'attend plus que vous pour se faire restaurer avec soins. Possibilité de plus de 6 chambres. dépendance non attenante, terrain de plus de 3.000m². **115 900 € (760 250 F)** <u>Réf: 575</u>

A vendre dans le Gers

– 30231 Rare dans un écrin de verdure, au cœur de Toulouse (Quartier Guilhemery). "Les Roses De Blanches Odin" vous proposent 9 toulousaines avec jardins privatifs clôturés, 11 appartements du T3 au T5 avec grandes terrasses ou jardins privatifs. Une qualité de vie exceptionnelle, avec piscine, parking, vidéo surveillance, chauffage gaz, ascenseur.
LGB Immobilier
05 61 06 11 12

A vendre à Toulouse

Prestations haut de gamme
ENCORE DISPONIBLE
Appartements
• RDC avec jardin :
  T3 : **130 649 €**
  T4 : **167 085 €**
• Duplex avec jardin :
  T4 : **203 520 €**
• Etage :
  T3 : **168 761 €**
  T4 : **238 125 €**
  Villas
  T4 à partir de **155 498 €**
  T5 à partir de **236 601 €**
  <u>frais notaire inclus.</u>

Lisez!

A. Qu'est-ce que vous avez appris? Lisez les phrases suivantes et décidez si elles sont vraies ou fausses selon les renseignements donnés dans les **Documents déclencheurs**. Si une phrase est fausse, corrigez-la.

1. L'agglomération de Lyon est plus peuplée que l'agglomération de Paris.
2. Plus de 50% des Français habitent dans les villes de plus de 200 000 habitants.
3. En 2050, la France sera plus peuplée qu'en 2025.
4. Amiens et Toulouse sont des villes de 100 000 à 200 000 habitants.
5. Beaucoup de Français qui vivent dans les petits villages travaillent dans les villes d'à côté.
6. Un quart de la population française habite dans la région de Paris.
7. La région de la Champagne est moins peuplée que la Lorraine.

B. Ils cherchent une résidence secondaire. *(They're looking for a second home.)* Les personnes suivantes viennent d'hériter *(inherit)* de grosses sommes d'argent. Elles peuvent donc réaliser leur rêve d'acheter une résidence secondaire où elles vont passer leurs vacances. Selon les descriptions qu'elles donnent à l'agent immobilier, décidez quelle maison des **Documents déclencheurs** serait parfaite pour chaque individu.

Gaëlle Perrin

1. Ma résidence principale est dans la banlieue de Lille et je cherche un appartement dans une région de la France avec un climat plus agréable que notre climat du nord. J'aimerais avoir au moins trois chambres (une chambre pour moi, une chambre pour ma fille et une chambre d'amis). Je n'aime pas tellement la montagne. Je préfère un climat chaud et l'ambiance d'un quartier urbain intéressant. Je ne veux pas payer plus de 180 000 euros.

Marcel Sautour

2. Je suis né et j'habite toujours en centre-ville de Marseille, en Provence. Mon rêve, c'est d'avoir un petit appartement où je peux aller quand il fait trop chaud chez moi. J'aimerais aussi apprendre à faire de l'alpinisme et je cherche donc plutôt un paysage montagneux. Je veux surtout trouver une ambiance qui est plus tranquille et moins stressante que la vie urbaine.

Tom et Maryse Morlet

3. Nous habitons à Paris et nous cherchons une maison plutôt vieille que nous pouvons rénover peu à peu. Nous aimons tous les deux bricoler et nous préférons être à la campagne. Il nous faut une maison assez grande parce que nous avons trois enfants. Et, d'ailleurs, nos enfants aimeraient bien avoir une piscine. Nous aimerions être assez près d'une ville pour faire nos courses.

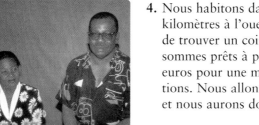

Danielle et Jacques Chalemel

4. Nous habitons dans un appartement à quelques kilomètres à l'ouest de Lyon et notre rêve, c'est de trouver un coin calme à la campagne. Nous sommes prêts à payer entre 100 000 et 150 000 euros pour une maison qui a besoin de rénovations. Nous allons bientôt prendre notre retraite et nous aurons donc le temps de nous en occuper.

⮞ Quel logement des petites annonces n'intéresse personne? Trouvez les raisons pour lesquelles ce logement ne correspond pas aux rêves des individus qui cherchent une résidence secondaire.

C. C'est quel logement? Associez chaque description à un des logements dans les photos.

1. Comme environ 15 millions de personnes en France, la famille Huguet est logée dans une HLM (une habitation à loyer modéré) dans un grand ensemble (groupement de très grands immeubles) à la périphérie d'une ville. Monsieur Huguet a un salaire très modeste et sa femme ne travaille qu'à mi-temps comme vendeuse dans un magasin. Ils habitent au 10ᵉ étage d'un des immeubles (un bâtiment [un building] avec beaucoup d'appartements).

2. Hélène est l'héritière de la maison de ses parents. Avec son mari Yvan, elle s'est donc installée dans cette maison au centre-ville. C'est une vieille maison à deux étages qui date de la fin du XVIIIᵉ siècle. La maison est dans un quartier où il y a tout: magasins, restaurants, théâtres, cinémas… enfin tout pour faciliter la vie d'un jeune couple actif qui aime s'amuser.

3. Thierry est étudiant en médecine. Sa famille habite assez loin de l'université et Thierry a donc décidé de prendre une chambre dans la résidence universitaire (un bâtiment où habitent les étudiants). Sa résidence est un bâtiment assez laid et très ordinaire. Mais la chambre de Thierry est bien aménagée (arrangée) et confortable.

4. Véronique et ses parents habitent dans un pavillon (une maison individuelle dans la banlieue d'une grande ville). Très souvent, un pavillon a un petit jardin. Il peut y avoir un étage et parfois aussi un sous-sol.

5. Les Buthier sont agriculteurs en Franche-Comté et ils habitent dans une ferme. Ils cultivent des légumes et ils ont quelques vaches et cochons. Leur ferme est assez grande, les murs sont en pierre pour protéger contre le froid de l'hiver et la maison est entourée de champs.

6. Marie-Josée a un studio dans un vieil immeuble au centre-ville. C'est un très bel immeuble qui date du XVIIᵉ siècle. Le studio de Marie-Josée est au rez-de-chaussée. Elle a une grande pièce avec deux fenêtres. La pièce est bien aménagée et confortable. Il y a un lit (qui sert de sofa pendant la journée), une table avec quatre chaises, un fauteuil, un téléviseur, quelques plantes vertes et, aux murs, des posters de chanteurs célèbres. Il y a aussi un coin-cuisine où Marie-Josée prépare ses repas.

a.

b.

c.

d.

e.

f.

Témoignages

«Où est-ce que vous habitez?»

D. A vous d'abord! Posez les deux questions à vos camarades afin de vous renseigner sur leur logement.

1. Où est-ce que tu habites (vous habitez)? (Dans quelle partie de la ville?)

2. Dans quel type de logement est-ce que tu habites (vous habitez)?

Ecoutez!

Audio: CD1, Tracks 3–6

E. Les témoins vous parlent. En écoutant quelques Français et francophones vous parler de leur logement, faites ce qu'on vous demande de faire.

Mireille Sarrazin
Lyon, France

Vocabulaire utile

au bord de la Saône *(on the banks of the Saône river)*, **piétonnier** *(pedestrian)*, **moyenâgeux** *(of the Middle Ages)*, **étroites** *(narrow)*, **dehors** *(outside)*, **artisanales** *(artisan, crafts)*, **la vie nocturne** *(nightlife)*

1. Complétez l'interview en ajoutant les mots qui manquent. Utilisez une autre feuille de papier.

—Bonjour, Madame.
—Bonjour, Madame.
—Comment vous appelez-vous?
—Mireille Sarrazin.
—Et quel âge avez-vous?
—_____ ans.
—Où est-ce que vous habitez?
—J'habite à Lyon.
—Dans quel type de _____?
—Dans un _____ au bord de la Saône.
—Est-ce que vous pouvez décrire un peu le _____ où vous habitez?
—J'habite dans le vieux Lyon. Donc c'est le plus _____ quartier de Lyon. C'est un quartier assez intéressant _____... une partie... même la majorité du quartier est piétonnier. C'est un quartier moyenâgeux, avec des _____ très étroites, où il y a une vie dehors, où il y a _____ restaurants. Il y a beaucoup de petites _____ artisanales aussi, et c'est un quartier où il y a une _____ nocturne assez importante.

Vocabulaire utile

épeler *(spell)*, **une ferme** *(farmhouse)*, **une maison d'habitation** *(main house)*, **en pleine nature** *(out in nature)*, **dans la campagne** *(in the countryside)*

Valérie Ecobichon
Saint-Maudez, France

2. Complétez l'interview en ajoutant les questions qui manquent. Utilisez une autre feuille de papier.

—_____?
—Valérie.

—_____?
—Ecobichon.

—_____?
—Oui. C'est E-C-O-B-I-C-H-O-N.

—_____?
—J'habite en Bretagne, dans un petit village qui s'appelle Saint-Maudez.

—_____?
—Oui, c'est S-A-I-N-T et Maudez, c'est M-A-U-D-E-Z.

—_____?
—J'ai vingt-cinq ans.

—_____?

—J'habite dans une grande ferme… Nous avons une grande maison d'habitation en pleine nature dans la campagne. C'est une maison assez longue sur deux étages.

—_____?
—J'habite avec toute ma famille: mes parents, ma grand-mère et mes frères et sœurs.

—_____?
—J'ai un frère et deux sœurs.

—_____?
—Nous sommes assez isolés dans la campagne et le village est à deux kilomètres de chez nous.

Vocabulaire utile

c'est majuscule? *(is it capitalized?)*, **ont été bâties** *(were built)*, **on a été colonisé** *(we were colonized)*, **«Roches Noires»** *(literally, Black Rocks; name of the neighborhood)*, **malheureusement** *(unfortunately)*, **usines** *(factories)*, **en marchant** *(on foot)*, **proche** *(close)*

Nezha Le Brasseur
Casablanca, Maroc

3. Précisez:

a. son âge
b. le logement qu'elle habite
c. la sorte de quartier qu'elle habite
d. la situation du logement
e. le temps qu'il faut pour aller aux usines

Vocabulaire utile

banlieue *(suburbs)*, **cimetière aux chiens** *(dog cemetery)*, **Rin Tin Tin** *(American TV dog from the 50s and 60s)*, **enterré** *(buried)*, **immeuble** *(apartment building)*, **années trente** *(thirties)*, **ascenseur** *(elevator)*, **coude à coude** *(close together, literally: elbow to elbow)*, **escalier** *(stairs)*

Philippe Heckly
Asnières, France

4. Notez au moins cinq faits que vous avez appris sur Philippe.

F. Une interview. Posez les questions suivantes à un(e) camarade de classe. **Attention:** Utilisez la forme «vous» si la personne que vous interviewez est beaucoup plus âgée que vous.

1. Quel est ton (votre) prénom?
2. Et quel est ton (votre) nom de famille?
3. Tu peux (Vous pouvez) épeler ton (votre) nom de famille?
4. Où habite ta (votre) famille (nom de la ville)? Comment ça s'écrit?
5. Quel âge as-tu (avez-vous)? (**Attention:** Ne pas poser cette question à une personne beaucoup plus âgée que vous!)
6. Où est-ce que tu habites (vous habitez), dans quel type de logement?
7. Où se trouve ton (votre) logement?
8. Tu habites (Vous habitez) seul(e) ou avec d'autres personnes?
9. Comment est le quartier où tu habites (vous habitez)?

Perspectives culturelles

Petit test: Où et comment sont logés les Français?

Vrai ou faux?

1. Deux Français sur quatre vivent dans les villes.
2. Plus de 50% des Français habitent une maison individuelle.
3. En France, on ne peut pas être expulsé de sa maison entre le 1er novembre et le 15 mars.
4. Les Français ont rarement une résidence secondaire.
5. Plus de 50% des Français habitent dans les HLM (habitations à loyer modéré).
6. Aujourd'hui, la population rurale n'est que de 15%.
7. 83% de la population française habite à moins de vingt minutes d'un McDonald's.
8. Le rêve de la plupart des Français, c'est d'habiter une maison ou un appartement au centre d'une grande ville.

Quatre des constatations sont vraies; quatre sont fausses. Vous pouvez découvrir les réponses en lisant les textes des **Perspectives culturelles**.

Se loger en France

En français, le mot «logement» a de nombreuses significations qui varient selon la situation sociale et financière d'un individu. Des HLM (habitations à loyer modéré) au pavillon, à la maison en ville ou à la campagne, chaque personne a sa propre définition du foyer et du «chez soi».

Grands ensembles et pavillons

18e arrondissement

Studios

162 140,82 € (669 999,86 F) - 18e - Au cœur de Montmartre Gd studio très fonctionnel, belle P. principale, jolie SdB, coin cuis. Très clair, calme. A saisir !
01 42 81 55 00
GERANDO IMMOBILIER

2 Pièces

92 856,00 € (609 056,07 F) - 18e - Prox. avenue St Ouen Rue Léoconiz 2 P. de caractère au 5ème et dernier étage. Luxueuses prestations, vue dégagée, soleil.
01 44 90 07 00
KGM IMMOBILIER

110 000,00 € (721 552,70 F) - 18e - Metro Guy Hoquet Bel immeuble ravalé. Etage élevé. 2 P. en parfait état, cuis. amén., très bon plan. Plein sud. Aucun vis à vis, calme et soleil.
01 42 55 02 91
CG IMMOBILIER

133 000,00 € (872 422,81 F) - 18e - Marché des antiquaires 2 P. en parfait état au 1er étage sur une place avec vue dégagée. Immeuble PDT ravalé, parquet chem. moulures.
01 44 90 07 00
KGM IMMOBILIER

149 400,00 € (979 999,76 F) - 18e - Sacré cœur Monmartre Quartier très animé, 2 P. en duplex sur cour, séj. avec cuis. ouverte, chbre avec SdB.
01 42 55 02 91
CG IMMOBILIER

149 400,00 € (979 999,76 F) - 18e - Montmartre Aucun vis à vis, vue dégagée, dernier étage, 2 P. Séj. avec cuis. américaine, chbre, SdB.
01 42 55 02 91
CG IMMOBILIER

3 Pièces

1 448,00 € (9 498,26 F) - 18e - ABBESSES 3 P, bon état, étage élevé, balcon, séj. avec chem., 2 chbres, cuis., SdB. Loyer c.c :
01 42 55 02 91
CG IMMOBILIER

152 400,00 € (1 000 006,45 F) - 18e - ABBESSES Joli 3 P. en bon état, séj. avec cuis. américaine, 2 petites chbres, SdB. Beaucoup de charme, parquet, moulures, cl
01 42 55 02 91
CG IMMOBILIER

237 000,00 € (1 554 618,09 F) - 18e - ABBESSES 3 P. refait à neuf. Immeuble ancien, parquet, séj., 2 chbres, cuis., SdD. Très clair.

354 443,96 € (2 324 999,97 F) - 18e - Lamarche Caulaincourt Belle surface de 91 m², très bonne distribution, dble séj., 2 chbres, jolie cuis. équip., SdB. Balcon.

Habitat urbain ancien

- Plus d'un ménage sur deux est propriétaire de sa résidence principale.
- La surface d'une maison individuelle est en moyenne de 103 m².

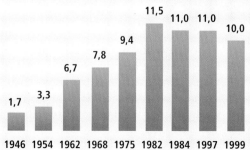

Maison de campagne

- La proportion de Français qui disposent d'une résidence secondaire est la plus élevée d'Europe après la Norvège et la Finlande.

La résidence secondaire boudée

Evolution de la proportion de ménages propriétaires d'une résidence secondaire (en %):

1946	1954	1962	1968	1975	1982	1984	1997	1999
1,7	3,3	6,7	7,8	9,4	11,5	11,0	11,0	10,0

Maison de village
- A quoi rêvent les Français? D'une maison à la campagne ou dans un quartier calme à la périphérie d'une grande ville.

Lotissements («villages pavillonnaires»)

LE SAVIEZ-VOUS?

Les gens du voyage
- Une loi du 31 mai 1990 oblige les communes de plus de 5 000 habitants à prévoir le passage et le séjour des gens du voyage sur des terrains spécialement aménagés pour eux. La loi les autorise alors à interdire le stationnement sauvage sur le reste de la commune.

Habitations à Loyer Modéré
- Environ 15 millions de personnes (17% des ménages) sont logées dans les Habitations à Loyer Modéré (HLM).
- Les HLM permettent aux personnes qui ont des ressources modestes de se loger à de moindres frais.
- Une grande partie des locataires d'HLM sont ouvriers, employés, personnels de service ou retraités.

Immeuble collectif
- La surface d'un appartement est aujourd'hui en moyenne de 66 m^2.

une HLM (une habitation à loyer modéré) low-income (affordable) housing
un pavillon suburban house
la campagne country(side)
le foyer home
un grand ensemble complex of high-rise apartment buildings
un ménage family, household
en moyenne on the average
la plus élevée the highest
un lotissement housing development (subdivision)
dite called
rêvent dream
un quartier neighborhood
loi law
prévoir anticipate

gens du voyage people who travel in campers
terrains pieces of land
aménagés set up
interdire forbid
le stationnement sauvage random parking
à de moindres frais at a lower cost (rent)
locataires renters
ouvriers blue-collar workers
retraités retired people
vivent live
est en baisse is going down
loyer rent
Dans un premier temps At first (In earlier times)
ciblé targeted
le cœur the heart
service au volant drive-through window

L'Exode rural

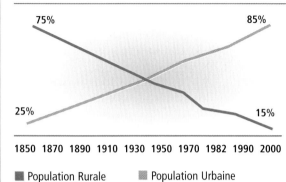

75%   85%

25%   15%

1850 1870 1890 1910 1930 1950 1970 1982 1990 2000

■ Population Rurale   ■ Population Urbaine

- Trois Français sur quatre vivent dans les villes.
- Un Français sur cinq habite dans la région parisienne.
- 56% des Français habitent une maison individuelle contre 48% en 1992.
- 54,7% des Français sont propriétaires de leur résidence principale.
- La mobilité résidentielle est en baisse.
- En moyenne, il y a 2,4 personnes par logement.
- En moyenne, 5,6% des logements en France sont vacants.
- 41% des Français sont locataires de leur logement.
- Il y a, en moyenne, 4 pièces par logement.

LE SAVIEZ-VOUS?

En France, si on ne paie pas son loyer, on peut être expulsé de son domicile. Mais la loi interdit l'expulsion entre le 1er novembre et le 15 mars parce qu'il risque de faire trop froid!

Un McDo, vite!

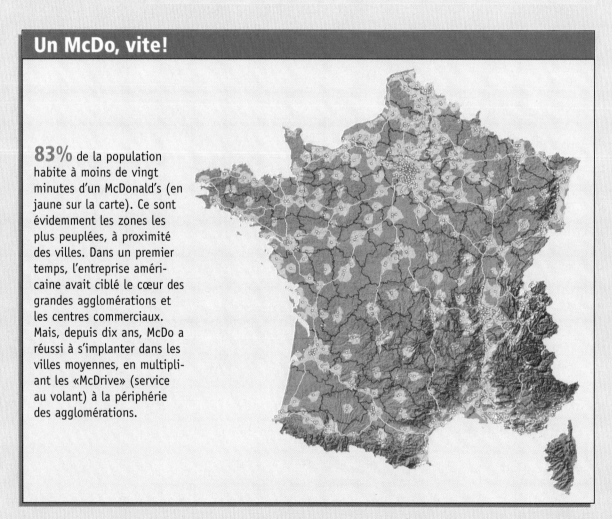

83% de la population habite à moins de vingt minutes d'un McDonald's (en jaune sur la carte). Ce sont évidemment les zones les plus peuplées, à proximité des villes. Dans un premier temps, l'entreprise américaine avait ciblé le cœur des grandes agglomérations et les centres commerciaux. Mais, depuis dix ans, McDo a réussi à s'implanter dans les villes moyennes, en multipliant les «McDrive» (service au volant) à la périphérie des agglomérations.

Source: *Francoscopie*, Larousse 2001.

G. Qu'est-ce que vous avez appris? Lisez les documents, puis complétez chaque affirmation en choisissant la réponse correcte.

1. La surface d'une maison individu-elle est en moyenne de
   a. 203 m².
   b. 103 m².
   c. 303 m².
   d. 93 m².

2. Depuis 1982, la proportion de ménages propriétaires d'une rési-dence secondaire
   a. augmente.
   b. reste au même niveau.
   c. diminue.

3. En France, plus de 50% des ménages sont propriétaires
   a. de leur résidence principale.
   b. d'un appartement dans une HLM.
   c. d'une maison à la campagne.
   d. d'une résidence secondaire.

4. Un lotissement est
   a. une concentration de pavillons qui se ressemblent.
   b. un ensemble de grands immeubles.
   c. un centre industriel.
   d. un centre sportif.

5. La surface d'un appartement en France est en moyenne de
   a. 66 m².
   b. 76 m².
   c. 86 m².
   d. 96 m².

6. Une grande partie des locataires d'HLM sont
   a. des profs d'université.
   b. des militaires.
   c. des gens avec beaucoup d'ar-gent.
   d. des ouvriers, des employés, des retraités.

7. En France, si on ne paie pas son loyer, on ne peut pas être expulsé
   a. en été, quand il fait trop chaud.
   b. le week-end.
   c. pendant les mois où il fait froid.
   d. si on a des enfants.

8. La zone la plus peuplée de France est
   a. l'agglomération de Lyon.
   b. l'agglomération de Paris.
   c. l'agglomération de Bordeaux.
   d. l'agglomération de Marseille.

H. Le logement: les Etats-Unis et la France. Regardez les statistiques sur les Etats-Unis ci-dessous et faites les comparaisons indiquées selon ce que vous avez appris sur la France dans les **Perspectives culturelles.**

Aux Etats-Unis...

- 66,2% des ménages sont propriétaires de leur résidence principale.
- le nombre de personnes par logement (propriétaires) est en moyenne de 2,62.
- le pourcentage de logements vacants est de 9%.
- 33,8% des Etasuniens sont locataires de leur logement.
- il y a en moyenne 5,9 pièces par logement.
- dans les années 50, la mobilité résidentielle était de 20%; entre 1997 et 1998, la mobilité résidentielle était de 16%.

1. Est-ce que le nombre de personnes par logement est plus ou moins élevé en France qu'aux Etats-Unis?
2. Est-ce que le pourcentage de logements vacants est plus ou moins élevé aux Etats-Unis qu'en France?
3. Est-ce que les logements en France sont plus ou moins spacieux que les logements aux Etats-Unis?
4. Est-ce que le pourcentage de locataires est plus ou moins élevé en France qu'aux Etats-Unis?
5. Est-ce que le pourcentage de propriétaires est plus ou moins élevé en France qu'aux Etats-Unis?

Do *A faire (1-1)* on page 18 of the **Manuel de préparation.**

Contrôle des connaissances
L'accord des adjectifs; Le comparatif

Rappel

L'accord des adjectifs (formes régulières)

au singulier

masculin	féminin
grand	grand<u>e</u> = forme masculine + **e**
rouge	roug<u>e</u> = les deux formes sont les mêmes

au pluriel

singulier	pluriel
grand / grande	grand<u>s</u> / grand<u>es</u> = formes singulières + **s**
rouge / rouge	roug<u>es</u> = formes singulières + **s**

Ecoutez!

 **Audio:** CD1, Track 7

I. Des précisions. Répondez aux questions selon ce que vous entendez (n'oubliez pas l'accord des adjectifs). Ensuite, justifiez vos réponses avec les raisons données dans les descriptions sur le CD.

Modèle: **Vous entendez:** Le prof est très marrant. Il nous raconte des histoires amusantes et nous faisons des jeux pour apprendre les maths.

Question: le cours de maths (monotone? intéressant?) Expliquez.

Vous dites: *Le cours de maths est intéressant parce que le prof raconte des histoires amusantes et parce qu'il utilise des jeux pour faire apprendre les maths.*

1. la maison (petite? grande?) Expliquez.
2. le film (intéressant? monotone?) Expliquez.
3. Sarah (optimiste? pessimiste?) Expliquez.
4. le prof (patient? impatient?) Expliquez.
5. la résidence universitaire (calme? bruyante?) Expliquez.
6. les bâtiments (délabrés? rénovés?) Expliquez.
7. la bibliothèque (ouverte? fermée?) Expliquez.
8. l'appartement (ensoleillé? sombre?) Expliquez.
9. chambre (propre? sale?) Expliquez.
10. Vanessa (française? américaine?) Expliquez.

L'accord des adjectifs (formes irrégulières)

au singulier

masculin	féminin	masculin	féminin
premier	première (-er devient -ère)	beau	belle
bon	bonne (-n devient -nne)	nouveau	nouvelle
délicieux	délicieuse (-eux devient -euse)	vieux	vieille
violet	violette (-et devient -ette)	blanc	blanche
secret	secrète (-et devient -ète)	long	longue
traditionnel	traditionnelle (-el devient -elle)	frais	fraîche
sportif	sportive (-f devient -ve)		

au pluriel

- Pour la plupart des adjectifs, ajoutez **-s** aux formes singulières.

bleu	bleus
nouvelle	nouvelles
sportif	sportifs
curieuse	curieuses

- Les adjectifs singuliers en **-s** ou **-x** ne changent pas au pluriel.

vieux	vieux
mauvais	mauvais
frais	frais

J. Des descriptions. Utilisez au moins un des adjectifs donnés pour décrire chacune des illustrations.

Adjectifs: beau / bruyant / climatisé / grand / luxueux / cher / délicieux / neuf / refait / vieux / frais / blanc / délabré / abstrait

 Modèle: *La maison est délabrée.*

1.   2.  3.  4.

5.  6.  7.  8.

Le comparatif

- *supériorité*   **plus** + adjectif + **que**

  Il est **plus** beau **que** son frère.

  Ce chocolat est **bon**. Ce chocolat est **meilleur que** ces bonbons.
  Ces bonbons sont **bons**. Ces bonbons sont **meilleurs que** ce chocolat.
  Cette pomme est **bonne**. Cette pomme est **meilleure que** ces poires.
  Ces poires sont **bonnes**. Ces poires sont **meilleures que** ces pommes.

- *infériorité*   **moins** + adjectif + **que**

  Tu es **moins** patiente **que** ton ami.

  Cette pomme est **moins** bonne **que** cette poire.
  Ces bonbons sont **moins** bons **que** ce chocolat.

- *égalité*   **aussi** + adjectif + **que**

  Je suis **aussi** fatigué **que** toi.

  Cette pomme est **aussi** bonne **que** cette poire.
  Ces bonbons sont **aussi** bons **que** ce chocolat.

K. Des comparaisons. Faites des comparaisons en utilisant les éléments donnés et vos expériences personnelles.

> Modèle: vacances (long)
> *Chez nous, les vacances d'hiver sont plus longues que les vacances d'automne.*

1. prof (amusant)
2. film (populaire)
3. ami(e) (sérieux)
4. cours (intéressant)
5. chansons (triste)
6. restaurant (bon)
7. vidéo (ennuyeux)
8. chansons (émouvant)

L. A mon avis… Faites les comparaisons suivantes. Utilisez les adjectifs suggérés pour vous guider. N'oubliez pas l'accord des adjectifs.

1. Comparez deux logements que vous connaissez.

   Adjectifs: agréable / beau / bien situé / bruyant / calme / clair / climatisé / délabré / ensoleillé / facile à entretenir / grand / haut / intime / isolé / luxueux / moderne / petit / pittoresque / privé / propre / sale / solide / sombre / spacieux / tranquille / vieux

2. Comparez deux personnes que vous connaissez.

   Adjectifs: agréable / aimable *(likable)* / ambitieux / amusant / bavard *(talkative)* / bon (en maths, en langues étrangères, etc.) / calme / charmant / énergique généreux / gentil(le) / intelligent / intéressant / marrant / négatif / optimiste / organisé / ouvert / poli / pessimiste / positif / réservé / responsable / sensible *(sensitive)* / sérieux / sociable / sportif / studieux / sympathique

Pour parler...
de son environnement

M. Comment c'est? Faites des descriptions d'après ce que vous voyez sur les photos ci-dessous. Identifiez d'abord le type de logement; faites-en ensuite une petite description (vous pouvez inventer des détails); imaginez enfin l'environnement dans lequel le logement se trouve probablement.

Modèle: *La banlieue de Toulouse*

C'est un pavillon dans la banlieue de Toulouse. Il y a un jardin. La maison est à proximité de quelques magasins et d'un centre commercial. Mais les enfants doivent prendre le car de ramassage (schoolbus) *pour aller à l'école. Le quartier est plus calme que le centre-ville, etc.*

1. *Paris*

2. *Douala, Cameroun*

3. *Calmoutier, France*

4. *Une maison en Guadeloupe*

Pour communiquer

Ecoutez!

Françoise Séguin et son collègue Colin Doumba se parlent un jour au bureau. Elle lui annonce qu'elle va déménager et lui explique pourquoi elle et son mari ont décidé de changer de logement.

«Eh oui, c'est vrai. On va déménager.»

«La maison est moderne, bien construite et très belle. Il y a beaucoup de fenêtres et toutes les pièces sont donc ensoleillées. Il y a même quelques arbres dans le jardin.»

N. Vous avez compris? Répondez aux questions d'après la conversation entre Françoise et Colin que vous venez d'entendre.

> **Vocabulaire utile**
>
> **J'ai entendu dire que...** *(I heard that...),* **déménager** *(to move [change residence]),* **rénover** *(to remodel),* **un(e) gosse** *(kid [child]),* **entretenir** *(to keep up / to maintain),* **une pièce** *(room),* **se rapprocher de** *(to get closer to),* **ça me serait égal** *(it wouldn't matter to me)*

1. Où a lieu la conversation entre Françoise et Colin?
2. Qu'est-ce que Françoise dit à Colin?
3. Comment s'appelle le mari de Françoise?
4. Comment s'appelle la fiancée de Colin?
5. Pourquoi est-ce que Françoise et son mari ont décidé de déménager?
6. Quel est le seul inconvénient de la nouvelle maison pour Françoise?
7. Qu'est-ce que Françoise et son mari vont faire de leur appartement?
8. Pourquoi est-ce que Colin s'intéresse à l'appartement de Françoise?

If you would like to listen again to the conversation between Françoise and Colin, you can work with this listening material on your own, using **CD1, Track 8**.

Pour mieux vous exprimer

Parler de l'endroit où on veut habiter

parce que + verbe conjugué
pour + infinitif
à cause de + nom

Raisons

avoir trouvé un nouveau job dans une autre région (état, ville, etc.)
avoir plus de place *(space)* (de chambres, etc.)
avoir besoin de plus de place
être plus près (proche) de…
être moins serré(e)(s) *(to be less crowded)*
payer un loyer moins élevé
préférer la nature (le calme, la campagne, la ville, etc.)
préférer vivre (habiter) à la campagne (en ville, près de l'université, etc.)
vouloir une maison (un appartement) plus grand (spacieux, confortable,
    pratique, etc.)
vouloir être au centre-ville (près des écoles, dans la banlieue, à la campagne,
    etc.)
vouloir éviter la circulation
vouloir une vie plus calme (tranquille)
vouloir habiter un quartier plus propre (plus intéressant, etc.)
vouloir avoir un jardin (un garage, etc.)
vouloir se rapprocher du travail
vouloir être plus près de la famille
vouloir changer de région
vouloir vivre en pleine nature
la pollution
le bruit
la beauté du paysage
les écoles
la vie sociale
les magasins
les transports publics

O. Parce que… Donnez deux raisons logiques pour lesquelles les personnes suivantes veulent déménager.

Modèle: Patrick Loiseau est marié et il a un studio dans un quartier très bruyant et sale au centre-ville.

   a. Il veut déménager parce qu'*il préfère habiter dans un quartier plus calme.*
   b. Il veut déménager pour *avoir plus de place.*

1. Madame Olnet est en retraite et elle habite dans une énorme maison qui a besoin de beaucoup de rénovations et qui est très loin des magasins. Tous ses amis ont quitté le quartier et se sont installés dans le sud de la France.

   a. Elle veut déménager parce que…
   b. Elle veut déménager pour…

2. Il y a six personnes dans la famille Ricard: Monsieur et Madame Ricard, leurs deux fils et les parents de Madame Ricard. Il n'y a que trois chambres à coucher dans l'appartement des Ricard et, depuis l'arrivée des grands-parents, il n'y a vraiment pas assez de place. Les deux garçons n'aiment pas partager une seule chambre, le living n'est pas assez spacieux et la cuisine est minuscule.

   a. Les Ricard veulent déménager parce que...
   b. Les Ricard veulent déménager pour...

3. Coralie a vingt-trois ans et elle habite chez ses parents. Elle a beaucoup d'amis mais elle hésite à les inviter chez elle parce qu'elle ne veut pas déranger ses parents. D'ailleurs, la maison de ses parents n'est pas très grande. Coralie vient de trouver un très bon job et elle pense donc déménager.

   a. Coralie veut déménager parce que...
   b. Coralie veut déménager pour...

4. Lisa et Antonin viennent de se marier. Lisa vient d'hériter de la maison d'un oncle et le jeune couple habite donc dans cette maison située dans un très petit village. Il leur faut au moins 30 minutes pour aller au travail en voiture tous les matins et il n'y a pas de transports publics du village à la ville où ils travaillent. Ils passent donc au moins une heure sur la route tous les jours. En plus, il n'y a vraiment pas grand-chose au village: pas de magasins ni de cinéma... rien quoi. Lisa et Antonin ont donc décidé de garder la maison au village comme résidence secondaire et de s'installer dans un appartement en ville.

   a. Ils veulent déménager parce que...
   b. Ils veulent déménager pour...

5. Eric est en deuxième année à l'université et il a une chambre dans une résidence universitaire. C'est bien pratique, mais Eric n'a pas de place pour toutes ses affaires. En plus, il ne peut même pas préparer ses propres repas, et il est donc obligé de manger au restaurant universitaire. Un ami lui a proposé de louer un appartement ensemble.

   a. Eric veut déménager parce que...
   b. Eric veut déménager pour...

P. Et vous? Répondez aux questions selon votre situation personnelle.

1. Comment est votre logement? Est-ce que c'est une maison, un appartement, une chambre dans une résidence?
2. Où se trouve votre logement? Est-ce qu'il est en ville? dans la banlieue? à la campagne?
3. Comment est le quartier dans lequel vous habitez? Est-ce qu'il est tranquille? bruyant? isolé?
4. Qu'est-ce qu'il y a dans votre quartier? Qu'est-ce qu'il y a à faire?
5. Imaginez que vous voulez convaincre quelqu'un d'habiter dans l'endroit où vous habitez. Qu'est-ce que vous dites à cette personne pour la convaincre que c'est un endroit très agréable?

Do *A faire! (1-2)* on page 32 of the **Manuel de préparation.**

Fonction
Comment décrire les choses et les personnes (1)

La place des adjectifs

C'est une région **pittoresque**.
C'est un **nouvel** ami.
C'est une **belle** cathédrale **gothique**.
Ce sont des enfants **intelligents** et **studieux**.

- Most adjectives are usually placed *after* the noun.
- The following adjectives are usually placed *before* the noun: **grand, vieux, long, beau, autre, petit, nouveau, mauvais, court, joli, jeune.**
- The adjectives **beau, nouveau,** and **vieux** have a special form when they come before a masculine singular noun that begins with a vowel or a mute **h: bel, nouvel, vieil.**

Q. Quatre tableaux *(Four paintings)* **de Cézanne.** Utilisez les adjectifs et les noms donnés pour décrire les tableaux suivants. Attention à l'accord et à la place des adjectifs.

Paul Cézanne (1839–1906) est un peintre français qui est né à Aix-en-Provence. Comme les autres impressionnistes de l'époque, il a été inspiré par son environnement. Portraits, baigneuses en plein air, natures mortes *(still lifes)* et paysages sont ses thèmes principaux. Il a beaucoup influencé l'art du XXe siècle, surtout le cubisme et l'art abstrait.

Basse-cour dans Auvers, c. 1879–1880

1. Noms: une ferme / un arbre / un bâtiment / un toit *(roof)*
Adjectifs: vert / vieux / gris / rouge / orange / petit

La Vue d'Auvers, 1874

2. Noms: un village / un arbre / un champs *(field)* / une cheminée / une route / une maison / un toit
Adjectifs: blanc / petit / vert / grand / brun / beige

Le Vase bleu, c. 1885–1887

Le Jardinier Vallier, c. 1906

3. **Noms:** une fleur / une feuille *(leaf)* / un encrier *(ink bottle)* / une pomme / un vase / une assiette / une bouteille
   Adjectifs: bleu / joli / jaune / rouge / blanc / brun

4. **Noms:** un chapeau / une barbe / une chaise / un pantalon / des chaussures *(f.)* / des plantes *(f.)* / un fond *(background)*
   Adjectifs: jaune / bleu / long / vert / brun / noir

Rappel

Le sens des adjectifs

	after the noun	*before the noun*
ancien	old, ancient	former
cher	expensive	dear, well-loved
dernier	last (before this one)	last (in a series)
grand	tall, large	great
pauvre	poor (not rich)	poor (unfortunate)
prochain	next (after this one)	next (in a series)
propre	clean	(one's) own

R. Le sens des adjectifs. *(The meaning of adjectives.)* Choisissez la phrase logique qui suit chacune des constatations suivantes.

Modèle: Voilà Georges. Nous avons travaillé ensemble jusqu'à sa retraite.
   a. C'est un collègue ancien.
   b. *C'est mon ancien collègue.*

1. La musique de Mozart continue à être appréciée de nos jours.
   a. Mozart était un grand homme.
   b. Mozart était un homme grand.

2. Jacqueline est fanatique de l'ordre. Elle range sa chambre tous les jours.
   a. Elle a une propre chambre.
   b. Elle a une chambre propre.

3. J'adore ce programme de télévision.
   a. Dans l'émission prochaine, on va apprendre si Serge et Sarah vont se marier.
   b. Dans la prochaine émission, on va apprendre si Serge et Sarah vont se marier.

4. C'est une femme qui est aimée de tout le monde.
   a. C'est notre chère grand-mère.
   b. C'est notre grand-mère chère.

5. Chloé a eu trois accidents de voiture en un mois.
   a. Oh là là. La femme pauvre!
   b. Oh là là. La pauvre femme!

6. Bon, je te prête 100 euros.
   a. Mais c'est la dernière fois.
   b. Mais c'est la fois dernière.

7. Il a fait son service militaire pendant la Seconde Guerre mondiale.
   a. C'est un ancien combattant.
   b. C'est un combattant ancien.

8. Ce village date du XIIe siècle.
   a. C'est un ancien village.
   b. C'est un village ancien.

S. Et vous? Dans l'Exercice XIV du **Manuel de préparation**, vous avez rédigé des phrases qui caractérisent votre situation personnelle à propos de certains sujets. Parlez-en maintenant à vos camarades et faites bien attention à l'accord et à la place des adjectifs.

Modèle: mon quartier
   Mon quartier est très intéressant mais assez bruyant. C'est un nouveau quartier avec beaucoup de magasins et de boutiques. Nous avons un cinéma et…

1. ma maison / mon appartement (mon immeuble) / ma chambre (dans une maison ou dans une résidence universitaire)
2. ma ville / mon village
3. mon quartier
4. un endroit que j'ai visité

Témoignages

«*Dans quelle partie de la maison est-ce que vous passez la plupart de votre temps?*»

T. A vous d'abord! Dites à vos amis combien de pièces il y a dans votre maison (appartement) ou dans la maison (l'appartement) où habite votre famille. Expliquez aussi dans quelles pièces du logement vous passez la plupart de votre temps.

Ecoutez!

Audio: CD1, Tracks 9–12

U. Les témoins vous parlent. En écoutant quelques Français et francophones vous parler de leur logement, faites ce qu'on vous demande de faire.

Henri Gaubil
Ajaccio, Corse

Vocabulaire utile

Ajaccio *(departmental capital city of Corsica; Corsica is a department of France)*, **Les Sanguinaires** *(name of Henri's neighborhood)*, **le golfe** *(Gulf)*, **l'Ile de Beauté** *(Island of Beauty, nickname of Corsica)*, **côté montagne** *(on the mountain side)*, **du même côté** *(on the same side)*, **couloir** *(hallway)*, **épouse** *(wife)*

1. Complétez l'interview en ajoutant les questions qui manquent. Utilisez une autre feuille de papier.

—_____?

—J'habite à Ajaccio, à la sortie d'Ajaccio. Dans un coin qui s'appelle «Les Sanguinaires». J'habite dans un appartement, dans un immeuble, vue sur le golfe d'Ajaccio.

—_____?

—L'appartement est comme l'Ile de Beauté, magnifique, très clair, très ensoleillé, et nous avons trois pièces. Une cuisine avec un petit balcon côté montagne. Nous avons une chambre du même côté et, de l'autre côté, c'est-à-dire face à la mer, séparés par un couloir, nous avons une autre chambre et un salon-salle à manger avec un balcon également. Une salle de bains, bien entendu, et des toilettes.

—_____?

—J'habite avec mon épouse, bien sûr.

—_____?

—Oui, nous avons une fille avec nous.

—_____?

—Les trois quarts du temps sont passés dans le salon et sur le balcon, bien sûr.

Dovi Abe
Dakar, Sénégal

2. Précisez:

    a. la population de Dakar
    b. le type de logement dans lequel habite Dovi
    c. le nombre de chambres à coucher dans le logement de Dovi
    d. quelles pièces il y a
    e. avec qui il habite
    f. combien de sœurs il a
    g. combien de cousins habitent avec lui
    h. dans quelle partie de la maison ils passent la plupart de leur temps

Sophie Everaert
Bruxelles, Belgique

3. Répondez aux questions.

    a. Comment est son quartier?
    b. Comment la maison est-elle organisée?
    c. Où est-ce que Sophie et son mari passent la plupart de leur temps?

Djamal Taazibt
Alger, Algérie

4. Notez au moins cinq faits que vous avez appris sur Djamal.

V. Pareils et différents. Donnez les détails qui vérifient chacune des constatations générales suivantes.

    Modèle: Les logements de Djamal et d'Henri se ressemblent.
                Ils habitent tous les deux dans un appartement.

    1. Henri et Dovi passent beaucoup de temps dehors *(outside)*.
    2. Les logements de Dovi et de Sophie se ressemblent.
    3. Les bâtiments d'Henri et de Djamal se ressemblent.
    4. Les logements d'Henri et de Djamal ont une autre chose en commun.
    5. Sophie et Djamal passent beaucoup de leur temps à l'intérieur.

Do *A faire! (1-3)* on page 40 of the **Manuel de préparation.**

Fonction
Comment décrire les choses et les personnes (2)

Rappel

Les pronoms relatifs

	PEOPLE/ANIMALS/THINGS	CLAUSE
SUBJECT	qui	ce qui
DIRECT OBJECT	que, qu'	ce que, ce qu'
OBJECT OF THE PREPOSITION DE	dont	ce dont
OBJECT OF A PREPOSITION OTHER THAN DE	qui	

The relative pronoun **où** replaces nouns that refer to place and time.

W. Est-ce que vous savez… ? Devinez *(Guess)* de quoi ou de qui il s'agit.

1. Dans ce film, il s'agit d'un jeune garçon qui est sorcier *(sorcerer)*.
   - **a.** *Lord of the Rings*
   - **b.** *Harry Potter and the Sorcerer's Stone*
   - **c.** *The Perfect Storm*
   - **d.** *Fantasia*

2. C'est une fleur qui est blanche et qui permet de savoir si quelqu'un vous aime.
   - **a.** C'est une tulipe.
   - **b.** C'est une rose.
   - **c.** C'est une marguerite *(daisy)*.
   - **d.** C'est une violette.

3. C'est le jour où les Français célèbrent la prise de la Bastille (une prison) et qui est donc leur fête nationale.
   - **a.** le 4 juillet
   - **b.** le 1er août
   - **c.** le 6 juin
   - **d.** le 14 juillet

4. C'est une spécialité culinaire que les Marocains apprécient beaucoup.
   - **a.** la bouillabaisse
   - **b.** le cassoulet
   - **c.** le tagine (tajine)
   - **d.** la salade niçoise

5. C'est le musée à Paris où se trouve la *Joconde (Mona Lisa)*.
   - **a.** le Louvre
   - **b.** le musée d'Orsay
   - **c.** le musée Rodin
   - **d.** le musée de Montmartre

6. Ce qu'il faut pour construire un pont suspendu.
   - **a.** des câpres
   - **b.** des casiers
   - **c.** des casseroles
   - **d.** des câbles

7. Voici ce dont on a besoin pour utiliser un ordinateur.
   a. un clavier
   b. une clavicule
   c. un clavicorde
   d. un clavecin
8. Inventez vous-même une devinette qui utilise **qui**, **que (qu')**, **dont**, **où**.

X. Ça se dit comment? Complétez les phrases avec le pronom relatif convenable.

Modèle: C'est le jour _____ je me suis mariée.
          C'est le jour *où* je me suis mariée.

1. C'est la personne _____ m'a envoyé un livre sur la cuisine camerounaise.
2. C'est le cours _____ je préfère.
3. Voilà _____ j'ai besoin pour finir mon rapport.
4. _____ est très intéressant, c'est _____'il ne nous a jamais rien dit.
5. Mme Porter, _____ la fille est pianiste, a déménagé à Paris.
6. Jean Marchand? C'est le gars *(guy)* avec _____ j'étais à l'université.
7. Nous avons des cousins _____ habitent dans un petit village.
8. Je ne sais pas _____ Marceline veut faire de sa vie. Elle n'est pas très motivée.
9. C'est la ville _____ elle est née.
10. Nous avons une très vieille maison _____ nous avons rénovée l'année dernière.

Y. Devinettes. *(Riddles.)* A tour de rôle *(Taking turns)*, suivez le modèle pour poser ces devinettes à votre camarade. Utilisez des pronoms relatifs dans vos descriptions. Votre camarade va vous poser des questions pour trouver la réponse.

Modèle: Je pense à une personne. *(Think about a person your classmate is likely to know.)*

    —*Je pense à une personne.*
    —*C'est une personne que je connais?*
    —*Oui, tu la connais. C'est quelqu'un que nous voyons tous les jours.*
    —*Est-ce que c'est le prof de français?*
    —*Non. La personne dont je parle est plus jeune. C'est une personne qui porte toujours une casquette des Raiders.*
    —*C'est John?*
    —*Oui, c'est John!*

1. Je pense à une personne. *(Think about a person your classmate is likely to know.)*
2. Je pense à une ville. *(Think about a city that would be known to your classmate.)*
3. Je pense à une maison (un appartement). *(Think about a residence that both of you know.)*
4. Je pense à un film. *(Think about a film your classmate is likely to have seen.)*
5. Je pense à un cours. *(Think about a class your classmate is taking.)*

Pour parler...
de la maison

Z. Une maison que vous connaissez. Faites une description détaillée de la maison (de l'appartement) où habite(nt) votre famille (ou des amis). Ensuite, expliquez dans quelle(s) pièce(s) les membres de votre famille (vos amis) préfèrent passer la plupart de leur temps et pourquoi. Utilisez le vocabulaire de la *Fiche lexicale* dans le **Manuel de préparation** pour faire votre description et n'oubliez pas d'ajouter quelques adjectifs. Votre camarade va dessiner *(draw)* l'intérieur du logement que vous décrivez.

Modèle: —*La maison où habite ma famille est à Nashville. C'est une maison assez grande, dans la banlieue.*
—*Comment est l'intérieur? (description de l'extérieur)*
—*Quand on entre par la porte principale, on est dans le living. (description du living) En passant par le living, on se trouve tout de suite dans la salle à manger, qui est à gauche. Une cuisine assez spacieuse est à droite.*
—*Qu'est-ce qu'il y a dans la salle à manger?*
—*Il y a... (énumération des meubles dans la salle à manger)*
[Suite — les autres pièces de la maison]

Perspectives culturelles

Profil: Le Cameroun

Nom officiel: La République du Cameroun

Devise: Paix, Travail, Patrie

Situation: En Afrique centrale, sur l'océan Atlantique et sur le golfe de Guinée

Superficie: 475 444 km²

Capitale: Yaoundé

Population: 15 747 000 habitants (2003)

Nom des habitants: Camerounais

Villes importantes: Douala, Edéa, Kribi, Lomié, Bafia, Maroua, Doumé, N'kongsamba

Langues officielles: Français et anglais

Autres langues: Environ 200 langues et dialectes: pidgin, bamiléké, fang, mbang, fouldé, béti, douala, bassa, ewondo, bantou, peul, sara, haoussa...

Date d'indépendance: le 1er janvier 1960 (En 1919, le pays est placé sous la tutelle de la France et de la Grande-Bretagne.)

Unité monétaire: Le franc CFA (Communauté Française d'Afrique)

Climat: Pluvieux dans les plaines et sur les plateaux du sud, longue saison sèche (5 à 7 mois) dans le centre, moins pluvieux dans le nord

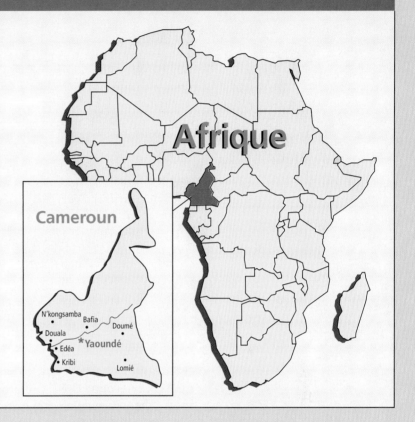

Se loger au Cameroun

Au Cameroun, les types de logement varient d'une région à l'autre. Dans les grandes villes, les habitants tendent à se loger dans des maisons, des villas et des appartements de style européen. Pour la plupart, ces logements sont modernes et bien aménagés. Ils sont bien adaptés au climat chaud du Cameroun.

A la campagne et dans les petits villages, le style des cases (mot pour «maison») varie selon la région. On voit, par exemple, des cases à murs ronds avec toit de chaume *(thatched roof)*. Ou bien, comme dans le village de Pouss, les cases sont construites entièrement avec de la boue séchée *(dried mud)*. L'intérieur varie, lui aussi, selon la taille *(size)* de la case. Certaines ont plusieurs pièces, tandis que d'autres, plus petites, n'ont qu'une ou deux pièces. A cause du climat, beaucoup des tâches domestiques se font à l'extérieur: on fait souvent la cuisine au feu *(fire)* devant la case, les artisans créent leurs œuvres d'art en plein air, on se repose sur un banc sous un palmier ou au soleil. La case, c'est le foyer *(home)*, bien sûr, mais c'est un foyer entièrement intégré à l'environnement naturel.

AA. Le Cameroun. Use the information in the **Perspectives culturelles** to answer the following general questions.

1. Based on the factual information presented, how would you characterize the country of Cameroon? For example, what would you say to someone to convince them to visit the country?
2. What aspects of Cameroon did you find particularly interesting and would therefore like to research in more depth?
3. What different types of housing can you find in Cameroon? In comparison with the United States, what is similar, and what is different?
4. Given what you know about the climate in Cameroon, can you speculate about how the housing is adapted to the environment? Can you find examples of the ways in which lodgings have been adapted to various climates in the United States?

Lecture

«*La vie dans les HLM*»

Christiane Rochefort

Christiane Rochefort, auteur de cet extrait, est née dans le 14ᵉ arrondissement à Paris. Cet extrait est tiré de son roman Les petits enfants du siècle *(1961) où elle présente les problèmes de l'urbanisme moderne. Le personnage principal, c'est Josyane. C'est à travers ses yeux que nous découvrons la vie dans les résidences collectives.*

Dans ce premier extrait, la famille de Josyane vient de s'installer dans un nouvel appartement.

Aide-lecture

Josyane's family used to live in a one-bedroom apartment. Since, by law, large families had priority access to a larger apartment in an HLM, Josyane's family was able to move.

- How did they make use of their new space?

Maintenant, notre appartement était bien. [...] ... on nous avait mis ici; on était prioritaires; dans cette Cité les familles nombreuses étaient prioritaires. On avait reçu le nombre de pièces auquel° nous avions droit selon le nombre d'enfants. Les parents avaient une chambre, les garçons une autre, je couchais
5 avec les bébés dans la troisième; on avait une salle d'eau°, la machine à laver était arrivée quand les jumeaux° étaient nés, et une cuisine-séjour où on mangeait; c'est dans la cuisine, où était la table, que je faisais mes devoirs.

to which

room with a shower (bathroom)
twins

Aide-lecture

Evenings, after ten o'clock, were special to Josyane.

- Why?

C'était mon bon moment: quel bonheur quand ils étaient tous garés°, et que je me retrouvais seule dans la nuit et le silence! Le jour je n'entendais pas le bruit°,
10 je ne faisais pas attention; mais le soir j'entendais le silence. Le silence commençait à dix heures: les radios se taisaient°, les piaillements°, les voix°, les tintements° de vaisselles; une à une, les fenêtres s'éteignaient°. A dix heures et demie c'était fini. Plus rien. Le désert. J'étais seule. Ah! comme c'était calme et paisible autour, les gens endormis, les fenêtres noires, sauf° une ou deux derrière
15 lesquelles° quelqu'un veillait° comme moi, seul, tranquille, jouissant° de sa paix!

put to bed (literally, parked)
noise

were quiet; squawking (of a child); voices
clanging; became dark

except
which; was awake; enjoying

Aide-lecture

After the birth of the new baby, they were given an additional allowance by the government.

- What two things did the family do before buying something new?
- How did different family members want to spend the remaining money?
- Why did these discussions bother Josyane?

Quand un nouveau bébé, qui s'appelle Nicolas, arrive, les parents de Josyane peuvent penser à s'acheter quelque chose. Mais que faire?

Grâce à Nicolas on pourrait faire réviser° la machine à laver et ça c'était une bonne chose parce qu'autrement les couches°, et j'en avais marre° des couches, marre, marre, marre. On pourrait ravoir° la télé, ce qui m'arrangeait aussi parce que, quand elle était là, on avait bien plus la paix. Après ça, avec de la veine°, on pourrait peut-être penser à la bagnole°. C'était ça qu'ils visaient° maintenant, 20 plutôt que le frigo, la mère aurait voulu un frigo mais le père disait que c'était bien son tour d'avoir du bien-être, pas toujours celui de sa femme, et avec la fatigue pour venir d'une banlieue à une autre il commençait à en avoir plein le dos°. La mère pouvait bien aller au marché tous les jours, d'ailleurs° c'était moi qui y allais, ils n'avaient pas l'air d'y penser. Ils calculèrent tout un soir pour cette 25 histoire de bagnole, s'il y avait moyen°, … de l'avoir, en grattant° ici et là et compte tenu de la télé en moins… ce qui foutait tout par terre° c'est si on devait acheter un nouveau lit pour Catherine si Nicolas allait dans le berceau°, un lit c'est cher. Ils avaient étalé° les papiers sur ma table, me gênant°; ils me gâtèrent° toute ma soirée, heureusement que ça n'arrivait pas tous les jours. 30

to service
diapers; I was sick of
get back
luck
car (slang); aimed for

to have enough; besides

if there was a way; here, saving
what would destroy all their plans
baby crib
spread out; bothering me; spoiled

Aide-lecture

- What did they finally decide to do?

did handiwork

would climb up
ceiling
mattress (slang)

Finalement avec l'oncle Georges, qui bricolait°, pas comme papa qui ne savait rien faire de ses dix doigts, on monta un petit lit par-dessus celui de Chantal, qui grimperait° d'un étage, tandis que Catherine, quittant le lit du bébé, s'installerait au rez-de-chaussée, et qu'est-ce qu'on ferait après, le plafond° ne serait jamais assez haut si on continuait. Comme ça il n'y avait plus que la paillasse° à acheter. 35

Christiane Rochefort, *Les petits enfants du siècle,*
Paris: Editions Bernard Grasset, 1961

BB. Discussion. Répondez aux questions suivantes selon vos interprétations de l'extrait de Rochefort.

Vocabulaire pour la discussion

le personnage (principal)	*the (main) character (in a novel or play)*
être prioritaire	*to have priority*
l'assistance sociale	*social services*
l'urbanisme moderne	*modern urbanization*
le bruit	*noise*
une idée principale	*a main idea*
la solitude	*solitude*
être seul(e)	*to be alone*
la paix (paisible)	*peace (peaceful)*
la vie dans les logements collectifs	*living in housing projects*
une vie dure	*a hard life*
bondé(e)	*crowded*

1. Pourquoi pensez-vous que Josyane apprécie tellement la nuit?
2. Ce texte nous donne une très bonne idée des responsabilités de Josyane à la maison. De quoi est-ce qu'elle s'occupe?
3. Quand Josyane parle de ses parents, elle dit «le père» et «la mère». Quelles attitudes traduit l'emploi des articles définis?
4. A votre avis, pourquoi est-ce que les questions budgétaires n'intéressent pas Josyane?

Do *A faire! (1-4)* on page 49 of the **Manuel de préparation.**

Témoignages

«*Comment le type de logement où vous habitez et sa situation influencent-ils votre vie?*»

CC. A vous d'abord! Discutez des questions suivantes avec vos camarades de classe.

1. Comment est votre maison (appartement / chambre)?
2. Si vous habitez dans une maison ou un appartement, dans quelle(s) pièce(s) est-ce que vous passez la plupart de votre temps?
3. Dans quel cadre se trouve votre logement? (centre-ville, banlieue, près ou loin des magasins, près ou loin des restaurants et cinémas, etc.)
4. Comment est-ce que votre logement influence
   a. votre vie sociale? (**Modèle:** Ma chambre est très petite et je ne peux pas inviter beaucoup de gens chez moi. Ça veut dire que je sors plutôt avec mes amis ou je vais chez une amie qui habite dans un appartement, etc.)
   b. vos activités? (**Modèle:** Dans notre appartement, j'ai ma propre chambre. Je ne vais donc pas souvent à la bibliothèque parce que c'est très calme chez moi, etc.)
   c. votre emploi du temps? (**Modèle:** J'habite dans une résidence universitaire et je mange à la cafétéria. Je suis donc obligé(e) de prendre mes repas à des heures précises quand la cafétéria est ouverte, même si je n'ai pas très faim, etc.)

Ecoutez!

DD. Les témoins vous parlent. En écoutant quelques Français et francophones parler de l'influence de leur logement sur leur vie, faites ce qu'on vous demande de faire.

 **Audio:** CD1, Tracks 13–16

Vocabulaire utile

un complexe (*residential development/subdivision*), **privé** (*private*), **les mêmes** (*the same*), **donne sur** (*overlooks*), **bruyant** (*noisy*), **on s'habitue à tout** (*you get used to everything*), **c'est-à-dire** (*that is to say*), **co-propriétaires** (*co-owners*), **l'essence** (*gas*), **il faudra** (*you will have to*), **j'ai grandi** (*I grew up*), **s'en vont** (*go, move away*), **au milieu du** (*in the middle of*), **au-dessus** (*further up*), **un coiffeur** (*hairdresser*)

Véronica Zein
Savigny-sur-Orge, France

1. Choisissez la bonne réponse selon ce que vous avez compris.

- Véronica habite dans
  a. une boulangerie.
  b. une maison.
  c. un appartement.
  d. un centre commercial.

- Dans un complexe privé
  a. tous les habitants sont propriétaires.
  b. tous les habitants sont de la même génération.
  c. tous les habitants sont allés à l'école ensemble.
  d. tous les habitants ont grandi ensemble.

- Véronica a grandi
  a. toute seule.
  b. avec des enfants qui déménageaient très souvent.
  c. avec des enfants qui n'étaient pas très populaires.
  d. avec les mêmes enfants.

- Dans le complexe de Véronica, il y a
  a. une école, une pharmacie, une boulangerie, un coiffeur, un restaurant.
  b. une école, une pharmacie, un cinéma, un coiffeur, un restaurant.
  c. une école, une pharmacie, une station-service, un coiffeur.
  d. une école, une boulangerie, un coiffeur, un cinéma, une pharmacie.

- Le complexe est
  a. loin de l'autoroute, dans la banlieue.
  b. au centre-ville.
  c. près de l'autoroute, dans la banlieue.
  d. à la campagne.

Anne Squire
Levallois-Perret, France

Vocabulaire utile

un carrefour *(crossroads, intersection)*, **bruyant** *(noisy)*, **populaire** *(working class)*, **du genre** *(such as)*, **vivant** *(lively)*, **à part ça** *(besides that)*, **au fond de** *(at the back of)*, **en principe** *(in theory)*, **je m'entends très bien avec eux** *(I get along very well with them)*, **vraiment** *(really)*, **je ne circule qu'en** *(I get around only with)*

2. Décidez si les phrases sont vraies ou fausses selon ce que vous savez sur Anne Squire.
   a. Anne habite avec ses parents dans une maison.
   b. Elle habite au nord-ouest de Paris.
   c. Dans son bâtiment, il y a un ascenseur.
   d. Son quartier est très calme.
   e. Le logement d'Anne est dans un quartier populaire sur un grand boulevard.
   f. Anne passe la plupart de son temps dans sa chambre.
   g. Elle joue du violon le matin.
   h. Elle ne s'entend pas très bien avec ses parents.
   i. Quand elle va quelque part, elle prend toujours le métro ou l'autobus.

Vocabulaire utile

comme je vous le disais *(as I told you)*, tout à l'heure *(a minute ago)*, chic *(fashionable)*, postes *(positions, jobs)*, l'Etat *(government)*, cultivés *(cultured)*, chahut *(noise)*, de marche à pied *(on foot)*

Djamal Taazibt
Alger, Algérie

3. Répondez aux questions.

    a. Pourquoi est-ce que le quartier où habite Djamal est considéré un quartier chic?

    b. Pourquoi est-ce que son quartier est bien situé?

Vocabulaire utile

la cour *(courtyard)*, le lieu *(place)*, lorsqu'ils *(when they)*, cimentée *(covered in concrete)*, gazon *(lawn)*, disponible *(usable)*, à tout moment *(any time)*, courante *(everyday)*, tenues *(owned)*, se sont établis *(established themselves)*, ils tiennent *(they run, manage)*, ils vivent *(they live)*, pour la plupart *(for the most part)*

Dovi Abe
Dakar, Sénégal

4. Oui ou non? Décidez si Dovi a fait les constatations suivantes ou non.

    Modèle: On passe beaucoup de temps à l'intérieur de la maison.
          Non.

    a. Dovi et sa famille passent beaucoup de temps dans la cour avec des amis.

    b. La cour, c'est un lieu qui est complètement cimenté.

    c. Il n'y a pas d'hiver à Dakar.

    d. Il y a aussi un petit gazon dans la cour.

    e. On joue souvent de la musique dans la cour.

    f. Dans le quartier, il y a surtout des usines et des supermarchés.

    g. Les propriétaires des petites boutiques sont des Marocains.

    h. La plupart des petits commerçants habitent dans le quartier.

EE. Expliquez! Les quatre témoins semblent aimer l'endroit où ils habitent. Expliquez pourquoi. Et vous? Est-ce que vous aimez l'endroit où vous habitez? Pourquoi ou pourquoi pas?

◉ Do **A faire! (1-5)** on page 52 of the **Manuel de préparation.**

Fonction
Comment décrire les choses et les personnes (3)

Rappel

Comment décrire les choses et les personnes

C'est (Ce sont) + article + noun
Il/Elle est (Ils/Elles sont) + adjective

FF. Des personnages historiques. Identifiez chaque personnage. Ensuite utilisez au moins deux adjectifs de la liste pour faire la description de chaque personnage identifié. Vous pouvez répéter les adjectifs.

Albert Schweitzer
(1875–1965)

Modèle: *C'est Albert Schweitzer. Il est célèbre. Il était assez vieux (âgé) (dans cette photo).*

Adjectifs

âgé(e) / ambitieux(euse) / bien connu(e) *(well known)* / célèbre / fascinant(e) / grand(e) / important(e) / impression-nant(e) / impressionniste / jeune / petit(e) / vieux (vieille)

1.
Paul Cézanne
(1839–1906)

2.
Napoléon Bonaparte
(1769–1821)

3.
Marie Curie
(1867–1934)

4.
Simone de Beauvoir
(1908–1986)

5.
Molière
(1622–1673)

6.
Edith Piaf
(1915–1963)

7.
Voltaire
(1694–1778)

8.
Berthe Morisot
(1841–1895)

─ Rappel ─

Comment décrire les personnes

C'est (Ce sont) + article + nationality, occupation, religion, social class
Il/Elle est (Ils/Elles sont) + nationality, occupation, religion, social class

GG. Précisons! Répondez aux questions deux fois en utilisant l'élément entre parenthèses. N'oubliez pas l'accord.

Modèle: Que fait Madame Lalesque? (pharmacien)
Elle est pharmacienne.
C'est une pharmacienne.

1. Que fait votre mère? (avocat)
2. Quelle est la nationalité de Victoria? (allemand)
3. Quelle est la religion de ton copain? (juif)
4. Que font les grands-parents de Sylvain? (agriculteur)
5. Comment est ta tante? (aristocrate)
6. Que fait ton oncle? (chauffeur de taxi)
7. Que font ces jeunes? (étudiant)
8. Quelle est la nationalité d'Angèle? (camerounais)
9. Quelle est la religion principale des Français? (catholique)
10. Que fait ta sœur? (danseur)

─ Rappel ─

Comment décrire les choses et les personnes

Il/Elle est (Ils/Elles sont) + adjective
C'est + adjective (referring to an idea or previous sentence)

HH. Des correspondances. Choisissez une phrase dans la colonne I qui correspond à chaque idée dans la colonne II.

Colonne I
1. Tu as vu le film?
2. L'équipe a gagné le match.
3. Tu connais Marylène?
4. Vous pouvez nous accompagner?
5. Elle est trop ambitieuse.
6. Vous connaissez les Martin?
7. Ils n'ont pas fait de progrès.
8. Vous avez parlé avec Georges?

Colonne II
A. Oui, elle est très sympa.
B. Oui, c'est un problème.
C. C'est dommage.
D. Oui, ils sont camerounais, n'est-ce pas?
E. Oui, il est très bien.
F. Désolé. Ce n'est pas possible.
G. Oui, il est toujours malade.
H. C'est formidable.

II. Les membres de ma famille. Faites une description de quelques membres de votre famille. Utilisez des adjectifs pour donner des traits caractéristiques et des mots pour indiquer leur nationalité (s'ils ne sont pas étasuniens) et leur profession/métier. N'oubliez pas de faire la distinction entre **c'est (ce sont)** et **il/elle est (ils/elles sont)**. Vos camarades vont vous poser des questions pour avoir plus de renseignements ou pour réagir à ce que vous dites.

Modèle: —*Ma grand-mère, c'est une personne très importante dans ma famille.*
—*Pourquoi?*
—*Parce que c'est la personne la plus âgée et elle sait tout sur notre passé. Elle est aussi très dynamique et elle s'intéresse à tout ce que nous faisons.*

Lecture

Ferdinand Oyono was born in 1929 in the village of N'Goulémakong, in Cameroon. In 1960, after completing his education in Paris, he began his career as a diplomat. He served as the Cameroonian ambassador to Paris, the United Nations, Liberia, and other countries. In 1975, he became the permanent delegate to the U.N. in New York. After many years in the diplomatic service, he returned to Cameroon where he now serves as the Secretary General to the President of the Republic. Between 1956 and 1960, he published his trilogy of novels *Une vie de boy, Le vieux nègre et la médaille,* and *Chemin d'Europe.* He has not written since 1960.

JJ. Prélecture: «Nous partons en tournée.» Répondez aux questions suivantes avant de lire les extraits d'*Une vie de boy* de Ferdinand Oyono.

1. Quels préparatifs est-ce vous faites quand vous partez pour le week-end? Qu'est-ce qu'il faut faire dans votre maison (appartement, chambre) avant de partir? Qu'est-ce que vous emportez avec vous?

2. Quels préparatifs est-ce que vous faites quand vous recevez des gens pour quelques jours chez vous? Qu'est-ce qu'on fait généralement dans une maison ou un appartement avant l'arrivée des invités?

KK. Lecture: *Une vie de boy.* Lisez les extraits suivants et répondez ensuite aux questions pour chaque partie de la lecture.

Extrait d'«Une vie de boy»

Ferdinand Oyono

Dans Une vie de boy, *Oyono décrit la vie coloniale dans les années 50 telle qu'elle est vue par le domestique (Toundi Ondoua, aussi appelé Joseph) d'un administrateur européen. C'est un roman qui raconte la vie de Toundi en décrivant des scènes de la vie populaire africaine dans laquelle «les blancs» essaient de faire valoir leur autorité.*

Les extraits suivants racontent une tournée dans un village faite par le commandant (le patron de Toundi) et son boy.

Questions: lignes 1–11

What time of the day is it? How do you know? What's the name of the town where Toundi and his boss, the **commandant,** live? What was the weather like the day before? What's going on in lines 5 through 12? How does the **commandant** look?

[...] La matinée était fraîche. L'herbe était humide. On entendait le crépitement° *crackling* des palmiers qui s'égouttaient° sur la tôle° de la Résidence. Dangan prolongeait *dripped; metal* son sommeil sous la brume immaculée de ces lendemains de grande pluie.

Rasé, pommadé°, exubérant, le commandant surveillait le chargement du *wearing a scented hair ointment* pick-up. Pour la première fois depuis son arrivée à Dangan, il portait un pull-over 5 marron. La sentinelle° avait abandonné sa faction°. Son large pied droit appuyait *guard; station* sur la pédale de la pompe pour gonfler° les pneus arrière. Debout sur le pare- *inflate* choc° avant, le chauffeur donnait un dernier coup de chiffon sur la glace. Il vint° *bumper (of car); came* près de la sentinelle qui soutenait péniblement° son genou des deux mains à *with difficulty* chaque mouvement de gonflage. Le chauffeur donna un coup de marteau sur les 10 pneus qui résonnèrent comme la corde d'un arc bien tendu°. *stretched*

Questions: lignes 12–28

Who is in the truck at the beginning of the trip? Who is the **me** in this story (i.e., who is telling the story)? What is the center of the town like when they pass through it? Why are the workers surprised to see the **commandant**? Whom do they pick up before continuing the trip? How is the engineer dressed and what is he carrying? Who is also coming with the engineer?

Quand tout fut° prêt, le commandant consulta sa montre. Il jeta un dernier   *was*
coup d'œil à la Résidence. Il m'aperçut.

—Monte, toi! me dit-il. Nous partons en tournée°.   *on rounds (on a tour)*

15 Il fit claquer° la portière et mit la voiture en marche. Je n'eus que° le temps de   *slammed; only had*
sauter sur les valises. Nous traversâmes le Centre commercial. Aucune âme° ne   *soul*
semblait y vivre. Des équipes de manœuvres° surpris saluaient à retardement   *workers*
comme s'ils n'en revenaient pas de voir le commandant déjà levé à cette heure.

Le commandant prit ensuite la route de la station agricole. L'ingénieur, tout de
20 noir vêtu, nous attendait au pied de l'escalier. Il tenait un sac de voyage d'où
dépassait une bouteille Thermos. Il monta à côté du commandant. Il se pencha°   *leaned*
à la portière du côté de sa villa.

—Qu'attends-tu pour monter?

Cette question s'adressait à une ombre° qu'on entendit bâiller° sur la véranda.   *shadow; yawn*
25 —Qu'est-ce que c'est? demanda le commandant.

—Ma cuisinière-boy, répondit l'ingénieur.

C'était Sophie. Elle semblait tomber de sommeil en descendant l'escalier.
L'ingénieur braqua° une torche électrique dans sa direction. [...]   *aimed*

Questions: lignes 29–34

As they passed through the villages, whom did they see? How were the people dressed? Why were the villagers surprised? When they saw small crowds of people, where had these people just been? Why do you think that the truck and its passengers were the subject of so much interest to the villagers?

[...] La route était sortie de la ville. Le pick-up dévorait les premiers villages.
30 On voyait les indigènes drapés de pagnes° multicolores faire un geste de surprise   *loincloth*
dès qu'ils apercevaient le petit drapeau tricolore. Parfois une foule° sortait d'une   *crowd*
case-chapelle où un bout de rail° en guise de cloche° pendait à la véranda. Des   *track (from railroad); used as a bell*
petites filles toutes nues° sortaient d'une porte entrebâillée° et venaient s'ac-   *naked; ajar*
croupir° en courant au pied des citronnelles° de la route. [...]   *to crouch down; citronella (lemon bush)*

Questions: lignes 35–43

How does Toundi know that they're getting near their destination (i.e., how do the road and the surroundings change)? What's remarkable about the village where they finally stop? When had everything probably been cleaned and why?

35 [...] Il commençait à faire chaud. Le pick-up venait de dépasser une énorme
termitière° sur laquelle on avait écrit gauchement° au coaltar° «60 km». A   *termite hill; awkwardly; tar*
tombeau ouvert°, nous descendions une colline° interminable. Le chemin sem-   *very fast; hill*
blait uni. On y circulait sans secousses° comme à Dangan. Au-dessus de ma tête   *shaking*
je m'aperçus que nous passions sous des arcs de palmes tressées°. Nous arrivions   *woven, interlaced*
40 à destination. Le commandant ralentissait. Penché à la portière, il semblait émer-
veillé° par cette propreté qu'on n'espérait plus rencontrer à plus de soixante kilo-   *amazed*
mètres de brousse°. [...] Tout avait été nettoyé. Cette propreté était trop nette°   *bush; clean*
pour ne pas être récente! [...]

Questions: lignes 44–54

Why do you think that the word **Blancs** is capitalized? Where were they received? How had the **case** been prepared? What was the **commandant**'s reaction? He uses the word **paillote**; why does the engineer correct him? What do Sophie and Toundi do while the adults continue their conversation?

ground; clay; imprint	[...] Le chef conduisit les Blancs dans une case qui avait été aménagée pour les
brushes; was green; palm fronds	recevoir. Le sol° avait été balayé, le kaolin° des murs gardait encore l'empreinte° 45
scorching	des pinceaux°. Le toit verdoyait° avec son raphia° fraîchement tressé. En y
straw hut; struggling	entrant par cette chaleur caniculaire°, on était envahi de bien-être.

—Elle est merveilleuse, cette paillote°! dit le commandant en s'évertuant° avec son casque.

mud   —Ça, c'est une case, rectifia l'ingénieur, les murs sont en terre°. D'ailleurs on 50 ne rencontre plus de paillotes que chez les Pygmées.

Les Blancs poursuivirent leur conversation dans la véranda où le chef avait

folding beds   fait installer deux chaises longues. Sophie m'aida à préparer les deux lits pliants°

mosquito netting   que nous avions emportés. Nous suspendîmes les moustiquaires°.

Ferdinand Oyono, *Une vie de boy*
Paris, René Julliard, 1956, pp. 57–64

LL. Discussion. Discuss one of the topics below. Refer back to the text as needed to support your ideas. You may have your discussion in English unless directed otherwise by the instructor.

1. What is the attitude of the white people toward the Africans? What is Toundi's attitude toward the white people? Find specific sentences in the text that support your point of view. For example, does one normally say **Qu'est-ce que c'est** when one wants to know the identity of a person?

2. What impressions do you have of the village they visit? What was the village like on the day they arrived? What did the villagers do to welcome their visitors?

3. What's your impression of the **commandant**? Create a portrait of him according to what is said or suggested in the text.

◉ Do *A faire! (1-6)* on page 57 of the **Manuel de préparation**.

C'est à vous maintenant!

MM. Une interview. Vous allez interviewer un(e) Français(e) ou un(e) francophone ou bien une personne qui a habité en France ou dans un pays francophone. Vous souhaiterez peut-être commencer par des questions générales pour faire connaissance avec cette personne avant de lui poser des questions sur son logement et sur l'environnement dans lequel elle habite.

Attention: Vous aurez à rédiger un article sur cette interview. Vous feriez donc bien de prendre des notes pendant l'interview. Notez les questions et les réponses.

Do *A faire! (1-7)* on page 58 of the **Manuel de préparation**.

Chapitre 2

Claude Letourneur

- habite à Paris
- mari d'Aminata
- aime les fast-foods et la cuisine française

Aminata Diop-Letourneur

- née à Dakar, Sénégal
- habite à Paris avec Claude, son mari
- aime la cuisine traditionnelle sénégalaise

Allons voir les Français et les Francophones...
à table!

Un repas français traditionnel

Un restaurant sénégalais

Objectives

In this chapter, you will learn to:

- talk about food and dining;
- approve, disapprove, and suggest;
- give advice;
- agree and disagree;
- ask questions;
- interview someone;
- write up an interview.

Chapter Support Materials (Student)
MP: pp. 63–96
Audio: CD1, Tracks 19–30
         CD2, Tracks 2–8

Documents déclencheurs

Claude Letourneur
«Bonjour! Ma femme Aminata et moi, nous serons vos guides pour votre étude des habitudes et des attitudes gastronomiques des Français et des francophones. Comme vous le savez sans doute, la France est renommée dans le monde entier pour sa cuisine.»

Aminata Diop-Letourneur
«Et bien entendu, les pays francophones ont leur propre cuisine, qui reflète les produits alimentaires à la disposition des habitants de chaque région.»

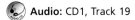 **Audio:** CD1, Track 19

Ecoutez!

A. On prend quelque chose? Associez chaque conversation à un des endroits illustrés à la page 51.

le Quick
la boulangerie-pâtisserie
le café Mably

la maison
le Palais de Chine
chez le marchand de crêpes

Parlez!

B. Il/Elle aimerait probablement… Utilisez une des expressions suggérées pour indiquer où et comment les personnes suivantes voudraient probablement manger.

> Modèle: Anne-Marie est en retard. Il est 12h30. Elle a rendez-vous à 13h.
> *Anne-Marie voudrait probablement prendre quelque chose de rapide.*

Vocabulaire pour la discussion

dîner en famille / manger seul / prendre quelque chose de rapide / prendre quelque chose de léger / prendre un repas copieux dans un restaurant deux ou trois étoiles / sortir manger avec des amis

1. M. Robardier vient d'être nommé président-directeur général de la société pour laquelle il travaille. Il veut célébrer son avancement et son augmentation de salaire avec sa femme.
2. Julien a deux examens importants à préparer, mais il a très faim aussi.
3. Mme Toffoun a passé une journée très difficile au travail. Elle doit se lever très tôt demain matin pour aller à l'aéroport.

Un petit truc

English regularly uses the verbs *to eat* or *to have* with meals (*Have you eaten [had] lunch yet? Where are we going to eat [have] dinner?*) French speakers use the verb **prendre (Tu vas prendre le déjeuner?)** or even more frequently a specific verb for each meal (**On va déjeuner ensemble? Où est-ce que tu veux dîner?**).

Vous aimez la cuisine chinoise? On peut manger un repas traditionnel chinois au Palais de Chine.

Nous, on préfère manger en famille à la maison.

Bienvenue chez Quick

Ouvert

du lundi au jeudi de 10h30 à 0h
vend. et samedi de 10h30 à 1h
le dimanche de 11h00 à 0h

Vous voulez prendre quelque chose de rapide? Allez au Quick!

CAFETERIE - ESPRESSO BAR

Café Expresso / Espresso	0,99
Double Expresso / Double coffee	1,65
Décaféiné / Decaffeinated coffee	0,99
Café Crème / Coffee with milk	1,94
Café Ritazza Aromatisé / Flavoured coffee	1,83
Café Ritazza d'Origine / Origin coffee	1,98
Cappucino / Cappuccino	1,94
Maxi Crème	2,29
Maxi Cappucino	2,29
Chocolat / Hot chocolate	1,71
Grand Chocolat / Large Hot chocolate	2,10
Thé / Tea	1,71
Infusion	1,71
Lait / Milk	1,14

VIENNOISERIES - FRENCH PASTRIES

Croissant / Croissant	1,10
Pain au chocolat / Chocolate croissant	1,19
Pain aux raisins / Baking raisin pastry	1,19
Chausson aux pommes / Baking apple pastry	1,19
Danish Canelle / Cinamon danish	1,31
Tresse noix de Pecan / Pecan & mapple plait	1,62

FORMULE PETIT DÉJEUNER
Breakfast 5,34 €
1 viennoiserie + 1 boisson chaude + 1 jus d'orange frais 25cl
1 petit pain + beurre + confiture
French pastry + hot drink + fresh orange juice 25cl
roll + butter + jam

On va boire quelque chose? Un express? Un demi? Un citron pressé?

BAR CREPERIE
SERVICE CONTINU 10h → 24h / NON STOP SERVICE 10 am → 12 pm
RESTAURANT
7€ 10€ 12€
19€ MENUS 21€
SPECIALITES
Fruits de Mer
Salades Composées
Omelette Terrasses Poulard
Gigot d'Agneau de Pays
Grillades et Brochettes
Crêpes / Glaces / Patisseries
HOTEL

J'ai envie de manger une crêpe. Toi aussi? On va s'offrir deux crêpes au chocolat, d'accord?

Tu as faim? On pourrait prendre un pain au chocolat ou bien une tartelette.

4. Laure Couturier et son mari Charles suivent un régime. Ils espèrent perdre 10 ou 15 kilos en deux mois.
5. Didier vient d'apprendre qu'il a très bien réussi au concours d'entrée au Conservatoire d'art dramatique. Il va pouvoir poursuivre son rêve de devenir acteur.
6. Evelyne et Patricia sont en retard. Elles doivent être chez M. Damesin dans vingt minutes.

C. Quand est-ce qu'ils mangent d'habitude? Bien entendu, les heures des repas varient selon l'individu. Pourtant, il est possible d'établir des heures approximatives des repas dans des cultures différentes. Etudiez le tableau ci-dessous, puis faites ce qu'on vous demande de faire.

	Etats-Unis	Sénégal	France	Espagne
petit déjeuner	6h30–8h	6h–8h	7h–8h	7h–9h
déjeuner	12h–1h	13h–15h	12h30–14h	13h–15h
dîner	5h30–7h	20h–21h30	20h–22h	21h–23h

1. Pour chaque pays, expliquez quand on prend le petit déjeuner d'habitude.
2. Pour chaque pays, expliquez quand on déjeune d'habitude.
3. Pour chaque pays, expliquez quand on dîne d'habitude.

Un petit truc

To indicate the exact time in French, use the preposition à: **à huit heures** (à 8h), **à huit heures et quart** (à 8h15). To indicate an approximate time, use the prepositions **vers** (**vers huit heures** or **vers huit heures, huit heures et demie**) or **entre** (**entre huit heures et huit heures et demie**).

«*Quels repas est-ce que vous prenez?*»

D. Et vous? Posez les questions suivantes à des camarades de classe afin de vous renseigner sur leurs habitudes alimentaires.

Vocabulaire pour la discussion

d'habitude / à peu près (environ)… fois par jour / vers… heures / ça dépend de… / manger seul(e) (avec…, en famille) / quelque chose de léger (rapide) / un repas copieux / le repas principal (le repas le plus important)

1. Combien de fois par jour est-ce que tu manges quand tu es chez toi? A quelles heures? Où? Avec qui?
2. Qui fait la cuisine chez toi? La fait-il/elle toujours?
3. Tu vas souvent au restaurant en semaine? le week-end? avec tes amis? avec ta famille?

Ecoutez!

Audio: CD1, Tracks 20–23

E. Les témoins vous parlent. En écoutant quelques Français et francophones vous parler de leurs habitudes alimentaires, faites ce qu'on vous demande de faire.

Vocabulaire utile

rôties *(toast, French Canadian expression)*, **casse-croûte** *(snack)*, **boîte** *(nightclub)*, **morceau** *(bite)*

Robin Côté
Rimouski, Québec

1. Ajoutez les mots qui manquent. Utilisez une autre feuille de papier.

—Bonjour, Monsieur.
—Bonjour.
—Comment vous appelez-vous?
—Je m'appelle Robin Côté.
—Vous pouvez épeler votre _____?
—C-O accent circonflexe-T-E accent aigu.
—Et quel âge avez-vous?
—J'ai _____ ans.
—Où est-ce que vous habitez?
—Je _____ du Canada. J'habite un petit village _____ s'appelle Sainte-Luce, qui est à environ _____ kilomètres d'une ville de _____ habitants qui s'appelle Rimouski, et cette ville est située à environ _____ kilomètres au nord de Québec. C'est sur la rive _____ du fleuve Saint-Laurent.

—Est-ce que vous pouvez épeler Rimouski?

—C'est R-I-M-O-U-S-K-I.

—Combien de fois par jour est-ce que vous mangez normalement? A quelles heures, où, avec qui?

—Environ de _____ à _____ fois, dépendamment des journées, de mon horaire. Un petit déjeuner—on dit chez nous _____ —simplement un café avec quelques rôties...

—Rôties?

—Des «toasts»... Puis, après ça, il y a ce qu'on appelle, nous, _____: le déjeuner. Bon, ça, c'est avec des copains, ça peut être un sandwich ou je sais pas trop... Après ça, il y a _____, ce que vous appelez le dîner. Ça peut être dans un restaurant ou à la maison. Puis, souvent, _____, après, il peut y avoir un petit casse-croûte, ça dépend. Si je vais aussi en boîte ou si _____, bon... ben... on va peut-être aller manger un petit morceau après.

Véronica Zein
Savigny-sur-Orge, France

2. Complétez le dialogue en reproduisant les questions qui manquent. Utilisez une autre feuille de papier.

—Bonjour, Mademoiselle.

—Bonjour, Madame.

—_____?

—Je m'appelle Véronica Zein.

—Z-E-deux N?

—Z-E-I-N.

—_____?

—J'ai vingt ans.

—_____?

—J'habite à Savigny-sur-Orge. C'est dans la banlieue sud de Paris.

—_____?

—En général, trois fois: le matin, au petit déjeuner, avant d'aller en cours, vers midi, une heure, pendant mon heure de déjeuner, et le soir, quand tout le monde est à la maison, vers les alentours de huit heures et demie, neuf heures.

—_____?

—Oui.

—_____?

—Petit déjeuner, assez léger: en général, du pain et de la confiture, et un café...

—_____?

—Euh... non, parce qu'on ne se lève pas tous à la même heure, donc ça dépend... souvent avec la personne qui va partir en même temps que moi, ou toute seule. Le café est toujours prêt. A midi, je vais manger avec des amis, souvent au café. On reste à discuter.

—_____?

—Oh, quelque chose de très léger. Ça coûte trop cher!

—_____?

—Un sandwich, et puis un petit café pour terminer, toujours. Et le soir, on s'assoit, on mange un bon repas en famille.

—_____?

—Soit ma mère, soit moi.

—J'ai entendu que votre mère est très douée.

—Oui, c'est une excellente cuisinière, elle m'a très bien appris.

Nezha Le Brasseur
Casablanca, Maroc

Vocabulaire utile

bonne *(maid)*, **couscous** *(dish made with semolina, meat, and vegetables)*

3. Précisez:

 a. le nombre de fois par jour qu'elle mange;
 b. l'heure de son petit déjeuner;
 c. l'heure de son déjeuner;
 d. l'heure du café;
 e. l'heure de son dîner;
 f. qui fait la cuisine chez elle;
 g. la différence principale entre les plats américains et marocains.

Henri Gaubil
Ajaccio, Corse

Vocabulaire utile

c'est-à-dire *(that is to say)*, **de bonne heure** *(early)*, **sauf** *(except)*, **en déplacement** *(traveling)*, **potage** *(soup)*, **arrosé** *(washed down)*

4. Notez au moins cinq faits que vous apprenez en écoutant Henri.

F. Pareil ou différent? Ecoutez encore une fois les témoins en prenant des notes afin de trouver: (1) le témoin auquel vous ressemblez le plus et (2) le témoin auquel vous ressemblez le moins en ce qui concerne les repas. Ensuite, justifiez vos réponses à des camarades de classe.

Perspectives culturelles

La cuisine en France

L'ère du grignotage

Les prises alimentaires sont de plus en plus fractionnées tout le long de la journée. 42% des Français mangent ou boivent au moins occasionnellement entre le petit déjeuner et le déjeuner, 49% entre le déjeuner et le dîner, 36% après le dîner. Aux heures des repas, les snacks constituent de véritables substituts aux menus traditionnels. Les plus concernés sont les hommes de 30 à 40 ans, cadres ou employés, mais aussi les enfants (36% mangent le matin en dehors du petit déjeuner). Les quantités moyennes correspondant au grignotage sont encore quatre fois moins importantes en France qu'aux Etats-Unis, mais deux fois plus qu'en Italie ou en Espagne.

Petit test: Comment mange-t-on en France?

Vrai ou faux?
1. La majorité des Français prennent du vin avec les repas.
2. Les Français ne mangent pas de fast-food.
3. La plupart des Français prennent le petit déjeuner.
4. En général, les Français passent plus de temps à table que les Américains.
5. Les Français ne grignotent pas entre les repas.
6. Les habitudes culinaires du sud de la France sont différentes de celles du nord.
7. Les Français continuent à passer beaucoup de temps à la préparation des repas.
8. Aujourd'hui les Français mangent moins de pain qu'autrefois.

Quatre des constatations sont vraies; quatre sont fausses. Vous pourrez découvrir les réponses en lisant les textes aux pages 55 à 57.

La consommation de vin a diminué

- Les Français de plus de 15 ans consomment en moyenne 62 litres de vin par an, contre 127 litres en 1963.
- Le nombre des consommateurs réguliers diminue au profit des occasionnels.
- Aujourd'hui plus d'un tiers des Français déclarent ne jamais boire de vin.
- Par contre, la consommation d'eau minérale et de boissons non alcoolisées (sodas, colas, jus de fruits...) a beaucoup progressé.

Le temps de préparation des repas a diminué avec la généralisation du travail féminin, l'accroissement du taux d'équipement en congélateurs et en fours à micro-ondes. Le temps moyen de préparation d'un repas est de 36 minutes en semaine et 44 minutes le week-end.

Le nomadisme alimentaire et la restauration rapide

Les Français prennent de plus en plus l'habitude de manger n'importe où: voiture, lieu de travail, rue, transports en commun, lieux publics... 32% prennent leur repas de midi sans se mettre à table. 37% mangent ou boivent dans la rue au moins une fois par mois. En plus, la part des repas pris hors du foyer s'accroît: 70% des Français prennent au moins un repas en semaine hors de leur domicile, contre 59% en 1996.

66% des restaurants ouverts depuis 1993 sont des fast-foods. Seuls 2% des Français disent aimer les hamburgers, mais ils achètent chaque année environ 160 millions de sandwichs. Mais ils les achètent moins souvent dans les cafés et les bistrots traditionnels, dont le nombre a connu une spectaculaire érosion: moins de 50 000 aujourd'hui contre 200 000 en 1960 et 80 000 en 1985. Les tendances lourdes du grignotage et du nomadisme expliquent la part croissante des dépenses effectuées hors de lieux de restauration classiques: boulangeries, traiteurs, bouchers, boutiques disposant d'un coin-café (FNAC, Décathlon, Celio, Habitat...), cinémas, distributeurs automatiques... En plus, les grandes surfaces développent des rayons de produits «prêts-à-manger» pour répondre à la demande de rapidité des gens qui ne veulent pas consacrer du temps à la préparation de leurs repas.

Les Français consacrent environ 2 heures 15 minutes aux repas chaque jour. Ils restent souvent à table après le dîner pour discuter.

67% des Français disent aimer manger des plats et des produits d'autres pays afin de varier l'alimentation et de découvrir de nouvelles saveurs. On constate aussi un développement récent de la restauration thématique (tex-mex, chinois, indien, japonais...).

(s')accroît increases
appartient belongs
assemblage assembling, putting together
congélateurs freezers
consacrer to devote
croissante increasing
demeurer to remain
en dehors de outside of
engouement fad, craze
grandes surfaces hypermarkets, "big box" stores
grignotage nibbling, snacking
gustatif involving taste (of food)

hors du foyer outside of the home
hors des lieux de restauration classiques outside of traditional places to eat
mélange mixture
moyen(ne)(s) average
nappage coating
nomadisme moving about
occasionnels on special occasions
sans without
savoir-faire know how
saveurs tastes, flavors
surgelé frozen
taux rate

Malgré l'influence de la restauration rapide et des cuisines exotiques, certaines traditions nationales et régionales demeurent. Au fond, la France appartient à deux cultures gastronomiques: le beurre et la bière sont surtout consommés au nord de la Loire, l'huile et le vin au sud.

La cuisine d'assemblage

Les Français passent moins de temps à préparer leurs repas et les générations se transmettent de moins en moins le savoir-faire culinaire. Mais on ne renonce pas pour autant aux plaisirs gustatifs et à la diversité de la tradition française. Après le «tout-surgelé» des années 80, on observe aujourd'hui un engouement pour la «cuisine d'assemblage», réalisée à partir de produits pratiques, de recettes élaborées et personnalisables.

Les femmes (mais aussi les hommes) peuvent préparer rapidement des plats savoureux sans prendre de risque quant au résultat. Les aides culinaires (épices, croûtons, herbes aromatiques, mélanges divers...), les légumes mélangés, les préparations pour salades composées, les desserts à préparer ou les aides à la pâtisserie, les sauces de nappage ou à cuisiner sont les principaux ingrédients de cette cuisine en kit.

Source: Gérard Mermet, *Francoscopie 2001*, Larousse, pp. 184–191; *Francoscopie 2003*, Larousse, pp. 201–210.

G. Discutons! Avec quelques camarades de classe, discutez des questions suivantes:

1. Dans quelle mesure les habitudes gastronomiques des Français semblent-elles influencées par le modèle américain?
2. Qu'est-ce qui indique que la France continue à garder certaines de ses propres traditions gastronomiques?

H. Mythes ou vérités? Avec quelques camarades de classe, discutez des idées générales qu'ont beaucoup d'étrangers à l'égard des habitudes gastronomiques des Américains (= Etasuniens). Lesquelles sont fausses? Lesquelles sont vraies?

1. «Les Américains mangent constamment.»
2. «Les Américains mangent beaucoup.»
3. «Les Américains mangent très rapidement.»
4. «Les Américains ont un menu très limité.»

Do *A faire! (2-1)* on page 64 of the **Manuel de préparation**.

Rappel

Questions qui ont pour réponse *oui* ou *non*

To get a **oui** or **non** answer, either:

a. raise your voice at the end of a declarative sentence (**Tu vas au cinéma ce soir?**)

or

b. place **est-ce que** before the subject and verb (and then raise your voice at the end) (**Est-ce que tu vas au cinéma ce soir?**)

I. Oui ou non? Utilisez les éléments donnés pour poser des questions auxquelles les gens dans les images peuvent répondre par **oui** ou par **non.**

1. Nous habitons à Paris. (aimer la ville / avoir un appartement / travailler à Paris aussi)

   Modèle: *Vous aimez la ville? (Est-ce que vous aimez la ville?, etc.)*

2. Nous sommes très sportifs. (jouer au football / aimer regarder les matchs à la télé / faire des sports d'hiver)

3. Nous prenons grand plaisir à manger. (préparer les repas vous-mêmes / aimer la cuisine thaïlandaise / dîner souvent au restaurant)

4. Nous passons les vacances d'été au bord de la mer. (prendre le train pour y aller / savoir nager / aimer faire de la planche à voile)

Patrick Dailly et Bruno Desmazes (vous)

5. Je suis étudiante. (être à l'université / avoir un emploi du temps très chargé / apprendre une langue étrangère)

6. J'ai un petit boulot; je suis serveuse. (travailler dans un restaurant français / être bien rémunérée / aimer ton travail)

7. J'ai de la famille qui habite en Bretagne. (y aller souvent / vouloir retourner y habiter un jour / parler breton)

8. Je suis fana du cinéma. (aimer les films étrangers / avoir un lecteur DVD / voir des films toutes les semaines)

Nathalie Le Meur (tu)

Les questions d'information

a. To find the person who is performing (has performed, will perform) an action, use **qui** (**Qui est là? Qui a téléphoné?**).

b. To find other types of information, use the appropriate question word + **est-ce que** (**Où est-ce que tu fais tes études? Pourquoi est-ce qu'elles ne sont pas venues?**).

où *(where)*	**comment** *(how)*
quand *(when)*	**combien de** *(how many)*
à quelle heure *(what time)*	**que** *(what)*
pourquoi *(why)*	

J. Des rencontres. Vos amis parlent de quelques personnes qu'ils ont rencontrées. Répondez aux questions à propos de ces personnes.

Audio: CD1, Track 24

Votre ami Jacques a rencontré Jean-Luc Tessier.

1. Quand est-ce qu'il l'a rencontré?
2. Comment s'appelle la femme de Jean-Luc?
3. Où est-ce qu'ils habitent maintenant?
4. Combien d'enfants est-ce qu'ils ont?

Votre amie Janine a rencontré Pierre et Isabelle Martineau.

5. Pourquoi est-ce que les Martineau étaient au magasin de meubles?
6. Qu'est-ce qu'ils ont acheté?
7. Qui a invité qui à une soirée?
8. A quelle heure commence la soirée?

K. La famille et les amis. D'abord, posez des questions à un(e) camarade de classe pour trouver les renseignements suivants. Puis, circulez dans la classe en posant les mêmes questions à d'autres camarades. Demandez à un(e) camarade de classe:

1. le nombre de personnes dans sa famille.
2. où sa famille habite.
3. s'il/si elle habite toujours chez ses parents.
4. pourquoi il/elle (n')habite (pas) chez ses parents.
5. ce que les membres de sa famille aiment faire pour se distraire.
6. où son/sa meilleur(e) ami(e) habite.
7. comment il/elle s'appelle.
8. s'il/si elle le/la voit souvent.
9. quand il/elle l'a vu(e) récemment.
10. ce qu'il/elle aime faire pendant son temps libre.

Vocabulaire utile

une famille nombreuse *(large family)*, **une petite famille, le père, la mère, le fils, la fille, le frère aîné (cadet), la sœur aînée (cadette), le demi-frère, la demi-sœur, le grand-père, la grand-mère, le petit-fils** *(grandson)*, **la petite-fille** *(granddaughter)*, **le beau-père** *(stepfather, father-in-law)*, **la belle-mère** *(step-mother, mother-in-law)*, **le beau-frère, la belle-sœur, l'oncle, le neveu, le cousin, la cousine, l'ami, l'amie, le copain, la copine**

Pour parler...
de ce qu'on mange

Parlez!

L. Les plaisirs (et les déplaisirs) de la table. Parlez avec quelques camarades de classe de vos préférences alimentaires en indiquant dans les catégories suivantes ce que vous aimez manger et ce que vous n'aimez pas manger.

> Modèle: la viande et la volaille
>
> *Moi, j'aime beaucoup le porc et le mouton. Je mange souvent du poulet. J'adore le canard. Mais je mange très peu de bœuf.*

1. la viande et la volaille
2. le poisson et les crustacés
3. les légumes
4. les fruits
5. les produits laitiers

Un marché aux poissons

Fromages et beurre de Normandie

Des produits de la région au marché en plein air

Pour communiquer

Audio: CD1, Track 25

Claude et sa femme Aminata, un couple de jeunes mariés, rentrent chez eux à la fin de la journée. Pendant qu'Aminata prépare le dîner, ils parlent de leurs habitudes alimentaires. Il est clair que pour tous les deux, «bien manger» n'a pas la même signification.

«Un repas dans un fast-food de temps en temps, ça fait pas de mal!»

«Ils ont un grand choix de produits bios.»

M. Vous avez compris? Ecoutez la conversation entre Claude et Aminata, puis répondez aux questions.

> **Vocabulaire utile**
>
> **le poulet au Yassa** (*chicken dish, specialty of the south of Senegal*), **du faux beurre** (*butter substitute*), **un édulcorant de synthèse** (*artificial sweetener*), **la tension artérielle** (*blood pressure*), **les produits bios** (*organic foods*)

1. Où est-ce que Claude a déjeuné? Qu'est-ce qu'il a mangé?
2. Qu'est-ce qu'Aminata pense de son déjeuner? Pourquoi?
3. Qu'est-ce qu'Aminata est en train de préparer pour le dîner?
4. Que va faire Claude pour l'aider?
5. Qu'est-ce qu'il n'arrive pas à trouver? Pourquoi?
6. De quoi est-ce qu'Aminata parle?

Pour mieux vous exprimer

Approuver les actions d'une autre personne

Tu fais bien de + infinitif
Tu as raison de + infinitif

Désapprouver les actions d'une autre personne

Tu ne devrais pas + infinitif / Vous ne devriez pas + infinitif
Il ne faut pas + infinitif

Suggérer

Tu devrais + infinitif / Vous devriez + infinitif
Tu ferais mieux de + infinitif / Vous feriez mieux de + infinitif
Pourquoi est-ce que tu (vous) ne... pas... ?

    faire attention à (te [vous] préoccuper de) ta (votre) santé
    changer tes (vos) habitudes alimentaires
    suivre un régime *(diet)*
    ne pas manger de... / manger plus (moins) de... / ne manger que du
      (de la, des)...
    éviter *(to avoid)* trop de graisses (sel, sucre)
    choisir des produits allégés *(light)* (basses calories)

Audio: CD1, Track 26

Ecoutez!

N. Conseils d'amis. Vous entendrez des gens qui parlent franchement à leurs amis. Dans chaque conversation, indiquez si on approuve ou si on désapprouve les actions de son ami(e) et si on fait une suggestion.

	On approuve	On désapprouve	On suggère
1.	_____	_____	_____
2.	_____	_____	_____
3.	_____	_____	_____
4.	_____	_____	_____
5.	_____	_____	_____

Parlez!

O. A mon avis... Vous parlez à quelqu'un avec qui vous pouvez vous exprimer franchement. Donnez des réactions et des suggestions à cette personne en utilisant quelques-unes des expressions de **Pour mieux vous exprimer** (pages 61–62).

1. Comment, Thierry! Hier, tu as mangé trois fois au Macdo? Ce n'est pas possible. Tu...
2. Dis donc, Jean-Marc. Tu exagères un peu, non? Ce matin tu as mangé un petit déjeuner américain, avec des œufs, des saucisses et du pain beurré. A midi, tu as pris un sandwich au pâté. Et ce soir, tu vas manger du bifteck? Tu...
3. Qu'est-ce que tu vas prendre, Martine? Du poulet et une salade verte? Ah, tu...
4. Comment, Evelyne, tu reprends de la glace? Mais tu en as pris au déjeuner aussi. Et combien de biscuits est-ce que tu as grignotés aujourd'hui? Tu...
5. Salut, André! Ça fait longtemps que je ne t'ai pas vu! Mais tu as pris du poids, mon ami. Comment? Sept kilos? Ah, tu manges tous les soirs au restaurant? Eh bien, tu sais, tu...
6. Alors, Christine, tu ne veux pas de chips? pas de cacahuètes? Non? Ah, tu...

P. Et vous? Et vos amis? Parlez de ce que vous avez mangé hier. Vos camarades de classe vous donneront leurs réactions et leurs suggestions. (Si vous préférez, vous pouvez parler d'un membre de votre famille ou d'un[e] ami[e].)

Do *A faire! (2-2)* on page 72 of the **Manuel de préparation**.

Fonction
Comment se renseigner (1)

Rappel

L'inversion

1. QUESTION WORD + VERB + NOUN?

   Comment s'appelle ta cousine?
   Où sont mes bottes?
   A quelle heure finit ce cours?

2. QUESTION WORD + (NOUN) + VERB + PRONOUN?

   Pourquoi sont-ils partis?
   Comment vos grands-parents voyagent-ils?
   A quelle heure se lève-t-on d'habitude?

Q. Des mini-conversations. Utilisez les renseignements donnés pour créer de petites conversations avec votre partenaire.

Vous voulez aller au musée Rodin à Paris.

Demandez à votre ami(e):
1. la situation du musée (dans la rue de Varenne)
2. à quelle heure le musée ouvre (9h30)
3. à quelle heure le musée ferme (16h45)
4. le prix d'un billet d'entrée (3€)

Vous êtes avec une amie dans un magasin de vêtements.

Demandez à votre amie:
5. ce qu'elle cherche. (une jupe)
6. combien elle veut payer. (entre 50 et 60€)
7. sa taille. (38)
8. quand elle va porter la jupe. (pour aller au théâtre samedi soir)

Vous êtes avec un ami au magasin de matériel électronique.

Demandez à votre ami:
9. ce qu'il regarde. (un agenda électronique)
10. pourquoi il regarde cet agenda. (il en a besoin pour noter ses devoirs)
11. comment l'agenda marche. (à l'aide d'une pile *[battery]*)
12. le prix de l'agenda. (18€)

Vous attendez l'arrivée de vos cousins qui habitent en Afrique.

Demandez à votre frère (sœur):
13. quand ils vont arriver. (mardi matin)
14. qui va les chercher à la gare. (Papa)
15. comment il va y aller. (en voiture)
16. à quelle heure ils vont rentrer à la maison. (vers 11h)

Votre ami vous a invités, vous et votre femme, à dîner au restaurant, mais sa femme ne vient pas.

Demandez à votre ami:
17. le nom du restaurant (Le Pavillon de la Tourelle)
18. où le restaurant se trouve (à Vanves)
19. à quelle heure on va se retrouver (vers 20h30)
20. pourquoi sa femme ne vient pas (elle est à Londres pour son travail)

Rappel

Les expressions interrogatives *que, qu'est-ce que* et *quel*

1. QUE, QU'EST-CE QUE = no limitations on the answer
   Que cherches-tu?
   Qu'est-ce qu'ils veulent voir?

2. QUEL (QUELLE, QUELS, QUELLES) = answer limited to a choice or a category
   Quel film veux-tu voir ce soir, *La Dame du lac* **ou** *Danger imminent?*
   Quelle est la capitale du Cameroun?

R. Pour obtenir des précisions. En suivant les indications données, posez des questions à un(e) camarade de classe afin de préciser certains faits.

D'abord, essayez de découvrir:
1. comment il/elle va
2. ce qu'il/elle va faire après le cours
3. quand il/elle va manger
4. ce qu'il/elle va faire ce soir

Ensuite, utilisez les précisions entre parenthèses afin de découvrir:
5. quand il/elle est né(e) (en quel mois / quel jour / en quelle année / à quelle heure)
6. où il/elle est né(e) (dans quel état (pays) / dans quelle ville / à quel endroit)

Enfin, utilisez des questions avec **quel** afin de découvrir:
7. son adresse / le prénom de son/sa (ses) camarade(s) de chambre (mari, femme) / son numéro de téléphone
8. les cours qu'il/elle suit ce semestre / son cours le plus difficile / son cours le plus intéressant
9. les films qu'il/elle a vus récemment / son acteur préféré / son actrice préférée

S. Renseignez-vous! Posez des questions à un(e) camarade de classe afin de trouver les renseignements qu'il vous faut. Il/Elle vous répondra en consultant les documents à la page 65.

1. Vous avez été blessé(e) dans un accident de voiture. Vous cherchez:
   a. le nom d'un avocat.
   b. l'adresse de son cabinet.
   c. son numéro de téléphone.
   d. ses heures de consultation.

2. Vous allez faire une excursion pour voir les châteaux de la Loire. Vous voulez savoir:
   a. le lieu du départ de l'autocar. (d'où)
   b. l'heure du départ de l'autocar.
   c. les châteaux qu'on va visiter.

    d. les lieux où on va déjeuner et dîner.

    e. ce qu'on va faire le soir.

    f. l'heure du retour à Paris.

3. Vous allez au musée Carnavalet. Vous voulez savoir:

    a. la situation du musée.

    b. les heures d'ouverture du musée.

    c. le prix d'un billet d'entrée au musée.

    d. le sujet de l'exposition spéciale du musée.

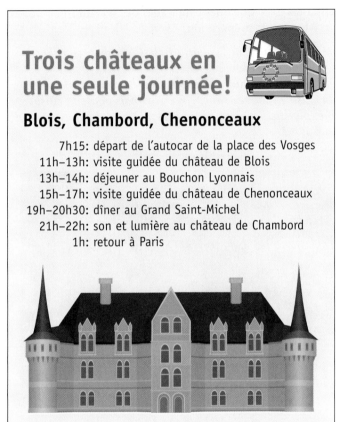

Trois châteaux en une seule journée!

Blois, Chambord, Chenonceaux

      7h15: départ de l'autocar de la place des Vosges

11h–13h: visite guidée du château de Blois

13h–14h: déjeuner au Bouchon Lyonnais

15h–17h: visite guidée du château de Chenonceaux

19h–20h30: dîner au Grand Saint-Michel

21h–22h: son et lumière au château de Chambord

        1h: retour à Paris

Maître Jacques Athéonor
Avocat

12, rue Grand-Carroi 37500 Chinon
Tél./Fax: 02 48 99 30 21

Consultations: sur rendez-vous
Lundi: 16h–19h
Mardi–Vendredi:
10h–12h et 14h–17h
Samedi: 9h–12h

Le Guide de la France   **Musées de Paris**   **153**

CARNAVALET, Musée de l'histoire de Paris, 23, rue de Sévigné (M° Saint-Paul). 01.42.72.21.13. Tous les jours sauf lundi et jours fériés de 10h à 17h45. Entrée: 5€. Tarif réduit: 3€50. **Collection de la préhistoire au XXᵉ siècle. Exposition: Les peintres américains à Paris au XIXᵉ siècle.**

Pour parler...
de la cuisine

T. Où va-t-on dîner? Discutez avec quelques camarades des restaurants que vous avez choisis (voir le **Manuel de préparation**, Exercice VI, page 72).

Modèle: *Moi, j'aimerais bien aller au Djakarta Bali. C'est un restaurant indonésien. La cuisine indonésienne est assez épicée, mais elle est savoureuse. La spécialité du restaurant, c'est le rijsttafel. J'aime beaucoup la cuisine indonésienne. (Je n'ai jamais goûté la cuisine indonésienne, mais je voudrais bien l'essayer.) Et toi, où est-ce que tu préférerais aller?*

Djakarta Bali

Bol en bois

Acropole

Au Petit Riche

Katsura

Pizza Latina

Baobab

Banani

Chaumière de Chine

The Studio

« *Qu'est-ce que vous aimez manger?* »

U. A vous d'abord! Posez des questions à vos camarades de classe au sujet de ce qu'ils/elles aiment manger au petit déjeuner, au déjeuner et au dîner.

Une quiche au fromage et aux champignons

 Ecoutez! **Audio:** CD1, Tracks 27–29

V. Les témoins vous parlent. En écoutant les trois Français et francophones parler de ce qu'ils mangent, faites les activités indiquées.

> **Vocabulaire utile**
>
> **féculent** *(starchy food)*, **charcuterie** *(cold cuts)*, **quelconque** *(any)*

Mireille Sarrazin
Lyon, France

1. Choisissez la bonne réponse.

   a. Mireille Sarrazin est âgée de…
      1. 30 ans.   2. 39 ans.   3. 40 ans.

   b. Au petit déjeuner, normalement Mireille *ne* prend *pas* de…
      1. pain.   2. céréales.   3. café.   4. croissants.

   c. Au déjeuner, normalement Mireille *ne* prend *pas* de…
      1. salade.   2. viande.   3. poisson.   4. légumes.
      5. fruits.   6. soupe.

   d. Au dîner, Mireille…
      1. mange toujours la même chose.
      2. mange toujours un repas copieux.
      3. mange selon les saisons.

Dovi Abe
Dakar, Sénégal

Vocabulaire utile

mil *(millet, a grain)*, **lait caillé** *(milk with curds)*, **miel** *(honey)*, **emplois du temps des uns et des autres** *(everyone's daily schedule)*, **arachide** *(peanut)*, **séché** *(dried)*, **épices** *(spices)*, **ail** *(garlic)*, **gingembre** *(ginger)*, **clous de girofle** *(cloves)*

2. Dovi Abe mentionne plusieurs plats typiquement africains. Associez le nom de chaque plat à sa description.

a. la bouillie de mil
b. le tiéboudienne (tcheboudjen)
c. la sauce aux feuilles de manioc
d. le couscous

_____ 1. riz et poisson cuits ensemble dans une sauce
_____ 2. mil qu'on mange avec une sauce faite de tomates, de légumes et de poisson séché
_____ 3. céréale servie avec du lait caillé et du miel
_____ 4. sauce à base d'une sorte de pomme de terre

Delphine Chartier
Toulouse, France

Vocabulaire utile

en boîte *(canned)*, **en conserve** *(canned)*, **digère** *(digest)*, **fait griller** *(toast, grill)*, **pain de mie** *(sliced white bread in a loaf)*, **miel** *(honey)*, **tartines** *(slices of bread with butter and/or jam)*, **disponibles** *(available)*, **salade composée** *(mixed salad)*, **en revanche** *(on the other hand)*, **réunie** *(together)*, **cuisine davantage** *(cook more)*, **concombres** *(cucumbers)*, **mélange** *(mixture)*, **compote de fruits** *(fruit sauce)*, **noix** *(nuts)*, **goutte** *(a little bit; literally, a drop)*, **serré** *(pressed)*

3. Pour chaque repas, identifiez trois choses à manger que mentionne Delphine Chartier.

a. le petit déjeuner
b. le déjeuner en semaine
c. le déjeuner du week-end
d. le dîner

W. Les Français, les francophones et les Américains. Ecoutez encore une fois les témoins en prenant des notes afin de trouver quelques différences entre ce que mangent les Américains (les Etasuniens) et ce que mangent les trois témoins français et francophones.

⊙ Do *A faire! (2-3)* on page 78 of the **Manuel de préparation.**

Fonction
Comment se renseigner (2)

Rappel

Les questions avec préposition

preposition +
| qui |
| quoi | + **est-ce que** + subject + verb? |
| où | + verb + subject? |
| quel(le)s... |

X. Alors... Quand votre camarade de classe vous dit quelque chose, posez-lui une question pour en apprendre davantage. Utilisez quelques-uns des éléments proposés pour lui poser cette question.

Modèle: Jean-Luc a trouvé un job. (travailler)
Ah, bon. Pour qui est-ce qu'il va travailler?

qui quoi où quel(le)(s) de chez à avec d'où pour

1. Je suis allé au cinéma hier soir. (aller)
2. Cette fille-là ne vient pas des Etats-Unis. (venir)
3. Vincent n'habite pas chez ses parents. (habiter)
4. Mireille a acheté des poissons rouges. (garder = *to keep*)
5. Les Bazantay ne sont plus au troisième étage. (être)
6. Je n'écris plus avec un stylo à bille. (écrire)
7. Non, elle ne parlait pas de Didier. (parler)
8. Annick n'a pas besoin de ces livres-ci. (avoir)
9. Je ne pensais pas à l'examen. (penser)
10. Nous allons passer le week-end à Deauville avec Claude et Jacques.
    Ils y ont chacun un appartement. (descendre)

Y. Entre amis. Utilisez les verbes et les expressions donnés pour poser des questions à un(e) camarade de classe, qui vous répondra. Attention à l'emploi des prépositions.

> Modèle: Vous avez vu un(e) ami(e) à la bibliothèque avec une personne que vous n'avez pas reconnue. (parler)
> *A qui est-ce que tu parlais quand je t'ai vu(e) à la bibliothèque?*
> ou: *Je t'ai vu(e) à la bibliothèque hier avec un(e) ami(e). De quoi est-ce que vous parliez?*

1. Vous voulez obtenir un permis de stationnement, mais vous ne savez pas le nom de la personne qui les délivre. (s'adresser à)

2. Votre ami(e) est en pleine rêverie et ne vous écoute pas. (penser)

3. Votre ami(e) est en train d'écrire un e-mail. (écrire)

4. Votre ami(e) semble chercher quelque chose. (avoir besoin)

5. Votre amie vous dit qu'elle est musicienne, mais c'est la première fois qu'elle vous en parle. (jouer / instrument de musique)

6. Ce sera demain l'anniversaire de votre ami(e), mais vous ne savez pas son âge. (être né(e) / année)

7. Votre amie semble très impatiente. (attendre)

8. Votre ami(e) a l'air inquiet (inquiète). (avoir peur)

9. Votre ami(e) cherche un numéro de téléphone. (téléphoner)

10. Votre ami(e) est invité(e) à passer le jour de Noël chez quelqu'un, mais vous ne savez pas qui. (passer le jour de Noël)

11. Votre oncle vient d'acheter une nouvelle maison, et vous aimeriez savoir comment elle est. (couleur / maison)

12. Vos parents sont allés voir un vieux film français qui s'intitule *Les Enfants du paradis*. Vous n'avez jamais entendu parler de ce film. (il s'agit / dans ce film)

13. Vous avez invité des gens à dîner et vous voulez servir du bœuf avec une sauce béarnaise, mais vous ne savez pas préparer la sauce. (préparer avec)

14. On vous a donné un beau poisson, mais il est trop grand pour vos casseroles. (faire cuire dans)

15. Le safran est une épice très rare et très chère. On vous en a donné, mais vous ne savez pas l'utiliser. (ajouter à)

Perspectives culturelles

Profil: Le Sénégal

Nom officiel: république du
Sénégal

Capitale: Dakar

Autres villes importantes:
Diourbel, Saint-Louis, Thiès,
Ziguinchor

Population: 8 530 000

Langue officielle: français

Ethnies: les Ouolofs, les Peuls,
les Toucouleurs, les Sarakollés,
les Bassaris, les Mandingues,
les Maures, les Sérères

Religions: musulmans (80–90%),
chrétiens, animistes

Date d'indépendance: 1960

Climat: tropical—sec de novembre à mai, pluvieux de juin à
octobre; le long de la côte—
relativement frais grâce aux
vents de la mer

Produits agricoles: arachides,
canne à sucre, coton, maïs,
manioc, mil, riz

Industries: pêche, usines agro-
alimentaires, huileries, mines
de fer, industries chimiques

Le Sénégal et sa cuisine

La cuisine sénégalaise est l'une des plus réputées d'Afrique. On commence d'ailleurs à pouvoir s'en rendre compte en Europe et plus spécialement à Paris, où abondent maintenant les restaurants sénégalais et les boutiques spécialisées, groupées en particulier tout le long de la rue d'Aubervilliers.

Mais rien ne vaut cependant la cuisine d'origine, réalisée dans les familles, les petits campements ou, au contraire, dans bien des restaurants de luxe qui se sont rendu compte que les plats locaux étaient très demandés. Les plus connus sont: le *poulet yassa* (au citron), le *tiep bou dienn*, ou riz au poisson, le *dem à la Saint-Louisienne*, ou mulet farci *(stuffed mullet)*, le *maffé*, ou bœuf aux arachides, les *pastels* ou beignets de poisson, etc.

Ce que mangent les Sénégalais

Mil, riz... et coquillages

Chaque année, à l'occasion du concours national gastronomique, de nouveaux plats sont proposés. Maréma Diop Ndaw, chef au Novotel, utilise par exemple les pépins de melon et le «*diakhar*» ou graines de nénuphar aquatique. Ce

diakhar qui n'est que trop présent dans les eaux du Sénégal, vendu tout grillé, remplace le couscous dans le nord, nous dit «Cuisine sénégalaise» édité par la librairie Wakhatilène de Saint-Louis. Il est assaisonné avec du «*diwou nior*» ou beurre déjà cuit, préparé par les Peuhls. Dans le Nord, le mil occupe la place du riz en Casamance. On en mange pratiquement à chaque repas, servi dans de grandes bassines communes avec du poulet ou de la chèvre. Il faut apprendre à en rouler des boulettes entre trois doigts de la main droite... sans se brûler. Au Saloum, puis en Casamance, on trouve des huîtres de palétuviers (sautées dans l'huile chaude ou braisées sur un lit de charbon de bois dans leur coquille, ou encore grillées), des moules cuites de différentes façons et mélangées parfois à une ratatouille de légumes, des bigorneaux, des yets, énormes mollusques, plus ou moins faisandés, ingrédient majeur du tiep bou dienn, des «pagnes», ces fameux coquillages blancs mangés depuis des millénaires.

Une recette du Sénégal

Une des vedettes de la cuisine sénégalaise est le poulet au Yassa, spécialité du sud du pays. En voici la recette, tirée d'un livre de cuisine sénégalaise; en France, on dirait *ingrédients* et *préparation* plutôt que *matière d'œuvre* et *méthode de fabrication*.

Le poulet au Yassa

Matière d'œuvre:

un poulet	sel
3 citrons verts	poivre
3 gros oignons	1 piment frais
25 cl (centilitres) d'huile d'arachide	ail

Méthode de fabrication:

1. Couper le poulet en morceaux.
2. Emincer les oignons et couper le piment en morceaux.
3. Mariner le poulet pendant plusieurs heures avec l'huile d'arachide, le jus et le zeste des citrons, les oignons émincés, le piment, de l'ail, du sel et du poivre.
4. Egoutter les morceaux du poulet et faire sauter *(brown)* de tous les côtés.
5. Faire revenir les oignons égouttés dans l'huile d'arachide, laisser cuire doucement.
6. Rajouter la marinade, les morceaux du poulet et ajouter un verre d'eau. Laisser mijoter *(simmer)* 30 mn.
7. Servir avec du riz.

On peut aussi faire ce plat avec d'autres viandes ou du poisson. Dans ce cas, les Sénégalais aiment griller la viande ou le poisson avant de les faire revenir dans de l'huile.

Après les repas et surtout le dîner, le thé à la menthe, est servi en trois étapes: le premier verre, à peine sucré, le deuxième un peu plus, le troisième au contraire très doux.

Adapté de: Rémy, *Le Sénégal aujourd'hui*. Paris: Les Editions du Jaguar, pages 230–231.

Z. Le Sénégal et sa cuisine. Discutez de ces questions avec quelques camarades de classe.

1. A quelle(s) autre(s) cuisine(s) ressemble la cuisine sénégalaise? En quoi?
2. Si on vous invitait à prendre un repas avec une famille habitant dans un petit village sénégalais, accepteriez-vous? Pourquoi (pas)?
3. Si vous acceptiez, quelles habitudes seriez-vous obligé(e) de modifier afin de vous conduire en bon(ne) invité(e)?
4. Quelles difficultés les Sénégalais rencontreraient-ils à table avec votre famille?
5. Comment la situation géographique du Sénégal influence-t-elle sa cuisine?
6. Comment la situation géographique de votre région influence-t-elle ce que vous mangez?
7. Comment prépare-t-on le poulet chez vous?
8. Quelles différences y a-t-il entre un plat au poulet typiquement américain et le poulet au Yassa?

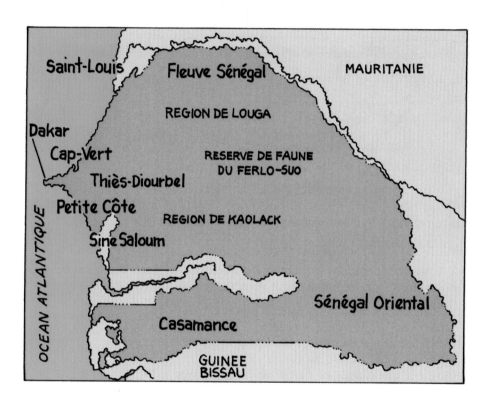

Pour communiquer

Audio: CD1, Track 30

Ecoutez!

Un samedi après-midi, quelques mois plus tard. Claude Letourneur rentre chez lui après avoir passé toute la matinée à son club de sport. Il va au frigo, se verse quelque chose à boire et demande à sa femme Aminata ce qu'elle prépare pour le dîner.

«Je commence à être en pleine forme.»

«J'ai envie de faire un bon repas traditionnel.»

AA. Vous avez compris? Répondez aux questions suivantes d'après la conversation entre Claude et Aminata que vous venez d'entendre.

1. Comment Claude a-t-il passé la matinée?
2. De quoi a-t-il envie? Pourquoi?
3. Qu'est-ce qu'Aminata a acheté pour le repas? Pourquoi?
4. Pourquoi se fâche-t-elle contre son mari?
5. Est-ce que Claude va manger de la viande avec sa femme?

Parlez!

Pour mieux vous exprimer

Exprimer votre accord

C'est vrai (exact, juste, sûr)!
Absolument!
Tout à fait!
Effectivement!
Je suis d'accord.
Vous avez (Tu as) (tout à fait) raison.
Je suis de votre (ton) avis.

Exprimer votre désaccord

Je ne suis pas (tout à fait / du tout) d'accord.
Ce n'est pas vrai (exact, juste).
Absolument pas!
Pas du tout!
Au contraire!
C'est faux!

Conseiller

Je vous (te) conseille de + infinitif
A mon avis, vous devriez (tu devrais) + infinitif
Si vous voulez (tu veux), vous pouvez (tu peux) + infinitif

BB. Des conseils. Ecoutez les conversations, puis complétez le tableau en indiquant le point de vue exprimé et en notant les expressions utilisées pour marquer ce point de vue. Utilisez une autre feuille de papier.

 **Audio:** CD2, Track 2

	Accord	Désaccord	Expressions
1.	_____	_____	_____
2.	_____	_____	_____
3.	_____	_____	_____
4.	_____	_____	_____

CC. Qu'est-ce que tu en penses? Vous discutez avec des camarades de classe. Une première personne annonce ce qu'elle pense faire. Les autres donnent leurs réactions et leurs conseils. Utilisez les expressions dans *Pour mieux vous exprimer.*

Modèle: Je n'aime pas ma chambre dans la résidence universitaire; le semestre prochain, je vais chercher un appartement.
A: *A mon avis, il vaut mieux rester à la résidence; un appartement, ça coûte très cher!*
B: *Ce n'est pas vrai! Si tu trouves un appartement à partager avec deux ou trois amis, c'est moins cher que la résidence.*
C: *Pas du tout! Les appartements près de l'université sont très chers et ils ne sont pas très confortables.*
D: *Je suis d'accord avec toi. Pourquoi pas changer de résidence? Dans ma résidence, les chambres sont très confortables.*

1. Je ne veux plus habiter dans une résidence universitaire; je vais chercher un appartement.
2. Je pense changer d'université à la fin de l'année. Je voudrais trouver une université (plus grande, moins grande, dans une ville, à la campagne, etc.).
3. Mon cours de (maths, chimie, statistique, etc.) est très difficile et il me prend trop de temps. Je vais le laisser tomber.
4. Je pense ne pas revenir à l'université l'année prochaine. J'ai envie de travailler, de gagner de l'argent.
5. Je n'aime pas les repas au resto-U. Je vais commencer à manger en ville.
6. Mon père m'a trouvé un job pour l'été, mais moi, je ne veux pas rentrer à la maison. Je vais chercher quelque chose près de l'université.

Do *A faire! (2-4)* on page 84 of the **Manuel de préparation.**

Lecture

Les mythes, aujourd'hui—le vin et le lait, le bifteck et les frites

Roland Barthes

Roland Barthes (1915–1980) was a major intellectual figure in France during the 1950s, 1960s, and 1970s. His writing focuses on the relationship between language, other sign systems, and ideology.

Dans son livre Mythologies, *Roland Barthes essaie de démystifier quelques «mythes» de la vie moderne en France. Pour lui, un mythe est une parole—un sens, un message communiqué explicitement ou implicitement à propos de ce qui est «naturel». Comme il l'explique dans les deux essais dont vous allez lire des extraits, pour être Français, il faut manger des frites et boire du vin.*

Le vin et le lait

Le vin est senti par la nation française comme un bien qui lui est propre, au même titre que ses trois cent soixante espèces de fromage et sa culture. C'est une boisson-totem, correspondant au lait de la vache hollandaise ou au thé absorbé cérémonieusement par la famille royale anglaise […].

(Le vin) est avant tout une substance de conversion, capable de retourner les 5 situations et les états, d'extraire des objets leur contraire: de faire, par exemple, d'un faible un fort, d'un silencieux un bavard° […]. *chatterbox*

Tout cela est connu, dit mille fois dans le folklore, les proverbes, les conversations et la Littérature. Mais cette universalité même comporte un conformisme: […] en ce sens que la société nomme malade, infirme° ou vicieux, quiconque° ne 10 croit pas au vin: elle ne le comprend° pas (aux deux sens, intellectuel et spatial, du terme). A l'opposé, un diplôme de bonne intégration est décerné à qui pratique le vin: savoir boire est une technique nationale qui sert à qualifier le Français, à prouver son pouvoir de performance, son contrôle et sa sociabilité. […]

crippled, disabled; anyone who doesn't understand nor include

> **Aide-lecture**
> • vin = une boisson-totem (symbole d'un groupe)
> • vin = transformatif
> • distinction sociale: boire du vin par opposition à ne pas boire de vin

(Le lait), c'est maintenant le véritable anti-vin: […] dans la grande morphologie 15 des substances, le lait est contraire au feu par toute sa densité moléculaire, par la nature crémeuse°, et donc sopitive°, de sa nappe; le vin est mutilant, chirurgical°, il transmute et accouche°; le lait est cosmétique, il lie°, recouvre, restaure. De plus, sa pureté, associée à l'innocence enfantine, est un gage° de force, d'une force non révulsive, non congestive, mais calme, blanche, lucide, tout égale au réel. […] 20

creamy; soporific, sleep-inducing; surgical gives birth; links together guarantee

> **Aide-lecture**
> • opposition: vin par opposition à lait
> • vin = feu, il coupe, il change; lait = pureté, il calme, il restaure

Le bifteck et les frites

Le bifteck participe à la même mythologie sanguine° que le vin. C'est le cœur de la viande, c'est la viande à l'état pur, et
25 quiconque en prend, s'assimile la force taurine°. [...]

Comme le vin, le bifteck est, en France, l'élément de base, nationalisé plus encore que socialisé; il figure dans tous les décors
30 de la vie alimentaire. [...] Dans un film ancien (*Deuxième Bureau contre Kommandantur*) la bonne du curé° patriote offre à manger à l'espion boche° déguisé en clandestin° français: «Ah, c'est vous, Laurent! Je vais vous donner mon bifteck.» Et puis, quand l'espion est démasqué: «Et moi qui lui ai donné de mon
35 bifteck!» Suprême abus de confiance.

of blood

of a bull

priest's housekeeper; German (derogatory) spy; disguised as an underground fighter

Aide-lecture
- le bifteck = le vin = le sang, la force
- donner son bifteck: générosité par opposition à trahison

Associé communément aux frites, le bifteck leur transmet son lustre national: la frite est nostalgique et patriote comme le bifteck. *Match*° nous a appris qu'après l'armistice indochinois, «le général de Castries° pour son premier repas demanda des pommes de terre frites». Et le président des Anciens Combattants
40 d'Indochine, commentant plus tard cette information, ajoutait: «On n'a pas toujours compris le geste du général de Castries demandant pour son premier repas des pommes de terre frites.» Ce que l'on nous demandait de comprendre, c'est que l'appel du général n'était certes pas un vulgaire réflexe matérialiste, mais un épisode rituel d'approbation de l'ethnie° française retrouvée. Le général
45 connaissait bien notre symbolique nationale, il savait que la frite est le signe alimentaire de la «francité»°.

French picture magazine (full title Paris-Match; similar to Life magazine); French general during the war in Indochina

ethnicity

"Frenchness"

Aide-lecture
- le bifteck associé aux frites
- les frites = symbole d'être vraiment français

Roland Barthes, *Mythologies*. Paris: Editions du Seuil, 1957, pp. 74–79

DD. Discussion: Les signes alimentaires de l'«américanité». Discutez des questions suivantes avec quelques camarades de classe.

1. Quelles sont les boissons préférées aux Etats-Unis? Quelles connotations peut-on y associer? Y en a-t-il une (ou plusieurs) qui joue(nt) un rôle comparable à celui du vin en France?
2. Y a-t-il un plat américain qui joue le rôle du traditionnel steak-frites en France? Si oui, lequel? Sinon, pourquoi pas? Dans quelle mesure la réponse à cette question dépend-elle de la région ou du milieu social?
3. Choisissez des mets ou des plats typiquement américains et faites une analyse des mythes qui s'y rattachent, à la manière de Roland Barthes. Quelles fonctions exercent-ils dans la vie américaine? Quelles notions évoquent-ils dans l'inconscient américain?

Vocabulaire pour la discussion

représenter
suggérer
symboliser
ressembler à
faire contraste à/avec

l'inconscient
la tradition
les vieilles habitudes
un complexe... d'infériorité
        de supériorité
les pauvres / les riches
la sexualité
la force / le pouvoir
la pureté / l'innocence
la forme physique / la jeunesse /
    la vitalité
la classe sociale / les origines
    ethniques

Témoignages

«*Les habitudes gastronomiques sont-elles en train de changer?*»

EE. A vous d'abord! Discutez de la question suivante avec quelques camarades de classe.

Est-ce que les habitudes alimentaires de votre famille sont en train de changer?

> **Vocabulaire utile**
>
> **manger plus de..., manger moins de..., avoir tendance à..., (ne pas) prendre son temps, servir une plus grande variété de..., sortir plus (moins) souvent au restaurant**

Audio: CD2, Tracks 3–6

Ecoutez!

FF. Les témoins vous parlent. En écoutant quatre Français et francophones parler des changements dans les habitudes alimentaires de leurs pays, faites les exercices suivants.

Philippe Heckly
Asnières, France

> **Vocabulaire utile**
>
> **dehors** *(outside [the house])*, **choucroute** *(sauerkraut, pork, and sausage dish popular in Alsace)*

1. Ajoutez les mots qui manquent. Utilisez une autre feuille de papier.

   —Bonjour, Monsieur.
   —Bonjour, Madame.
   —Comment vous appelez-vous?
   —Je m'appelle Philippe Heckly.
   —Vous pouvez l'épeler?
   —Oui, bien sûr. H-E-C-K-L-Y. C'est un nom qui _____ Alsace, et puis peut-être d'_____, mais il y a longtemps.
   —Et où est-ce que vous habitez?
   —J'habite à Asnières. C'est une banlieue _____ de Paris...
   —Est-ce que les habitudes culinaires et gastronomiques dans _____ sont en train de changer?
   —Ah, je crois, ouais. _____, ils aiment beaucoup manger dehors, les fast-foods, McDonald et compagnie... Mais ça, ça va une fois _____. Les hamburgers, c'est bien gentil, mais _____ les plats en sauce; une petite choucroute de temps en temps, ça fait _____. Le couscous, c'est fantastique... _____, les fast-foods, c'est juste une alternative et _____ ça restera comme ça.

Sophie Everaert
Bruxelles, Belgique

2. Précisez:
   a. son âge.
   b. le nombre de fois qu'elle mange par jour.
   c. si elle croit que les habitudes alimentaires sont en train de changer en Belgique.
   d. pourquoi c'est plus facile de manger maintenant.
   e. un avantage et un inconvénient de la nouvelle cuisine.

Dovi Abe
Dakar, Sénégal

3. Voici des conclusions tirées par Dovi Abe. Donnez au moins une idée pour justifier chaque conclusion.
   a. Les habitudes culinaires et gastronomiques du Sénégal ont déjà changé.
   b. Il y a une plus grande variété.
   c. Au Sénégal on mange de la cuisine française aussi.

Xavier Jacquenet
Dijon, France

4. Notez au moins huit faits que vous apprenez en écoutant Xavier.

GG. Une évolution positive ou négative? Les trois témoins français (Philippe, Sophie et Xavier) semblent être d'accord qu'il y a une évolution dans les habitudes culinaires françaises: on mange de plus en plus de fast-foods, de plus en plus de plats congelés ou préparés et de plats étrangers (internationaux). Ecoutez encore une fois les témoins en prenant des notes afin de déterminer s'ils trouvent ces changements positifs ou négatifs. Puis discutez-en avec des camarades de classe en y ajoutant votre opinion personnelle à l'égard des fast-foods, des plats congelés (préparés) et de la cuisine internationale.

◉ Do *A faire!* *(2-5)* on page 87 of the **Manuel de préparation.**

Fonction
Comment se renseigner (3)

Rappel

L'interrogation (langage soigné)

In formal written and spoken French, the tendency is to use inversion.

> **Pourquoi les autres ne sont-ils pas venus?**
> **Et votre cousine, que fait-elle?**
> **Quelle solution proposez-vous, monsieur?**

HH. Une amie de votre mère. Vous vous trouvez en train de parler à une amie française de votre mère. C'est une femme de soixante ans qui fait son premier voyage aux Etats-Unis. Vous voulez savoir:

1. quand elle est arrivée ici.
2. depuis combien de temps elle est aux Etats-Unis.
3. les impressions qu'elle a de votre ville (village).
4. où elle ira après son séjour dans votre ville (village).
5. quand elle retournera en France.

Rappel

L'interrogation (langage courant ou langage de la conversation)

Informal French tends to use **est-ce que**; the subject is often dislocated as a noun or as a stressed pronoun. However, short questions with common verbs still use inversion.

> **Pourquoi est-ce que les autres ne sont pas là?**
> **Qu'est-ce qu'elle fait, ta cousine?**
> **Quand est-ce qu'il part, lui?**
> **Comment va votre (ta) mère?**
> **Où est la voiture?**

Pronoms accentués

> **moi, toi, lui, elle, nous, vous, eux, elles**

II. Votre professeur. Vous parlez à votre professeur. Il/Elle vient de rentrer d'un séjour en France. Vous voulez savoir:

1. avec qui il/elle a fait le voyage.
2. combien de temps il/elle y est resté(e).
3. s'il/si elle a bien mangé.
4. le meilleur restaurant où il/elle a dîné.
5. ce qu'il/elle a commandé.

L'interrogation (langage familier)

Familiar French tends to keep normal word order and put question words at the end of the sentence; sometimes grammar rules are not observed. Stressed pronouns are frequently used.

> **Pourquoi ils ne sont pas là, les autres?**
> **Elle fait quoi, ta cousine?**
> **Tu travailles où, toi?**
> **Où ils vont, eux?**

JJ. Un enfant. Vous parlez à un petit garçon ou à une petite fille que vous rencontrez dans un aéroport. Il/Elle a l'air perdu(e). Vous voulez savoir:

1. son nom (deux façons d'obtenir ce renseignement).
2. son âge.
3. ce qu'il/elle fait là.
4. où sont ses parents.
5. s'il/si elle sait son adresse.

Les Français et le fromage

Selon Roland Barthes, ce sont le vin rouge et le steak-frites qui identifient un «vrai Français». On pourrait y ajouter le fromage. *Copain de la Cuisine*, un livre de cuisine destiné à faire de tout enfant un véritable «chef» de cuisine, consacre une double page au rôle important joué par le fromage dans la cuisine française. En voici ces deux pages.

Source: Claudine Roland et Didier Grosjean. *Copain de la Cuisine*. Toulouse: Editions Milan, 1999, pp. 122–123.

Les fromages

Au lait de vache, de chèvre ou de brebis ? Frais ou faits, doux ou forts, mous ou fermes, à croûte ou sans croûte... ? Des fromages, il y en a vraiment pour tous les goûts !

Mille et un fromages

Plus de 400 variétés différentes, rien qu'en France ! Chaque région a « inventé » son propre fromage au lait de vache, de chèvre ou de brebis. Et de nombreux autres pays ont aussi leurs spécialités ! Tout ça, parce qu'un jour, il y a près de 10 000 ans, quelqu'un a eu l'idée géniale d'égoutter du lait et de laisser sécher le caillé : le fromage était né ! À partir de ce moment, les hommes ont « mangé du lait », du lait qui non seulement se conservait, mais s'améliorait au fil du temps !

Record

Le plus petit fromage, le « bouton de culotte », est fabriqué dans la région de Dijon. Son nom donne une idée de sa taille... Le plus gros, c'est l'emmental, dont les « roues » (meules) pèsent entre 80 et 100 kg.

Les fromages frais

Tu les appelles aussi fromages blancs ou petits-suisses. Tu les manges à la petite cuillère « nature », sucrés, salés ou aromatisés.

petits-suis

camembert

Les fromages à pâte moll à croûte « fleurie »

La « fleur », c'est le duvet blan qui se développe sur la croûte pendant l'affinage (2 à 6 semai *Ex. : camembert, brie, coulommiers, Caprice des Dieu.*

Les fromages à pâte molle, à croûte lavée

Ils sont fabriqués comme ceux à croûte fleurie, sauf qu'ils sont lavés à l'eau salée, et brossés. Leur croûte est orangée, et ils sont très forts... en goût ! *Ex. : livarot, munster, maroilles, Rouy...*

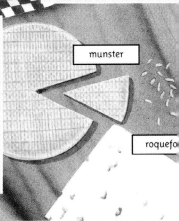

munster

roquefo

Les fromages à pâte persillée

On les appelle aussi « bleus » à cause de la couleur de leurs veines. Avant l'affinage, ils sont percés de trous avec de fines aiguilles pour qu'une bonne moisissure bleue s'y développe... *Ex. : bleu d'Auvergne, bleu de Bresse roquefort...*

Les fromages de chèvre

Selon la durée de l'affinage, les chèvres sont tendres ou plus secs.
Ex. : crottins, cabécou, picodon, pouligny saint-pierre...

crottins

Du lait au fromage

Pour faire du fromage frais, on fait cailler le lait en lui ajoutant des ferments et un peu de présure, puis on égoutte un peu le caillé obtenu, et on le met en pots. Fabriquer de « vrais » fromages demande plus de savoir-faire. On fait cailler le lait avec des ferments et de la présure. On égoutte le caillé dans des moules perforés : ça donne la forme du futur fromage. On démoule et on sale les fromages, puis on les entrepose dans des caves d'affinage en attendant qu'ils soient « à point ». Les spécialistes qui contrôlent leur maturation les retournent (et, parfois, les brossent et les lavent) pendant plusieurs semaines ou plusieurs mois.

Les fromages fondus

À base de fromages à pâte pressée, cuite ou non. On y rajoute parfois du lait, de la crème ou des aromates
Ex. : la Vache qui rit, le Kiri...

Vache qui rit

gruyère

antal

Truc

Il y a gruyère et gruyère ! Regarde le fromage bien dans les « yeux » (les trous) pour le reconnaître. Ceux du comté français et du gruyère suisse doivent avoir une taille comprise entre le petit pois et la noisette ; ceux de l'emmental, la grosseur d'une noix. Le beaufort est « aveugle », mais il a de petites fissures, comme des brins de laine : on les appelles des « lainures ».

Les fromages à pâte pressée cuite

Le caillé a été chauffé puis pressé très fort. Des trous se forment à cause du gaz carbonique dégagé par les micro-organismes qui transforment la pâte pendant l'affinage (de 6 mois à 1 an).
Ex. : gruyère, comté, emmental, beaufort...

Les fromages à pâte pressée non cuite

Le caillé est bien pressé, et l'affinage dure longtemps (de 2 mois à plus d'un an).
Ex. : cantal, tomme, saint-nectaire...

aromatisés seasoned, flavored
affinage maturing
aiguilles needles
brebis sheep
caillé curds
chèvre goat
croûte rind
culotte short pants
duvet down
égoutter to strain, sieve
faire cailler to curdle
fondus melted
moisissure mould
mou (molle) soft
moules molds
pâte cheese
persillée marbled, veined
présure rennet
roue wheel
sécher to dry
trous holes

KK. La carte des fromages. L'extrait de *Copain de la Cuisine* que vous venez de lire identifie sept types de fromage. En regardant la carte des principales régions fromagères en France, essayez de trouver des exemples de ces types de fromage.

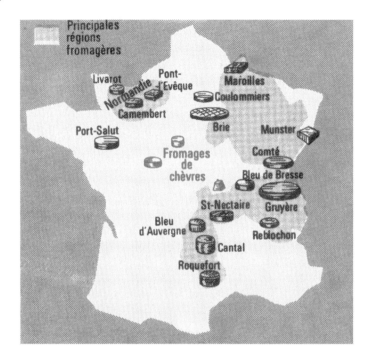

LL. Les Américains et le fromage. Discutez des questions suivantes avec quelques camarades de classe.

1. En France, on sert le fromage comme dessert ou juste avant le dessert. Quand est-ce qu'on mange normalement du fromage aux Etats-Unis?
2. Quelles sortes de fromages est-ce qu'on mange chez vous? Y en a-t-il qui sont produits dans votre région ou dans votre pays?
3. Quels fromages français est-ce qu'on peut acheter chez vous?

Do *A faire! (2-6)* on page 91 of the **Manuel de préparation**.

C'est à vous maintenant!

MM. Une interview. Vous allez interviewer un(e) Français(e) ou un(e) franco-phone ou bien une personne qui a voyagé en France ou dans un pays franco-phone. Vous commencerez par poser des questions générales pour faire connaissance avec cette personne avant de passer à des questions plus spéci-fiques sur ses habitudes alimentaires et sur ses attitudes à l'égard de la nourri-ture et de la cuisine.

Attention: Vous aurez à écrire un court article basé sur cette interview. Vous ferez donc bien de prendre des notes pendant l'interview.

NN. Vous avez bien compris? Comparez les notes que vous avez prises avec celles de quelques camarades de classe pour vérifier que vous avez bien compris les réponses aux questions.

Do *A faire! (2-7)* on page 93 of the **Manuel de préparation.**

Chapitre 3

Micheline Puzenat
- née à Montpellier
- habite actuellement à Paris
- aime faire du VTT

Martinique

Fort-de-France

France

Paris

Montpellier

Sophie Roy-Camille
- née à la Martinique (à Fort-de-France)
- habite non loin de son amie Micheline à Paris
- aime aller en discothèque

Allons voir les Français et les Francophones... aux heures de loisir!

Le soir du 14 juillet à Paris

Un défilé en Guadeloupe

Objectives

In this chapter, you will learn to:

- talk about leisure activities;
- tell a story;
- make plans;
- talk about the past;
- organize paragraphs.

Chapter Support Materials (Student)
MP: pp. 97–141
Audio: CD2, Tracks 9–30

Documents déclencheurs

Micheline Puzenat

«Bonjour! Mon amie Sophie et moi, nous serons vos guides pour votre étude des habitudes et des attitudes des Français et des francophones à l'égard des loisirs. En France, comme dans beaucoup de pays, la réduction progressive de la durée de la semaine de travail a amené sociologues et autres à parler d'une civilisation des loisirs.»

Sophie Roy-Camille

«Et pourtant, beaucoup de gens (en France ainsi que dans les régions francophones) trouvent que cette idée de travailler moins et de se détendre davantage ne correspond pas à la réalité qu'ils connaissent.»

Audio: CD2, Track 9

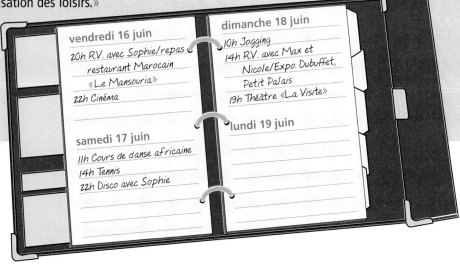

vendredi 16 juin

20h R.V. avec Sophie/repas
    restaurant Marocain
    «Le Mansouria»
22h Cinéma

samedi 17 juin

11h Cours de danse africaine
14h Tennis
22h Disco avec Sophie

dimanche 18 juin

10h Jogging
14h R.V. avec Max et
    Nicole/Expo. Dubuffet,
    Petit Palais
19h Théâtre «La Visite»

lundi 19 juin

Ecoutez!

Que fait Micheline le week-end?

A. Des emplois du temps. En écoutant les dialogues, complétez le tableau d'activités suivant. Utilisez une autre feuille de papier.

EN SEMAINE		LE WEEK-END	
pendant la journée	le soir	le samedi	le dimanche
1.			
2.			
3.			
4.			

Elle va au cinéma.

Elle joue au tennis.

Elle fait du jogging.

Elle va en disco.

Elle dîne au restaurant.

Elle suit un cours de danse africaine.

Elle visite une exposition d'art.

Elle va au théâtre.

Vocabulaire pour la discussion

regarder la télévision
regarder des cassettes vidéo (des DVD)
écouter la radio
écouter des CD ou des cassettes
jouer à des jeux électroniques (sur mini-console ou sur ordinateur)
surfer sur Internet

aller à la pêche *(to go fishing)*
faire une randonnée *(to go hiking)*
se promener à pied ou à vélo

jouer au tennis
jouer au golf
faire de la gymnastique
faire de l'exercice physique
faire de la musculation *(to do weightlifting)*

faire du yoga
faire du jogging
faire de la danse
faire de la natation
faire de l'équitation *(to go horseback riding)*
faire du bowling
faire un stage de (pilotage) *(to take [flying] lessons)*

jouer aux cartes
jouer à des jeux de société *(to play board or parlor games)*
faire du tricot *(to knit)*
faire du crochet
faire des mots croisés *(to do crossword puzzles)*
faire de la lecture *(to read)*

faire du jardinage
faire du bricolage

aller au cinéma
aller au théâtre
aller à l'opéra
aller à un concert
aller au musée

sortir avec des copains
dîner au restaurant
aller en disco
aller dans une boîte *(nightclub)*

B. Qu'est-ce qu'ils font? Avec l'aide des petits dessins, indiquez ce que chaque personne fait normalement le jour indiqué.

Modèle:

le samedi matin / Juliette
Le samedi matin Juliette fait du vélo.

1. le samedi matin / Jean-Marc

6. le samedi après-midi / Héloïse

2. le mercredi soir / M. et Mme Fourel

7. le dimanche après-midi / Marc-Olivier et Christophe

3. le samedi après-midi / Véronique

8. le samedi soir / M. et Mme Amblard

4. le vendredi soir / Sarah

9. le samedi et le dimanche / Chantal

5. tous les soirs / Didier

10. le jeudi soir / Virginie

Témoignages

«*Comment passez-vous votre temps?*»

Ecoutez!

C. A vous d'abord. Posez les questions suivantes à quelques camarades de classe afin de vous renseigner au sujet de leurs activités et de leurs emplois du temps habituels.

1. Quelles activités pratiquez-vous souvent? de temps en temps? rarement ou jamais? (En y répondant, tenez compte du vocabulaire pour la discussion proposé à la page 89.)
2. Quel est ton emploi du temps en semaine quand tu es à l'université? Qu'est-ce que tu fais pendant la journée? Qu'est-ce que tu fais le soir? Et le week-end, quel est ton emploi du temps? Qu'est-ce que tu fais le samedi? le dimanche?
3. En quoi est-ce que ton emploi du temps change quand tu es chez toi (quand tu n'es pas à l'université)?

D. Les témoins vous parlent. En écoutant quelques Français et francophones vous parler de leurs emplois du temps, faites ce qu'on vous demande de faire.

Audio: CD2, Tracks 10–13

Henri Gaubil
Ajaccio, Corse

Vocabulaire utile

se rendre *(to go)*, **de bonne heure** *(early)*, **étant donné** *(given)*, **règne** *(reigns)*, **d'ailleurs** *(moreover)*, **effectivement** *(in fact)*, **climatisation** *(air-conditioning)*

1. Ajoutez les mots qui manquent. Utilisez une autre feuille de papier.

—Est-ce que vous pouvez parler de votre emploi du temps _____ et pendant le week-end?
—Oh, c'est toujours le même. La semaine, c'est _____, le week-end, _____. _____ consistent à se rendre à la plage d'Ajaccio ou, quelque-fois, nous avons des amis _____ de l'île chez lesquels nous nous rendons.
—Mais pendant la semaine, vous travaillez _____, par exemple?
—La semaine, on travaille de bonne heure, étant donné la chaleur qui règne en Corse. On commence _____, et ensuite seize heures, dix-neuf heures.
—De seize heures à dix-neuf heures.
—Il ne faut pas avoir peur de le dire: nous faisons la sieste _____, en Corse. D'ailleurs, tous les Corses font la sieste. Les magasins sont fermés, bien souvent, _____.
—Parce qu'il fait trop chaud pour travailler?
—_____, effectivement. Et la climatisation n'est pas installée dans tous les _____.

Valérie Ecobichon
Saint-Maudez, France

Vocabulaire utile

Dinan *(small city in Brittany),* **horaires** *(time schedules),* **gros travaux** *(heavy work),* **ramasser le foin** *(to gather the hay),* **bétail** *(livestock),* **nourrir** *(to feed)*

2. Précisez:

   a. où elle travaille

   b. les jours de la semaine où elle travaille

   c. ses heures de travail

   d. où elle passe le week-end

   e. ce qu'elle fait pendant le week-end

   f. quand elle aide sa famille

   g. comment elle aide sa famille

Robin Côté
Rimouski, Québec

Vocabulaire utile

chercheur en physique *(research physicist),* **de sorte que** *(that way),* **malgré tout** *(in spite of everything),* **calculs** *(calculations),* **m'entraîner** *(to work out),* **bouquins** *(books),* **le lever** *(getting up),* **spectacles** *(shows),* **Mont Royal** *(suburb of Montreal),* **tam-tam** *(type of drum),* **amène** *(brings along),* **aux alentours de** *(around, about)*

3. Notez deux ou trois activités pour chaque catégorie.

   a. en semaine

   b. le week-end en général

   c. le dimanche en particulier

Anne Squire
Levallois-Perret, France

Vocabulaire utile

matinées *(mornings),* **répétitions** *(rehearsals),* **quotidien** *(daily),* **autre part** *(elsewhere),* **à plein temps** *(full time),* **fac** *(short for* **faculté,** *part of the university),* **quatuor** *(quartet)*

4. Notez au moins cinq faits que vous apprenez en écoutant Anne.

E. Les témoins et vous. En discutant avec des camarades de classe, comparez votre emploi du temps à celui des témoins que vous venez d'écouter.

   1. Pour Henri Gaubil: «L'emploi du temps, c'est toujours le même. La semaine, c'est le travail, le week-end, les loisirs.» Votre emploi du temps est-il toujours le même?

   2. Valérie Ecobichon dit qu'elle a pas mal de temps libre: «J'ai deux jours le week-end, le samedi et le dimanche. Et le soir après le travail.» Avez-vous beaucoup de temps libre? Pourquoi (pas)?

   3. Selon Robin Côté, «la fin de semaine, le lever est un peu plus tard… et les soirées sont généralement très occupées». Est-ce que vous vous levez plus tard le week-end? Est-ce que vos soirées sont généralement très occupées? Expliquez.

   4. Anne Squire habite près de Paris, qui, selon elle, «est une ville extraordinaire pour le cinéma». Allez-vous souvent au cinéma? Votre ville et votre université offrent-elles la possibilité de voir beaucoup de bons films? Expliquez.

Perspectives culturelles

Le temps des loisirs

En France, comme dans la plupart des pays industrialisés, on travaille de moins en moins. Avant la Révolution de 1848, on travaillait plus de 12 heures par jour, six jours par semaine. En 1968, la durée de la semaine de travail était de 45 heures. Aujourd'hui, depuis la loi de 1999, pour 85% de la population, le temps consacré au travail est de 35 heures par semaine. En plus, on a droit à cinq semaines de congés payés. Comment l'emploi du temps des Français a-t-il évolué? Que font-ils quand ils ne travaillent pas? Et les étudiants universitaires, comment passent-ils leur temps? Etudiez le dossier suivant, puis faites les exercices F et G.

Les loisirs des Français

LOISIRS AU JOUR LE JOUR

Temps consacré en tout ou partie à des activités de loisirs (en minutes par jour):

Activités de loisirs:

–Télévision	127
–Lecture	25
–Promenade et tourisme	20
–Conversations, téléphone, courrier et autres (non professionnel)	17
–Visites à des parents et connaissances	16
–Jeux (enfants, adultes)	16
–Pratique sportive	9
–Autres sorties	7
–Ne rien faire, réfléchir	7
–Participation associative et activités civiques	6
–Spectacles	5
–Radio, disques, cassettes	4
–Participation religieuse	2
–Pêche et chasse	2
Total (4 h 23)	**263**

Activités essentiellement assimilables:

–Repas à domicile	102
–Trajets hors travail	36
–Repas hors domicile (hors lieu de travail ou d'études)	25
–Bricolage, entretien	17
–Jardinage	13
–Soins aux animaux	7
–Repas hors domicile (lieu de travail ou d'études)	6
Total (3 h 26)	**206**

Le temps retrouvé

Evolution de l'emploi du temps de la vie d'un homme au XXe siècle :

L'emploi du temps d'un Français typique

L'année des étudiants français

Les étudiants universitaires en France ne suivent pas tout à fait le calendrier auquel sont habitués leurs homologues des universités américaines.

CALENDRIER UNIVERSITAIRE

Rentrée:	*Session d'examens:*	11 septembre
	Début des cours:	
	1ère année	16 octobre
	2ème et 3ème années	30 octobre
Vacances de Noël:		du 22 décembre au 7 janvier
Vacances d'hiver:		du 23 février au 4 mars
Vacances de printemps:		du 13 avril au 29 avril
Jours fériés:		1er novembre *(Toussaint)*, 1er mai, 8 mai, 16 mai *(Ascension)*, 27 mai *(Pentecôte)*
Fin des cours:		dernière semaine de mai
Début des examens:		1ère semaine de juin
Fin de l'année universitaire:		5 juillet

L'emploi du temps d'un étudiant universitaire en France

L'université en France veut que l'étudiant se spécialise dès sa première année. Par conséquent, on s'inscrit tout de suite à un diplôme (par exemple, au DEUG [Diplôme d'études universitaires générales]) en une matière (par exemple, un DEUG d'histoire de l'art, un DEUG de psychologie ou un DEUG d'anglais). Généralement, les cours sont prescrits; on a très peu de choix. Un cours typique comprend deux ou quatre heures par semaine de cours magistral (CM = cours où le professeur fait une conférence [lecture]) et deux ou quatre heures par semaine de travaux dirigés (TD = séance où les étudiants travaillent en petits groupes, souvent avec un assistant). Voici l'emploi du temps typique d'un étudiant de première année qui prépare un DEUG de sociologie à l'université de Toulouse-Le Mirail:

Semestre I

01SOC10A	Découverte de la sociologie (1)	
	CM 50h (4h/sem)	TD 25h (2h/sem)
01SOC10B	Panorama sociologique	
	CM 50h (4h/sem)	TD 25h (2h/sem)
OPSOC10	Méthodologies du travail universitaire	
	TD 25h (2h/sem)	

Semestre II

04SOC10	Construction d'une approche sociologique	
	CM 25h	TD 25h
05SOC10	Introduction à la sociologie 2	
	CM 25h	TD 25h
06SOC10	Méthodologies sociologiques	
	TD 50h (4h/sem)	
LVANG15	Anglais: compréhension de textes contemporains	
	TD 30h	

Les étudiants universitaires français et leur temps libre

En quoi consiste la vie à l'université en France? Les cours, bien sûr. Et les devoirs. Et surtout les examens à préparer. Mais en dehors du travail scolaire, comment passe-t-on le temps? Les étudiants français aiment discuter. Ils se retrouvent dans des cafés près de l'université ou au restaurant universitaire pour parler. Ils vont souvent au cinéma, quelquefois aux concerts. Il y a une maison d'étudiants qui organisent des activités, qui hébergent des associations culturelles et artistiques. Il n'y a pas d'équipes sportives organisées par l'université. Si on pratique du sport, c'est plutôt un sport individuel—le jogging, le tennis, la randonnée, le vélo.

Un grand nombre d'étudiants rentrent chez eux pour le week-end. Par exemple, à l'université de Toulouse-Le Mirail, la Maison d'Etudiants n'est ouverte que du lundi au vendredi. Ceux qui restent à l'université organisent de temps en temps des fêtes.

F. C'est vrai? En consultant le dossier que vous venez d'étudier, indiquez si les déclarations suivantes sont vraies ou fausses.

1. En 1900 le Français typique consacrait plus de 40% de son temps au travail.

2. Au cours du XXᵉ siècle le temps de travail a été divisé par deux.

3. Le Français typique dort moins en 2000 qu'en 1900.

4. Presque la moitié *(one-half)* de la vie d'un Français typique en 2000 est consacrée aux fonctions physiologiques (alimentation, sommeil, toilette, etc.).

5. Le temps libre a été multiplié par trois depuis le début du XXᵉ siècle.

6. La télévision occupe la plus grande partie du temps libre en France.

7. En général, les Français passent plus de temps à faire du sport qu'à s'occuper de la maison et du jardin.

8. Les Français semblent préférer lire plutôt qu'écouter de la musique.

G. Les étudiants en France et aux Etats-Unis. Comparez l'emploi du temps et les activités de loisir des étudiants universitaires français et américains en vous basant sur votre expérience personnelle. Dans quelle mesure leurs vies se ressemblent-elles? En quoi sont-elles différentes? Quels aspects de la vie des étudiants français vous intéressent? Quels aspects de la vie des étudiants américains préférez-vous?

Do *A faire! (3-1)* on page 98 of the **Manuel de préparation.**

Contrôle des connaissances
Le passé composé et l'imparfait

Audio: CD2, Track 14

H. Le passé composé ou l'imparfait? Indiquez si les verbes dans les phrases que vous entendez sont au passé composé (**p.c.**) ou à l'imparfait (**i**). Utilisez une autre feuille de papier.

Rappel

Le passé composé

Most verbs are conjugated with **avoir** + the past participle.

j'ai travaillé	nous avons pris
tu as fini	vous avez vu
il a regardé	ils ont entendu
elle a perdu	elles ont fait

Pronominal verbs and certain other verbs (for example, **aller, arriver, descendre, entrer, monter, partir, rentrer, rester, retourner, sortir, venir**) are conjugated with **être** + the past participle. (Remember that the past participle agrees in gender and in number with the subject of **être** verbs in the **passé composé**.)

je me suis couché(e)	nous nous sommes dépêché(e)s
tu t'es amusé(e)	vous vous êtes trompé(e)(s)
il s'est perdu	ils se sont retrouvés
elle s'est levée	elles se sont disputées
je suis allé(e)	nous sommes arrivé(e)s
tu es parti(e)	vous êtes resté(e)(s)
il est entré	ils sont rentrés
elle est sortie	elles sont venues

I. Pendant les vacances. Avec l'aide des suggestions, indiquez ce qu'on a fait pendant les vacances. Mettez les verbes au passé composé.

Jacqueline et ses parents…
1. aller au bord de la mer
2. nager
3. faire de la planche à voile
4. se bronzer

Nous…
5. aller à la montagne
6. se promener
7. faire du camping
8. monter à cheval

Eliane…
9. aller à Genève
10. sortir avec ses cousins
11. voir beaucoup de films
12. jouer au tennis

Je…
13. aller chez mes grands-parents
14. lire des romans policiers
15. rester au lit jusqu'à 10h
16. regarder des vidéos/DVD

L'imparfait

The conjugation of the imperfect uses the **nous** form of the present tense to which are added the endings: -ais, -ais, ait, -ions, -iez, -aient.

je parlais	nous avions
tu sortais	vous faisiez
il/elle/on descendait	ils/elles s'amusaient

The one exception is the verb **être:**

j'étais, tu étais, il/elle/on était, nous étions, vous étiez, ils/elles étaient

---

J. Actuellement... autrefois... *(Nowadays . . . in the past . . .)* Utilisez l'imparfait pour montrer ce qui a changé.

Modèles: Actuellement elle aime faire du jardinage.
Autrefois elle n'aimait pas faire du jardinage.

Actuellement je ne suis pas en forme.
Autrefois j'étais en forme.

1. Actuellement Joëlle ne regarde pas souvent la télé.
2. Actuellement j'ai beaucoup de temps libre.
3. Actuellement tu ne sors pas très souvent avec tes amis.
4. Actuellement Marc et sa famille descendent dans des hôtels de luxe.
5. Actuellement vous ne vous promenez pas souvent à vélo.
6. Actuellement Sylvie et Monique sont très occupées.
7. Actuellement on ne voit pas beaucoup de très bons films.
8. Actuellement mes parents ne s'amusent pas à jardiner.
9. Actuellement vous prenez souvent le train.
10. Actuellement je ne vais pas souvent à l'opéra.

K. Mon emploi du temps... hier et autrefois. D'abord, racontez à des camarades de classe comment vous avez passé la journée d'hier. Utilisez le passé composé pour parler de vos activités.

Quelques suggestions: Hier matin... / Ensuite... / Plus tard... / Après (le dîner)...

Ensuite, vous allez comparer votre journée d'hier à votre emploi du temps à une autre époque de votre vie. Utilisez l'imparfait pour décrire vos activités habituelles d'autrefois.

Quelques suggestions: Quand j'avais... ans... / Quand j'étais au lycée... / Quand j'étais en vacances à... / ma vie était bien différente (tout à fait pareille) / mes journées étaient beaucoup plus (moins) chargées ou plus (moins) agréables... / Le matin... / Ensuite..., etc.

Vocabulaire utile

se réveiller, faire la grasse matinée *(to sleep late)*, rester au lit (jusqu'à), se lever, faire sa toilette, déjeuner *(to eat breakfast or lunch)*, quitter la maison (la résidence), partir à l'université, aller à mon cours de..., retrouver des amis au (à la)... , passer (une heure) à + infinitif ou au, à la... , rentrer, dîner, aller au travail, travailler, faire ses devoirs (étudier), se coucher

L. Qu'est-ce qu'on pourrait faire? Suggérez à quelques camarades de classe des activités pour les situations suivantes. Essayez de trouver autant d'activités différentes que possible.

1. Un samedi après-midi en septembre.
2. Un samedi soir en mai.
3. Un mercredi soir sans devoirs.
4. Un week-end en février.
5. Un week-end en juillet.
6. Un dimanche après-midi en janvier.

M. Des activités pour les visiteurs. Vous travaillez pour un groupe qui organise des échanges entre jeunes de plusieurs pays du monde. Les familles d'accueil vous demandent souvent des suggestions d'activités en décrivant la personnalité de leurs visiteurs. Indiquez les activités que vous pourriez proposer pour les visiteurs suivants.

1. Quelqu'un qui aime beaucoup la musique.
2. Quelqu'un qui a l'esprit de compétition.
3. Quelqu'un qui est plutôt timide et solitaire.
4. Quelqu'un qui est plutôt sociable et ouvert.
5. Quelqu'un qui s'intéresse aux arts.
6. Quelqu'un qui n'est pas très sportif.
7. Quelqu'un qui aime la nature.
8. Quelqu'un qui ne parle pas très bien l'anglais.

restaurant   natation

jardinage   télé   concert

DVD

danse   jogging

cinéma   chasse

pêche   tennis

Pour communiquer

 Audio: CD2, Track 15

Sophie est originaire de Martinique, où la fête la plus populaire de l'année est le Carnaval. Du dimanche précédant le début du Carême *(Lent)* jusqu'au Mercredi des Cendres *(Ash Wednesday)*, en passant par le Mardi Gras *(Shrove Tuesday)*, la Martinique est en fête. Micheline demande à son amie comment elle fêtait le Carnaval quand elle était à Fort-de-France.

«Ce que je préférais quand j'étais petite, c'était le grand défilé du Mardi Gras.»

«Il y a aussi des enfants habillés en rouge… les diablotins.»

N. Vous avez compris? Répondez aux questions suivantes d'après la conversation entre Micheline et Sophie que vous venez d'entendre.

1. Combien de temps durent les principales festivités du Carnaval à Fort-de-France?
2. Par quoi la célébration commence-t-elle?
3. Qui couronne-t-on la première nuit?
4. Qui défile dans la rue le deuxième jour du Carnaval? Qu'est-ce qu'ils ont d'extraordinaire?
5. Pourquoi est-ce que les enfants préfèrent le Mardi Gras? Comment s'habillent-ils?
6. Comment s'habille-t-on le Mercredi des Cendres? Qu'est-ce qu'on fait à la fin de la journée? le soir? pendant la nuit?

un char (parade) float
les Caraïbes the Caribs, original inhabitants of the island
les conquistadors Spanish invaders
les extraterrestres aliens from outer space
la reine queen
burlesques comic
mal assortis poorly matched

défiler (un défilé) to parade (a parade)
Vaval king **(roi)** of the Carnaval
un diable devil
vêtu dressed
un diablotin little devil
l'effigie model, representation
la Savane main plaza of Fort-de-France

Pour mieux vous exprimer

Situer les actions dans le passé

aujourd'hui (ce matin, cet après-midi, ce soir)
hier (hier matin, hier après-midi, hier soir)
avant-hier
(lundi, mardi, mercredi, jeudi, vendredi, samedi, dimanche) dernier
le week-end dernier
la semaine dernière
le mois dernier
l'année dernière
il y a une heure (trois jours, deux mois, cinq ans) *(one hour, etc. ago)*

O. Les activités des Tinchant. Jack et Myriam Tinchant sont des gens très actifs. En regardant leur calendrier et les billets, répondez aux questions à propos de leurs activités.

Attention: C'est aujourd'hui le 15 février 2004.

> **Modèle:** Quand est-ce que Jack a joué au tennis avec son ami Claude?
> *Il a joué au tennis (avec Claude) lundi dernier.*

1. Quand est-ce que les Tinchant ont fait du ski à Chamonix?
2. Quand est-ce que Jack est allé chez le dentiste?
3. Quand est-ce que Myriam s'est fait couper les cheveux?
4. Quand est-ce que Jack et Myriam ont voyagé aux Etats-Unis?
5. Quand est-ce que leur neveu Max leur a rendu visite?
6. Quand est-ce que Myriam est allée chez le médecin?
7. Quand est-ce que les Tinchant sont sortis avec les Molina?
8. Quand est-ce que Jack et Myriam ont vu l'opéra Tosca?
9. Quand est-ce que les Tinchant ont dîné avec les Villedieu?
10. Quand est-ce que Jack et Myriam sont allés à un concert de musique classique?

P. Dans le passé. Parlez de vos activités avec un(e) camarade de classe qui vous interrompra pour obtenir des précisions. Essayez tous (toutes) les deux d'utiliser les expressions que vous venez d'apprendre.

1. Qu'est-ce que tu as fait récemment? (ce matin? hier soir? mercredi dernier? le week-end dernier?)
2. Qu'est-ce que tu as fait le mois dernier?
3. Qu'est-ce que tu as fait l'année dernière?

⊙ Do *A faire! (3-2)* on page 107 of the **Manuel de préparation.**

Fonction
Comment parler du passé (1)

Rappel

L'emploi du passé composé et de l'imparfait—une seule action ou un seul état

Passé composé

- an action or state completed at a specific moment:
  Nous **sommes allés** à la bibliothèque.

- an action or state completed in a specific period of time:
  Elle **a travaillé** pendant huit heures.

- an action or state repeated a limited number of times or within a specific period of time:
  Nous **sommes allés** quatre fois au cinéma le mois dernier.

Imparfait

- an unfinished action or state serving as the context for another action or state:
  Nous **allions** à la bibliothèque. (En route, nous avons vu...)

- a habitual action or state:
  Autrefois j'**aimais** voyager avec mes parents.

Q. *Le Meurtre du Samedi-Gloria.* Dans son roman, *Le Meurtre du Samedi-Gloria*, l'écrivain martiniquais Raphaël Constant raconte l'enquête menée par l'inspecteur de police Dorval pour retrouver le meurtrier de Romule Beausoleil, conducteur de camion et champion de damier *(hand-to-hand combat)*. En utilisant les questions et les réponses proposées, reproduisez l'interrogatoire de plusieurs suspects. Faites attention à l'emploi du passé composé et de l'imparfait.

1. L'interrogatoire de Carmélise Délevert (la personne qui a découvert le cadavre)

   Modèle: à quelle heure / (vous) trouver / le cadavre
   —*A quelle heure est-ce que vous avez trouvé le cadavre?*
   —*J'ai trouvé le cadavre entre 6h30 et 7h30 du matin.*

   a. où / (vous) aller / à cette heure du matin
   b. où / se trouver / le cadavre
   c. qu'est-ce que / (vous) faire
   d. (vous) connaître / la victime
   e. qui / être / Romule Beausoleil

   Les réponses de Carmélise

   Modèle: entre 6h30 et 7h30 du matin
   a. à la messe à la cathédrale
   b. près du pont Démosthène
   c. rentrer chez moi pour dire la nouvelle à tout le monde
   d. oui
   e. le champion du quartier Morne Pichevin

2. **L'interrogatoire de Rigobert (un ami de la victime)**

    a. (vous) être / l'ami de Romule Beausoleil

    b. quand et contre qui / (Romule) aller se battre

    c. (vous) voir / votre ami vendredi soir

    d. pourquoi / (Romule) aller au stade Desclieux vendredi soir

    e. à votre avis, qui / tuer / Romule Beausoleil

    f. pourquoi / (il) tuer / votre ami

Les réponses de Rigobert

    a. oui

    b. l'après-midi du Samedi-Gloria *(Holy Saturday)* / Waterloo Saint-Aude
       (champion de damier du quartier Bord du Canal)

    c. oui / (je) jouer aux dés *(dice)* / avec lui sur la Savane hier soir

    d. Waterloo / vouloir parler à Romule

    e. le docteur Mauville

    f. il / ne pas vouloir que Romule révèle le secret du docteur

3. **L'interrogatoire du docteur Mauville (un suspect)**

    a. (vous) / se disputer / avec Romule Beausoleil / le matin du Vendredi saint

    b. qu'est-ce que / (vous) faire

    c. où et quand / (vous) prendre rendez-vous

    d. qu'est-ce que / (vous) apporter / au rendez-vous

    e. qu'est-ce qui / se passer

    f. (vous) tuer / Romule Beausoleil

Les réponses du docteur Mauville

    a. oui

    b. provoquer Romule Beausoleil en duel

    c. à la tombée de nuit / à la Savane

    d. un pistolet et une épée *(sword)*

    e. rien / (Romule Beausoleil) ne pas venir

    f. non

4. **L'interrogatoire d'Anastasie Saint-Aude (la femme d'un autre suspect)**

    a. (vous) savoir que / (votre mari) avoir rendez-vous / avec Romule
       Beausoleil au stade Desclieux

    b. qu'est-ce que / (vous) faire / ce soir-là

    c. avec quoi / (vous) tuer / Romule Beausoleil

    d. pourquoi / (vous) attaquer / Romule Beausoleil

    e. (votre mari) / participer à cet acte

Les réponses d'Anastasie Saint-Aude

    a. oui

    b. (je) se cacher / et / (je) attendre / Romule Beausoleil

    c. avec un pic à glace *(ice pick)*

    d. (mon mari) être / gravement malade du cœur / et / (je) avoir peur qu'il
       meure *(would die)* en combattant le plus jeune Romule Beausoleil

    e. non / (je) agir *(to act)* seule

L'emploi du passé composé et de l'imparfait—deux ou plusieurs actions ou états

Passé composé

- actions or states that occurred consecutively:
  Elles **se sont levées,** elles **ont dit** au revoir et elles **sont parties.**
- actions or states that occurred at the same moment:
  Quand nous **sommes entrés,** personne ne **s'est levé.**
- actions or states that continued together for a limited period of time (emphasis on that period of time):
  Elle **a regardé** la télé pendant que nous **avons préparé** le dîner.

Imparfait

- actions or states that continued together for a period of time (emphasis on the simultaneity):
  Pendant que je **faisais** la vaisselle, ma femme **aidait** mon fils à faire ses devoirs et ma fille **s'amusait** à faire des dessins.

Imparfait et passé composé

- one action or state that served as a context for another action or state:
  Pendant que nous **étions** en ville, nous **avons rencontré** M. et Mme Quéffelec.

R. *Le meurtre du Samedi-Gloria* (suite). En utilisant les verbes et les expressions proposées, racontez les différents moments du crime et de l'enquête. Faites attention à l'emploi du passé composé et de l'imparfait.

1. (Les policiers) arriver sur les lieux du crime / (les adjoints) examiner le corps de la victime / et (l'inspecteur Dorval) interroger les badauds *(onlookers)*
2. Quand (l'inspecteur Dorval) aller fouiller la case de la victime / (il) ne rien trouver d'important
3. Quand (l'inspecteur Dorval) entrer dans le bureau du docteur Mauville / (le docteur) examiner une cliente malade
4. Quand (le commissaire de police) convoquer Dorval dans son bureau / (l'inspecteur) comprendre que / (le commissaire) vouloir qu'il en finisse avec cette enquête
5. Pendant que (l'inspecteur Dorval) parler avec le commissaire / (son adjoint Hilarion) établir une liste de suspects *(deux possibilités)*
6. Pendant que (le docteur Mauville et Anastasie Saint-Aude) faire le chemin de la croix *(the Way of the Cross)* / (ils) remarquer *(to notice)* un membre inhabituel du groupe de fidèles: Romule Beausoleil
7. Quand (Anastasie) voir Romule / (elle) s'approcher de lui / (elle) lui cracher *(to spit)* au visage / et (elle) l'accuser de faire de la sorcellerie
8. Vendredi soir, quand (Romule Beausoleil) traverser le pont Démosthènes / (Anastasie Saint-Aude) attendre dans les latrines publiques du pont
9. Quand (Romule) entendre des gémissements *(moans)*, (il) aller voir dans les latrines / et (Anastasie) plonger un pic à glace dans son cou
10. A l'exception d'Anastasie, (les gens) ne pas savoir / que (Waterloo) souffrir d'une maladie de cœur

S. Récemment… Complétez les phrases suivantes en parlant de vos activités récentes. Faites attention à l'emploi du passé composé et de l'imparfait.

Modèle: Hier soir, je…
Hier soir, j'ai fait ma lessive. ou *Hier soir, je faisais mes devoirs de maths quand des amis m'ont demandé de sortir avec eux.*

1. Hier soir, je…
2. Ce matin, à 6h, je…
3. Samedi dernier, je… pendant plus de… heures.
4. … ou … fois la semaine dernière, je…
5. Hier après-midi, je…, puis… et enfin…
6. Ce matin, j'ai vu… qui…
7. Quand je suis arrivé(e) en classe aujourd'hui,…
8. Hier soir, pendant que… , je…
9. Quand je suis sorti(e) de la maison (de la résidence) ce matin,…
10. Avant de commencer mes études à l'université, je…
11. Ce matin, vers… heures, je… quand…
12. Hier, je ne… pas parce que…

Pour parler...
des fêtes

Noël à Paris

T. Comment célèbre-t-on les fêtes? Mentionnez tous les exemples possibles de fêtes qu'on célèbre de la façon indiquée.

1. Quand est-ce qu'on envoie des cartes?
2. Quand est-ce qu'on décore quelque chose?
3. Quand est-ce qu'on prend un grand repas?
4. Quand est-ce qu'on se déguise?
5. Quand est-ce qu'on se retrouve en famille?
6. Quand est-ce qu'on échange des cadeaux?
7. Quand est-ce qu'on assiste à une cérémonie religieuse?
8. Quand est-ce qu'on défile *(march in a parade)*?
9. Quand est-ce qu'on achète des fleurs?
10. Quand est-ce qu'on ne mange pas?

U. Et vous? Parlez avec quelques camarades de classe des fêtes que vous célébrez.

1. Quelles sont les principales fêtes civiles aux Etats-Unis? Comment est-ce que vous les célébrez? Est-ce que vous les célébriez de la même façon quand vous étiez plus jeune?
2. Est-ce que vous célébrez des fêtes religieuses? Laquelle (Lesquelles)? Comment?

Témoignages

«*Comment passez-vous votre temps libre?*»

V. A vous d'abord! Posez les questions suivantes à quelques camarades de classe afin d'apprendre ce qu'ils font pour occuper leur temps libre.

1. Quels sports pratiques-tu?
2. Qu'est-ce que tu aimes faire quand tu es seul(e)?
3. Qu'est-ce que tu aimes faire avec tes amis?
4. Quelles activités de loisirs voudrais-tu pratiquer si tu en avais le temps et les moyens financiers?

 **Audio:** CD2, Tracks 16–19

Ecoutez!

W. Les témoins vous parlent. En écoutant quelques Français et francophones vous parler de leurs emplois du temps, faites ce qu'on vous demande de faire.

Sophie Everaert
Bruxelles, Belgique

Vocabulaire utile

course à pied *(running)*, **courir** *(to run)*, **soit... soit...** *(either... or...)*

1. Ajoutez les mots qui manquent. Utilisez une autre feuille de papier.

—Comment passez-vous votre temps libre? Où? _____? Et avec qui?

—Je fais assez bien de sports. J'aime bien faire de la course à pied ou _____ ou du volley-ball. J'aime beaucoup _____. Je le fais en général, euh... volley-ball avec une équipe, mais le reste _____, parce que mon mari travaille tellement qu'il _____ de faire ça.

—Vous avez des copines?

—Oui, oui, oui. Mais disons que j'aime bien courir toute seule et _____ toute seule, parce que sinon je dois m'adapter à la vitesse de _____.

—Oui, c'est plus pratique.

—Et quand vous êtes à la maison, qu'est-ce que vous avez l'habitude de faire?

—Souvent je _____ ou je regarde la TV ou on invite parfois des personnes à dîner ou... En général, j'aime bien _____ avec mon mari et _____.

—Et pendant les vacances?

—Pendant les vacances, on va souvent _____, là où il fait un peu _____. Alors, on va soit _____ en France ou en Suisse, soit en été on va à la Côte d'Azur ou en Espagne. On aime bien faire de la planche à voile, _____.

—Vous menez une bonne vie, hein?

Florence Boisse-Kilgo
Carpentras, France

2. Précisez:

    a. deux sports qu'elle pratique;
    b. ce qu'elle est en train d'apprendre à faire;
    c. ce qu'elle fait à la maison;
    d. ce qu'elle fait quand elle a vraiment du temps libre;
    e. ce qu'elle fait avec son cochon d'Inde.

Xavier Jacquenet
Dijon, France

3. Notez deux ou trois activités pour chaque catégorie.

    Xavier
    a. quand il est chez lui
    b. quand il est avec des amis
    c. pendant les vacances

    Les parents de Xavier
    d. en semaine
    e. le week-end
    f. pendant les vacances

Robin Côté
Rimouski, Québec

4. Notez au moins cinq faits que vous avez appris en écoutant Robin.

◉ Do *A faire! (3-3)* on page 114 of the **Manuel de préparation.**

Fonction
Comment parler du passé (2)

Rappel

Les verbes auxiliaires *avoir* **et** *être*

Verbs conjugated with **être: aller, arriver, devenir, entrer, mourir, naître, partir, rentrer, rester, revenir, tomber, venir**

Verbs conjugated with both **être** and **avoir: descendre, monter, passer, retourner, sortir**

 **Audio:** CD2, Track 20

X. Avoir ou être? En faisant particulièrement attention aux verbes des 12 phrases que vous entendez, indiquez si chaque verbe est conjugué avec **avoir** (**A**) ou **être** (**E**), puis écrivez l'infinitif. Utilisez une autre feuille de papier.

Rappel

L'emploi du passé composé et de l'imparfait: narrations

Passé composé

- to situate the narration in time:
  Mardi dernier nous **sommes allés** chez Anne-Marie.

- to enumerate the main actions or events—i.e., verbs that make the story go forward:
  Elle n'est pas **descendue**; nous **avons attendu**.
  J'ai **entendu** un bruit. Je **me suis retourné**. J'ai **vu** un ours.

Imparfait

- to give background information, set the scene, describe the situation or context:
  Elle **était** en train de coucher les enfants. Elle leur **lisait** un conte de fées.
  Je **faisais** du camping. Il **faisait** froid. Nous **étions** assis autour du feu.

- to provide additional information or explanations—i.e., verbs that do not advance the story:
  Ils **voulaient** le finir avant de s'endormir.
  Il **était** énorme! Il nous **regardait** d'un air curieux.

Y. Racontez! Utilisez les expressions suggérées pour raconter à un(e) camarade de classe vos activités passées et récentes. Faites attention à l'emploi du **passé composé** et de l'**imparfait.**

1. *Mes années au lycée*
   - où vous avez fait vos études secondaires
   - le nombre d'années que vous y avez passées
   - votre âge quand vous êtes entré(e) en (neuvième)
   - vous vous amusiez au lycée: oui ou non / pourquoi (pas)
   - vos sentiments le jour où vous avez reçu votre diplôme

2. *Un concert de…*
   - quand vous êtes allé(e) au concert / où / avec qui
   - comment vous y êtes allé(e)s
   - ce que vous portiez
   - ce qui se passait quand vous y êtes arrivé(e)s
   - le meilleur moment du concert: ce qui s'est passé / pourquoi c'était le meilleur moment
   - vos sentiments quand vous êtes rentré(e)s chez vous

3. *Une soirée à la maison*
   - un soir où vous n'êtes pas sorti(e): quand
   - pourquoi vous êtes resté(e) à la maison
   - les autres personnes à la maison
   - ce qu'elles faisaient
   - ce que vous avez fait
   - vos sentiments à l'égard de cette soirée à la maison

4. *Un week-end à…*
   - un week-end où vous êtes allé(e) quelque part *(somewhere)*: quand / avec qui
   - l'arrivée: à quelle heure / le temps / la situation
   - comment vous avez passé la journée de samedi (le matin / l'après-midi / le soir)
   - ce que vous avez fait la journée de dimanche
   - le retour: à quelle heure / vos sentiments

Z. Racontez! (suite) Choisissez une des catégories d'activités et racontez à des camarades de classe quelque chose que vous avez fait dans le passé. Faites attention à l'emploi du **passé composé** et de l'**imparfait.**

1. une activité culturelle (cinéma, théâtre, ballet, opéra, concert de musique classique, etc.)
2. une activité sportive
3. une autre distraction (zoo, cirque, discothèque, concert de rock, etc.)
4. une excursion (visite d'une ville, week-end de camping, petit voyage à vélo, etc.)

Perspectives culturelles

Profil: La Martinique

Superficie: 1 102 km²
Population: 360 000 habitants
Statut politique: département français d'outre-mer; envoie quatre députés et deux sénateurs à l'Assemblée nationale et au Sénat à Paris
Chef-lieu: Fort-de-France
Habitants: Noirs et mulâtres (90%), Indiens (Hindous) (5%), Blancs (5%)
Langues: français, créole
Religion: catholique

Géographie: massif volcanique dominé par la montagne Pelée (1 400 m)
Industrie: tourisme (150 000 visiteurs par an)
Histoire: habitée d'abord par les Arawaks, puis par les Caraïbes; colonisée par la France à partir de 1635; repeuplée d'esclaves importés d'Afrique; transmuée en département français en 1946

Les loisirs à la Martinique

Le week-end à la Martinique

Le week-end à Fort-de-France est comme celui de toute grande ville. Du vendredi soir au dimanche soir, on sort dîner dans les restaurants, danser dans les discothèques, voir des films américains et européens. Les boîtes de nuit affichent leurs attractions: vendredi—Soirée Ladies Night; samedi—Concours de jeunes orchestres; samedi et dimanche—Nouveau Show du chanteur José Versol. Les amateurs d'activités culturelles ont à leur disposition toutes sortes de concerts, pièces de théâtre, expositions et conférences. Si on préfère, on peut rester à la maison regarder la télé. Il y a cinq chaînes: RFO, ATV et CC1 (dont les émissions émanent de Fort-de-France) et TF1 et France 2 (captées directement de France par satellite).

Dans les petits villages ruraux, pourtant, le week-end est beaucoup plus court. Les paysans et les pêcheurs travaillent le samedi. Pour eux, le week-end n'est que le dimanche. Le matin, on va à l'église ou au bar. L'après-midi, les enfants jouent, les hommes assistent aux combats de coq. Plusieurs fois par an, il y a des fêtes à célébrer—le 14 juillet, la Toussaint, le Carnaval, la fête de la patronne du village. Les activités comprennent course, concours agricoles, cinéma de plein air, feux d'artifice, bals populaires.

En ville et à la campagne, on pratique beaucoup de sports: football, tennis, natation, athlétisme, basket, cyclisme. Pourtant, étant donné la situation géographique de l'île, on a une grande prédilection pour les sports de mer. Les Martiniquais sont d'excellents marins et ils aiment beaucoup les courses de bateaux. Autrefois, ils utilisaient des canoës appelés *gommiers*, d'après le nom de l'arbre dont on utilisait le bois pour les

construire. De nos jours, étant donné la rareté du gommier et la difficulté du travail pour en faire un canoë, on utilise de plus en plus des embarcations à voile appelées *yoles*. Les équipages vont de village en village pour participer aux festivals en l'honneur des saints patrons. Les meilleurs marins viennent de la côte Atlantique de l'île, où ils ont la possibilité de s'habituer aux mers agitées.

AA. Discutons! Discutez des questions suivantes avec quelques camarades de classe.

1. En Martinique, le week-end varie considérablement selon la région où on habite (la grande ville ou la campagne). Trouve-t-on les mêmes variations aux Etats-Unis entre la ville et la campagne? entre les régions géographiques (par exemple, les côtes est/ouest, le sud et le centre du pays)?

2. Les intellectuels martiniquais trouvent que la métropole (la France) a une trop grande influence sur la culture de l'île. De cette perspective, quels sont les avantages et les inconvénients de la télévision, telle qu'on peut la regarder à la Martinique? Quel rôle la télévision étrangère joue-t-elle (pourrait-elle jouer) aux Etats-Unis?

3. Les sports de mer jouent un grand rôle dans la vie sportive martiniquaise. Y a-t-il des sports favorisés par la situation géographique de votre région? Pourquoi (pas)?

4. En Martinique, il n'y a pas de saisons telles qu'on les connaît en France ou aux Etats-Unis; il y a tout juste une saison sèche (de décembre à juin) et une saison humide (de juillet à novembre). Comment le climat de votre région influence-t-il les activités de loisir?

Pour communiquer

Audio: CD2, Track 21

Ecoutez!

Si la fête populaire par excellence en Martinique est le Carnaval, en France c'est le 14 juillet, jour où on commémore un grand événement de la Révolution française, la prise de la Bastille (prison devenue symbole du pouvoir arbitraire du roi) en 1789. Micheline et Sophie sont en train de faire des projets pour célébrer la fête nationale française.

«Mon appartement n'est pas très loin des Champs-Elysées… on pourra aller voir le défilé… »

BB. Vous avez compris? Répondez aux questions d'après la conversation de Micheline et de Sophie que vous venez d'écouter.

1. Qu'est-ce que les deux jeunes femmes vont faire le soir du 13 juillet?
2. Où vont-elles aller? Pourquoi?
3. Qu'est-ce que Micheline invite Sophie à faire? Pourquoi?
4. Quelle est la réaction de Sophie?
5. Est-ce que les deux jeunes femmes vont regarder les feux d'artifice? Pourquoi (pas)?
6. Où et quand vont-elles se retrouver?
7. Qu'est-ce qu'elles vont porter?

Pour mieux vous exprimer

Proposer de faire quelque chose

On va (au concert)?
Tu veux (Vous voulez) (faire du jogging)?
Si on (allait au zoo)? (verbe à l'imparfait)
Ça te dirait de (faire une partie de tennis)?

Accepter de faire quelque chose

C'est une (très) bonne idée.
Oui, pourquoi pas?
Oui, j'aimerais bien.
D'accord, avec plaisir.

Refuser de faire quelque chose

Non, je ne veux (peux, sais) pas + infinitif
Non, ça ne me dit pas grand-chose. / Non, ça ne me dit rien.
Non, à vrai dire, j'aimerais mieux (préférerais) faire autre chose.

Fixer un rendez-vous

Alors, où (à quelle heure) est-ce qu'on se retrouve?
   On se retrouve (au théâtre) (à 18h30).
   On se donne rendez-vous (devant le cinéma) (vers 7h).
   Rendez-vous (à 6h) (au stade), d'accord?
   Vous passez (Tu passes) me (nous) chercher (vers 20h15)?
   Je viendrai (passerai) te (vous) chercher (prendre) (vers 8h).

CC. Prenons rendez-vous! Votre camarade de classe et vous allez sortir ensemble. En suivant les indications suggérées et en utilisant les expressions que vous avez apprises, fixez les détails de votre sortie.

1. Vous voulez aller au cinéma. Mettez-vous d'accord sur un des films suivants: *Jurassic Park* (film d'aventures américain de Stephen Spielberg), *Cyrano de Bergerac* (comédie dramatique française avec Gérard Depardieu), *La Mort aux trousses* (film d'espionnage d'Alfred Hitchcock). Vous prenez chacun(e) l'autobus. Le film commence à 13h45. Rendez-vous devant le cinéma.

2. Vous allez aux championnats de tennis au stade Roland-Garros à Paris. Vous hésitez entre jeudi et samedi. Vous voulez y être avant midi. Vous prenez chacun(e) le métro. Rendez-vous à la station Porte d'Auteuil.

3. Vous voulez aller à un concert. Il faut choisir entre Noir Désir (groupe de rock français) ou Céline Dion (chanteuse populaire québécoise). Le concert commence à 20h30. Vous avez une voiture.

4. Vous voulez visiter un musée à Paris. Vous hésitez entre le musée d'Orsay (peintures impressionnistes) et le musée Picasso. Vous voulez y aller l'après-midi. Votre camarade habite pas loin de chez vous, mais votre appartement est plus proche du musée Picasso que celui de votre camarade.

DD. Qu'est-ce qu'on fait ce soir? Vous vous trouvez avec des camarades à Carcassonne (dans le sud-ouest de la France) à l'époque de son festival d'été. Vous vous proposez deux ou trois activités, vous vous mettez d'accord sur une seule, puis vous fixez les détails de votre rendez-vous en suivant les indications données.

1. Samedi 13 juillet (*vous n'y allez pas ensemble, vous vous y retrouvez*)
   - Jean-Jacques Goldman (chanteur populaire français) / au Grand Théâtre de la Cité, 21h15
   - *L'Etranger* (pièce de théâtre basée sur le roman d'Albert Camus) / au Château Comtal, 21h30
   - Les Trois Guitares de Paris (concert de musique classique—Vivaldi, de Falla) / à l'église Saint-Gimer à 21h30

2. Mercredi 17 juillet (*vous y allez tous ensemble à pied*)
   - *Trois Zéros* (film comique français) / au cinéma Odeum à 20h30
   - Football Athlétic Carcassonnais-Le Crès (match de football, final—match de retour) / au stade Albert Domec à 15h
   - Lauren Korcia (concert de musique classique, violon—Ravel, Bartok, Brahms) / au Grand Théâtre de la Cité à 21h30

3. Vendredi 19 juillet (*vous y allez dans la voiture d'un[e] de vos camarades*)
   - *56 œuvres originales de Giacometti* (vernissage [*opening*] d'une exposition d'art / à la Galerie des Arts à 19h)
   - Indochine (groupe de rock français) / au Grand Théâtre de la Cité à 21h30
   - *Madame Marguerite* (pièce de théâtre avec l'actrice de cinéma Annie Girardot) / au Château Comtal à 21h30

Do *A faire! (3-4)* on page 121 of the **Manuel de préparation**.

Lecture

«Le cinéma à Fort-de-France»

Joseph Zobel

Dans son roman le plus connu, La Rue Cases-Nègres (1948), Joseph Zobel raconte les péripéties de sa propre enfance sous les aventures du jeune José. Elevé par sa grand-mère, coupeuse de canne (sugar cane cutter) *dans la Martinique rurale, José habite d'abord la rue Cases-Nègres, un ensemble d'habitations de travailleurs agricoles réunis autour de la maison du géreur* (manager) *blanc. Plus tard, José rejoint sa mère à Fort-de-France. C'est là qu'il fait des études au lycée et c'est là aussi qu'il retrouve ses anciens camarades, Carmen et Jojo.*

[...] Carmen et Jojo m'invitaient au cinéma le mardi ou le vendredi soir. Dans le plus grand cinéma de Fort-de-France, la foule° populaire qui formait la clientèle   *crowd* de ces soirées à tarif réduit allait assister à la projection des premières images sonores arrivées aux Antilles.

5   Nous partions à pied, après dîner.

Sous une lumière électrique parcimonieuse° et indigente°, la salle de cinéma   *stingy; poor* était toujours pleine, chaude de clameurs et houleuse°. Le parquet, les escaliers   *turbulent* résonnaient et grinçaient° sous les pas du public qui, avant le commencement de   *creaked* la séance, allait et venait en tous sens, s'interpellait°, causait°, criait et riait aux   *shouted out to each other; chatted* 10 éclats, comme si chacun eût gagé° de tout dominer par sa seule voix.   *had wagered*

> **Aide-lecture**
> - l'emploi de l'imparfait = actions répétées, habituelles
> - soirées à tarif réduit = attirer les gens pauvres
> - ambiance bruyante *(noisy)* et mouvementée

Les fauteuils d'orchestre se présentaient sous forme de chaises pliantes° en   *folding* bois, enfilées par rangées° sur des tringles° en bois. C'étaient les places de tous les   *rows; rails* jeunes loqueteux°, les débraillés°, les braillards°, hommes et femmes, chaussés ou   *people dressed in rags; people dressed* pieds nus. C'était là que nous nous mettions. Les plus bouffons°, les plus   *sloppily; people howling; clowning* 15 querelleurs°, étaient toujours les mêmes. L'un avisait° une femme seule et allait lui   *quarrelsome; noticed* faire des attouchements et lui chuchoter des paroles° malhonnêtes, à quoi elle   *to whisper words* répondait par des jurons° volcaniques. Une, au contraire, montait sur une chaise   *swear words* et se mettait à chanter et danser, battant le rappel° autour de ses charmes.   *calling to arms (summoning everyone)*

Il y en avait toujours un qui, à peine entré, se heurtait° contre le premier venu,   *bumped* 20 tombait en garde et déclenchait la bagarre°.   *started a fight*

Il y avait aussi les paisibles qui, garés dans un petit coin, regardaient avec calme et méfiance.

> **Aide-lecture**
> - jeunes gens pauvres: mal habillés, avec ou sans chaussures
> - contrastes: (a) la femme qui résiste aux attentions du jeune homme par opposition à celle qui essaie d'attirer l'attention des jeunes hommes; (b) les gens qui se battent, les gens qui restent calmes

Joseph Zobel (1915–) is one of the leading writers of Martinique. Despite his having lived a good part of his life in Africa (Senegal), his novels (*La Rue Cases-Nègres, Diab'la*) and collection of short stories (*Si la mer n'était pas bleue*) manage to bring to life the images and paradoxes of his Caribbean homeland.

Les lumières s'éteignaient° une à une et tout le monde de se précipiter sur les chaises pour s'asseoir.

went out, dimmed

Aux premières images sur l'écran, la salle se trouvait dans un silence relatif. 25 N'empêche° qu'à la faveur de l'obscurité, se poursuivaient des colloques°, des commentaires, qui s'attiraient des répliques anonymes qui s'entrechoquaient°, détonnaient° en violentes discussions hérissées de lazzi° et de menaces.

All the same; discussions
clashed
exploded; bristling with gibes

A la longue pourtant cette atmosphère s'affirmait inoffensive et même sympathique—simplement foraine°. 30

with the atmosphere of a fairground

Aide-lecture

• pendant le film: on parle moins, mais on n'est pas tout à fait silencieux

Nous discutons, chemin faisant°, au retour du cinéma. Discussions échauffantes qui activent notre marche et nous font arriver si vite que nous nous attardions° encore un long moment sur la route pour épuiser nos propos°, en ayant la prudence d'assourdir° nos voix afin de ne pas provoquer les aboiements° des chiens. [...] 35

en route

lingered; to exhaust our words (ideas)
to lower; barking

Carmen, Jojo et moi, nous nous plaisions de même à commenter les films que nous venions de voir et jamais nos discussions n'étaient aussi passionnées que lorsque le film comprenait° un personnage nègre.

included

Par exemple, qui a créé pour le cinéma et le théâtre ce type de nègre, boy, chauffeur, valet de pied, truand°, prétexte à mots d'esprit° faciles, toujours 40 roulant des yeux blancs de stupeur, affichant un inextinguible sourire niais, générateur de moquerie? Ce nègre d'un comportement° grotesque sous le coup de botte au cul° que lui administre fièrement le Blanc, ou lorsque ce dernier l'a eu berné° avec la facilité qui s'explique par la théorie du «nègre-grand-enfant»?

gangster; witty remarks

behavior
kick in the butt
had tricked

Qui a inventé pour les nègres qu'on montre au cinéma et au théâtre ce langage 45 que les nègres n'ont jamais su parler, et dans lequel, je suis certain, aucun nègre ne réussirait à s'exprimer? Qui a, pour le nègre, convenu° une fois pour toutes de ces costumes à carreaux° qu'aucun nègre n'a jamais fabriqués ou portés de son choix? Et ces déguisements en souliers éculés°, vieil habit, chapeau melon°, et parapluie troué°, ne sont-ils avant tout que le sordide apanage° d'une partie de la 50 Société qui, dans les pays civilisés, la misère° et la pauvreté font le triste bénéficiaire des rebuts° des classes supérieures?

agreed
checked
worn; bowler hat
umbrella full of holes; privilege
wretchedness
scraps

Aide-lecture

• image stéréotypée des Noirs: grands enfants stupides dont on se moque et qu'on méprise *(looks down on)*

Joseph Zobel, *La Rue Cases-Nègres*.
Paris: Présence Africaine, 1948, pp. 221–223.

EE. Discussion: Les Martiniquais et nous. Discutez des questions suivantes avec quelques camarades de classe.

1. L'atmosphère du cinéma de Fort-de-France telle que la décrit Joseph Zobel ressemble-t-elle à celle des cinémas que vous fréquentez? Expliquez.
2. Quelle a été votre réaction par rapport à cette atmosphère? Comment le narrateur y a-t-il réagi lui-même? Comment expliquez-vous ces deux réactions?
3. Résumez l'image stéréotypée des Noirs qu'on trouvait dans les vieux films. Quelle image des Noirs trouve-t-on dans les films d'aujourd'hui? Y a-t-il d'autres groupes qu'on présente de façon stéréoptypée dans les films de nos jours?
4. Dans quelle mesure le choix d'activités de loisirs et l'attitude qu'on éprouve à l'égard de ces activités dépendent-ils de la classe sociale et économique à laquelle on appartient?

Vocabulaire pour la discussion

trouver l'atmosphère (l'ambiance) bruyante *(noisy)* / désordonnée / chaotique / déconcertante / troublante / désagréable / sympathique / spontanée / naturelle / vivante / animée / agréable

un stéréotype / un individu / une image complexe / une image nuancée

géneraliser / individualiser / dépendre de / être fonction de / être déterminé(e) par / être libre de / avoir le temps de / avoir les moyens de

«Est-on en train d'évoluer vers une civilisation des loisirs?»

FF. «Le temps libre et le droit au loisir.» Lisez l'extrait d'un article sur le temps libre, puis indiquez si les déclarations sont vraies ou fausses.

En 1900, la durée de travail représentait en moyenne 12 années sur une durée de vie de 46 ans pour un homme, soit le quart. Elle ne représente plus aujourd'hui que 5,5 années sur une espérance de vie de 75,5 ans, soit 7% du capital-temps. [...] La conséquence est que le temps libre [...] a connu une croissance spectaculaire. Il peut être évalué à 15,5 années sur une vie d'homme. [...] Si l'on raisonne en «temps éveillé» (en enlevant à la durée totale le temps de sommeil, estimé en moyenne à 7h30 par jour), le temps libre représente alors 30% du temps disponible, soit près du tiers. [...]

La société judéo-chrétienne mettait en exergue l'obligation de chacun de «gagner sa vie à la sueur de son front» pour avoir droit ensuite au repos, forme première du loisir. L'individu se devait d'abord à sa famille, à son métier, à son pays, après quoi il pouvait penser à lui-même. [...] Mais les jeunes considèrent le loisir comme un droit fondamental. Plus encore, peut-être, que le droit au travail, puisqu'il concerne des aspirations plus profondes et personnelles.

Gérard Mermet, *Francoscopie 2003*, pp. 406, 409.

Selon l'article:

1. Plus l'espérance de vie augmente, moins on passe de temps à travailler.
2. Aujourd'hui le temps libre représente environ 30% de la vie d'un homme.
3. Selon la tradition judéo-chrétienne, il faut travailler d'abord, s'amuser ensuite.
4. Pour les jeunes d'aujourd'hui, le droit au loisir est aussi important (sinon plus important) que le droit au travail.

GG. A vous d'abord! Discutez des questions suivantes avec quelques camarades de classe afin de découvrir leurs idées sur le travail et les loisirs.

1. D'après ton expérience, penses-tu que les gens travaillent de moins en moins, qu'ils consacrent de plus en plus de temps aux loisirs? Quels exemples peux-tu en donner?
2. On dit souvent que les gens d'aujourd'hui sont égoïstes, qu'ils pensent surtout à eux-mêmes et à leurs plaisirs. Es-tu d'accord? Y a-t-il des différences entre les générations (celle de tes grands-parents, celle de tes parents, ta génération)?

HH. Les témoins vous parlent. Ecoutez quelques Français et francophones vous parler de leurs idées sur la notion d'une civilisation de loisirs, puis répondez aux questions.

Vocabulaire utile

valeur *(value)*, **tout à fait** *(absolutely)*, **tant mieux** *(so much the better)*, **consacrer** *(to devote)*, **grâce à** *(thanks to)*, **agricole** *(agricultural)*

Valérie Ecobichon
Saint-Maudez, France

1. Oui ou non? Valérie Ecobichon dit que (qu')...

   a. les gens d'aujourd'hui ont plus de temps pour les loisirs.
   b. ses parents et ses grands-parents travaillaient la grande majorité du temps.
   c. elle ne veut pas que ses enfants soient agriculteurs.
   d. elle préfère habiter en ville.

Vocabulaire utile

à long terme *(in the long run)*, **notamment** *(especially)*, **peu élevées** *(lower)*, **usines** *(factories)*, **durée de travail** *(length of workday)*, a **énormément baissé** *(has gone down greatly)*, **tout de même** *(all the same)*, **assurée** *(certain, assured)*, **inquiétudes** *(worries)*, **garanties par l'Etat** *(guarantees from the government)*, **pas mal de** *(quite a bit)*, **prenant** *(time consuming)*, **en retraite** *(retired)*, **casaniers** *(homebodies)*, **par contre** *(on the other hand)*, **détente** *(relaxation)*, **se détendre** *(to relax)*, **en ayant l'esprit** *(having their minds)*

Xavier Jacquenet
Dijon, France

2. Oui ou non? Xavier Jacquenet dit que...

   a. comparé au début du siècle précédent, aujourd'hui on travaille beaucoup moins.
   b. les travailleurs d'aujourd'hui ont plus de temps libre mais aussi plus d'inquiétudes (santé, éducation des enfants).
   c. ses grands-parents travaillaient toute la journée dans leur ferme.
   d. ses grands-parents ne prenaient pas de vacances.
   e. maintenant qu'ils sont en retraite, ses grands-parents voyagent beaucoup.
   f. ses parents aiment se détendre.

Vocabulaire utile

actuel *(current)*, **taux de chômage** *(unemployment rate)*

Mireille Sarrazin
Lyon, France

3. Oui ou non? Mireille Sarrazin dit que (qu')...

   a. les gens travaillent plus aujourd'hui qu'autrefois.
   b. il est nécessaire de travailler dur pour ne pas perdre son travail.
   c. la situation économique actuelle n'est pas favorable.
   d. malgré tout *(in spite of everything)*, les gens profitent de plus en plus de leur temps libre.

Henri Gaubil
Ajaccio, Corse

Vocabulaire utile

s'aperçoit *(notices)*, **chômage** *(unemployment)*, **se greffer** *(to crop up in connection with each other)*

4. Oui ou non? Henri Gaubil dit que (qu')...

    a. le travail et la vie de tous les jours occupent la totalité du temps des gens.

    b. les gens ont plus de problèmes personnels aujourd'hui qu'autrefois.

    c. il est nécessaire de faire un grand effort pour trouver du temps libre.

    d. lui et sa famille restent chez eux s'ils ont une semaine de libre.

Dovi Abe
Dakar, Sénégal

Vocabulaire utile

pays en voie de développement *(developing countries)*, **moyens** *(financial means)*

5. Oui ou non? Dovi Abe dit que...

    a. l'idée d'une civilisation de loisirs s'applique surtout aux pays industrialisés.

    b. les pays en voie de développement n'ont ni le temps ni l'argent pour les loisirs.

Robin Côté
Rimouski, Québec

Vocabulaire utile

en principe *(in theory)*, **grandir** *(to grow)*, **combler** *(to satisfy)*

6. Oui ou non? Robin Côté dit que (qu')...

    a. les gens d'aujourd'hui travaillent moins que ceux d'autrefois.

    b. les gens d'autrefois avaient moins de besoins et moins de désirs que les gens d'aujourd'hui.

    c. autrefois les gens travaillaient pour gagner leur vie.

    d. aujourd'hui les gens travaillent pour avoir assez de temps pour s'amuser.

II. Les témoins et vous. Ecoutez encore une fois les témoignages, puis discutez des questions suivantes avec quelques camarades de classe.

    1. Les témoins ne sont pas tous d'accord sur cette idée d'une civilisation des loisirs. Lesquels ont des idées qui se ressemblent?

    2. Vos idées et celles de votre famille sont-elles pareilles aux idées d'un ou de plusieurs témoins? Expliquez.

⊙ Do *A faire! (3-5)* on page 124 of the **Manuel de préparation.**

Fonction
Comment parler du passé (3)

Rappel

Le plus-que-parfait

The **plus-que-parfait** is used to:

- express an action or a state that occurred *before* another past action or state:

    Elle nous a lu la lettre que son frère lui **avait envoyée**.

- indicate that the speaker is *not* following strict chronological order:

    Il m'est arrivé quelque chose de très amusant hier après-midi aux Galeries Lafayette.

    Mon frère et moi, nous **avions décidé** de passer l'après-midi en ville. Vers 11h il **était passé** me chercher…

JJ. Les actualités. Après avoir lu chaque article, répondez aux questions qui le suivent.

Suicide assisté refusé à la Britannique Diane Pretty

La Cour européenne des droits de l'Homme a rejeté lundi à Strasbourg la demande de suicide assisté de Diane Pretty, une Britannique entièrement paralysée. Agée de 43 ans, Mme Pretty, qui meurt à petit feu d'une maladie neuro-dégénérative et qui est déjà paralysée du cou jusqu'aux pieds et qui ne peut donc se suicider elle-même, souhaite mettre fin à ses jours avec l'aide de son mari.

L'état de santé très précaire de Mme Pretty, qui peut mourir dans les prochaines semaines, avait conduit les juges européens à adopter une procédure d'urgence et à examiner sa plainte dans un délai record. Mme Pretty était venue en personne le 19 mars dernier assister à l'audience de la Cour européenne. Depuis son fauteuil roulant, elle avait affirmé, en utilisant la voix synthétique d'un ordinateur, qu'elle ne «voulait que son droit à mourir dans la dignité». Or l'assistance au suicide est considérée comme un crime, passible de 14 ans de prison.

Le 22 mars, une autre Britannique, connue sous le nom de «Mademoiselle B.», avait fait reconnaître par la justice britannique son droit à mourir, arguant du principe que les patients ont le droit de refuser le traitement contre l'avis de leur médecin, même si cela conduit à leur mort.

Adapté de *Les Dernières Nouvelles d'Alsace*, 29 avril 2002.

1. Mettez les événements suivants dans l'ordre chronologique:
   a. la décision de la Cour européenne de refuser la demande de Mme Pretty
   b. le témoignage de Mme Pretty devant la Cour
   c. la décision des juges d'examiner le cas de Mme Pretty le plus tôt possible
   d. la décision d'une cour britannique de permettre à quelqu'un de refuser le traitement médical

2. Trouvez tous les verbes au plus-que-parfait et expliquez pourquoi ils sont conjugués à ce temps du verbe.

Madagascar: Ravalomanana vainqueur officiel de la présidentielle

Marc Ravalomanana a été proclamé lundi le vainqueur officiel de l'élection présidentielle plus de quatre mois après le premier tour du 16 décembre.

La Haute Cour consitutionnelle (HCC), en audience solennelle à Antananarivo, a déclaré Ravalomanana élu avec 51,96% des suffrages exprimés contre 35,90% pour le président sortant Didier Ratsiraka, après un nouveau décompte des voix.

«Je suis très ému, je ne peux vous en dire plus», a déclaré Marc Ravalomanana, joint au téléphone alors qu'il regardait la retransmission télévisée de la cérémonie officielle.

M. Ratsiraka, dès dimanche, à son retour de France où il était en visite privée, avait annoncé qu'il ne reconnaîtrait pas l'éventuelle proclamation de M. Ravalomanana comme président, et avait réclamé la tenue d'un référendum.

La HCC, qui a proclamé les résultats officiels, siégeait dans sa nouvelle composition, après l'invalidation de la précédente le 10 avril par la Cour suprême.

La précédente HCC, entièrement composée de juges fidèles à M. Ratsiraka, avait proclamé le 25 janvier des résultats du premier tour qui plaçaient M. Ravalomanana en ballotage favorable *(leading but not having enough votes to win in the first round of voting).*

A cette époque, M. Ravalomanana avait déjà lancé des centaines de milliers de ses partisans dans la rue, revendiquant la victoire dès le premier tour avec plus de 52% des suffrages.

Adapté de *Les Dernières Nouvelles d'Alsace*, 29 avril 2002.

3. Mettez les événements suivants dans l'ordre chronologique:
   a. la proclamation officielle de Ravalomanana comme président
   b. la réunion de la première HCC
   c. la réunion de la seconde HCC
   d. les célébrations dans la rue
   e. l'interview téléphonique avec Ravalomanana
   f. l'interview avec le président sortant (Ratsiraka)

4. Trouvez tous les verbes au plus-que-parfait et expliquez pourquoi ils sont conjugués à ce temps du verbe.

Russie: le général Lebed meurt dans un crash d'hélicoptère

Le général Alexandre Lebed, 52 ans, a trouvé la mort hier matin dans un accident d'hélicoptère en Sibérie. Ancien candidat à la présidence russe, il a été l'artisan d'un accord de paix en Tchétchénie.

Le général Lebed, gouverneur de la région de Krasnoïarsk, et ses collaborateurs se rendaient à la cérémonie d'ouverture d'une nouvelle piste de ski dans cette région, où l'hiver n'est pas encore terminé. L'accident est survenu à 02h45 GMT dans une zone montagneuse. Volant à basse altitude et par mauvais temps, l'appareil Mi-8 a heurté une ligne à haute tension et est tombé d'une trentaine de mètres, sans prendre feu. Huit de ses occupants, dont le général Lebed, sont morts; tous les autres ont été blessés, dont certains grièvement.

Le président Vladimir Poutine et le Premier ministre Mikhaïl Kassianov ont adressé leurs condoléances à la famille du général Lebed et à celles des autres victimes. Le magnat russe en exil et opposant au Kremlin, Boris Berezovski, a pour sa part déclaré à la radio qu'il n'excluait pas «la pire des hypothèses, (celle d'une) élimination violente» du général Lebed. M. Berezovski avait contribué à financer la campagne électorale du général Lebed en 1998 pour le poste de gouverneur de la région de Krasnoïarsk.

Alexandre Lebed était un chef militaire charismatique, considéré comme un «dur», mais sachant se montrer pacifiste si la situation l'exigeait. Il avait été un moment considéré comme le possible successeur de Boris Eltsine. Candidat à la présidentielle en 1996, il avait obtenu 15% des voix au premier tour.

Adapté de *Libération*, 29 avril 2002.

5. Mettez les événements suivants dans l'ordre chronologique:

    a. l'accident d'hélicoptère qui a tué le général Lebed

    b. la déclaration de Boris Berezovski

    c. les déclarations du président et du Premier ministre

    d. la campagne électorale présidentielle

    e. la campagne électorale pour le poste de gouverneur de Krasnoïarsk

6. Trouvez tous les verbes au plus-que-parfait et expliquez pourquoi ils sont conjugués à ce temps du verbe.

Rappel

L'expression *venir de* + infinitif

The *present* tense of **venir de** is used to indicate an action or a state finished *just before* the *present moment*:

> Hervé? Non, il n'est pas là. **Il vient de partir.** *(He just left.)*

The imperfect tense of **venir de** is used to indicate that an action or state *had* finished *just before* another *past* action or state:

> Quand ils sont arrivés, **je venais de faire** la vaisselle. (. . . *I had just done the dishes.*)

KK. Quand? D'abord, écoutez les conversations et indiquez si l'action principale (voir l'infinitif donné) a eu lieu dans le passé récent ou va avoir lieu dans le futur proche.

 Audio: CD2, Track 28

    1. arriver

    2. téléphoner

    3. visiter

    4. terminer

    5. voir

    6. se disputer

Ensuite, indiquez laquelle des actions (voir les infinitifs donnés) s'est terminée avant le commencement de l'autre.

    7. arriver / partir

    8. passer / voir

    9. sonner / sortir

    10. descendre / entrer

Rappel

L'expression *depuis*

The present tense is used with **depuis** in order to indicate that an action or a state that began in the past is *not finished*, that it is *continuing* up to and including the present moment (the moment when one is speaking).

> **Nous habitons** ici **depuis** plus de 50 ans.
> **Il travaille** chez Renault **depuis** 1955.

The imperfect is used with **depuis** to indicate that a past action or state had *not finished* (i.e., *was continuing*) at the moment when another past action or state began:

> Quand tu m'as vue, **je courais depuis** plus de 40 minutes.

In a negative sentence, use the **passé composé** or the **plus-que-parfait** with **depuis**.

> **Il n'a pas fumé depuis** plus de 10 ans.
> **Il n'avait pas fumé depuis** plus de 10 ans quand nous avons fait sa connaissance.

In order to ask a question, use **depuis combien de temps** (to determine a *length of time*) or **depuis quand** (to determine a *particular moment*).

> **Depuis combien de temps** es-tu à l'université? Depuis **deux ans.**
> **Depuis quand** es-tu à l'université? Depuis **2002.**

LL. Expliquez! Traduisez en anglais, puis donnez une explication précise du sens de chaque phrase.

Modèles: Joseph Mondo travaille chez Renault depuis 1995.
Joseph Mondo has been working at Renault since 1955. (He began working at Renault in 1995. He still works there.)

Marc Gara a travaillé chez Renault pendant 20 ans.
Marc Gara worked at Renault for 20 years. (He no longer works there.)

1. L'oncle et la tante d'Annie habitent en France depuis trois ans.
2. Michael Phelps a habité en France pendant 15 ans.
3. Mes parents n'ont pas été en France depuis cinq ans.
4. Il pleut depuis huit jours.
5. Nous, on se connaît depuis 20 ans.
6. J'attendais un autobus depuis trois quarts d'heure quand Jean-Luc m'a vu.
7. Nous cherchions un appartement depuis six mois quand nous avons trouvé celui-ci *(this one)*.
8. Georges n'avait pas vu Cécile depuis une dizaine d'années quand ils se sont rencontrés par hasard dans l'aéroport de Lisbonne.

MM. A enregistrer. On vous a donné un magnétophone et vous vous amusez à vous en servir. D'abord, imaginez que vous l'apportez avec vous afin d'enregistrer vos activités à plusieurs moments de la journée—c'est-à-dire que vous parlez de ce que vous faites au moment où vous parlez; par conséquent, vous utilisez le *présent* et des expressions telles que **venir de** et **depuis**.

Modèle: hier / midi
Il est midi et je suis au restaurant universitaire. Je viens de sortir de mon cours de physique. Depuis un quart d'heure, je mange et je regarde les autres étudiants. Il y a un beau garçon qui me regarde depuis que je suis assise ici. Je voudrais lui demander son nom, mais j'ai peur de paraître ridicule.

1. ce matin / 7h30
2. hier après-midi / 5h
3. le moment actuel
4. une année dans le passé *(à vous de choisir l'année et le moment)*

Certains événements, certaines nouvelles nous impressionnent tellement que nous avons tendance à ne pas oublier le contexte dans lequel nous les avons vécus ou appris. Vous décidez donc d'enregistrer vos souvenirs personnels concernant les moments suivants en utilisant l'*imparfait* (et d'autres temps du passé) ainsi que les expressions **venir de** et **depuis**.

Modèle: Où étiez-vous quand la guerre en Irak a éclaté?
Moi, j'étais à la maison. Je préparais le dîner. Quand ma femme est rentrée, elle a annoncé que nous étions en guerre depuis une heure. Elle venait d'entendre la nouvelle à la radio.

Où étiez-vous, que faisiez-vous… ?

5. … quand vous avez appris les événements du 11 septembre 2001?
6. … quand vous avez vu votre petit(e) ami(e) (meilleur[e] ami[e], mari, femme, etc.) pour la première fois?
7. … quand vous avez appris une très bonne nouvelle?
8. … quand vous avez appris une très mauvaise nouvelle?

Paris—musées et artistes

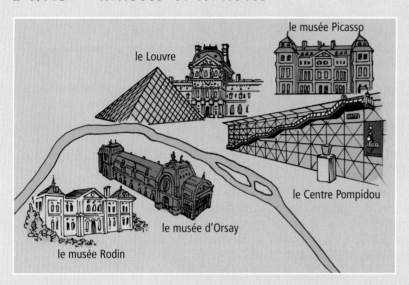

le musée Picasso

le Louvre

le Centre Pompidou

le musée d'Orsay

le musée Rodin

Les activités de loisirs peuvent être non seulement sportives mais aussi culturelles. Un grand nombre de Français et d'étrangers qui viennent à Paris se dirigent vers les nombreux musées d'art de la capitale. Les plus connus sont sans doute le *Louvre* (antiquités orientales, égyptiennes, grecques et romaines; sculptures et peintures du Moyen Age jusqu'au XIXe siècle) et le *musée d'Orsay* (peintures impressionnistes et post-impressionnistes). Les amateurs d'art moderne peuvent visiter le *musée national d'Art moderne* au Centre Georges Pompidou (appelé aussi Beaubourg). Et il ne faut pas oublier les petits musées consacrés aux œuvres d'un seul artiste, tels que le *musée Rodin* et le *musée Picasso*.

NN. Artistes et tableaux. En vous basant sur les renseignements donnés dans ces petits portraits de quelques peintres et sculpteurs français et en regardant les reproductions aux pages suivantes, essayez d'associer l'artiste à l'œuvre qu'il a créée.

POUSSIN, Nicolas (1594–1665) Il a passé la majeure partie de sa vie en Italie. Sa peinture reflète l'influence de l'Antiquité. Il est connu pour ses tableaux qui montrent des personnages mythologiques dans des décors naturels. Il a annoncé le classicisme par la composition équilibrée et symétrique de ses toiles.

WATTEAU, Antoine (1684–1721) Sa peinture est caractérisée par la grâce et la poésie. Elle reflète l'ambiance de bonheur qui dominait le début du XVIIIe siècle. Il est connu pour ses scènes de comédie et pour ses «fêtes galantes» qui montrent des comédiens ou des aristocrates dans des décors naturels.

DAVID, Jacques Louis (1748–1825) Chef de l'école néo-classique et peintre officiel de Napoléon Ier, David a maintenu la tradition classique tout en s'intéressant à des sujets d'actualité. C'est ainsi qu'il est connu pour ses tableaux inspirés de l'histoire romaine ainsi par que la Révolution et les grands moments de la vie de l'Empereur des Français.

DELACROIX, Eugène (1798–1863) Chef de l'école romantique de peinture, il a cultivé l'imagination et la liberté d'expression. Sa peinture est d'une grande puissance, par les couleurs employées et par les scènes dramatiques sinon violentes qu'il a peintes. Il est connu pour ses tableaux inspirés de l'actualité (la Révolution de 1830, par exemple) et des pays exotiques (le monde arabe, en particulier).

CÉZANNE, Paul (1839–1906) Il a passé toute sa vie dans sa Provence natale. Ami des impressionnistes, il a cependant cherché à aller au-delà de l'impression pour saisir l'essence de la réalité. Ce faisant, il a réduit les formes naturelles aux constructions géométriques (la sphère, le prisme, le cône). Il est connu pour ses paysages, ses natures mortes et ses portraits.

RODIN, Auguste (1840–1917) Ce maître sculpteur a passé la fin de sa vie à Paris dans l'hôtel Biron, devenu aujourd'hui le musée Rodin. Ses œuvres en bronze et en marbre blanc frappent par leur puissance et leur vitalité. Ses sculptures sont connues dans le monde entier.

MONET, Claude (1840–1926) Chef de l'école impressionniste, il voulait peindre le monde exactement comme il le voyait. Dans sa peinture, il a cherché à traduire l'impression produite sur son œil, son regard. Il est connu pour ses séries de tableaux qui montrent des paysages (la campagne, le bord de la mer) ou des bâtiments (cathédrales, gares) observés sous des lumières différentes à différents moments de la journée.

RENOIR, Auguste (1841–1919) Impressionniste aussi, il s'est intéressé moins au paysage et aux édifices qu'à la figure humaine et à la vie de son époque. Ses peintures essaient de saisir sur la toile un moment fugitif en rendant l'impression qu'il crée dans l'œil de l'observateur. Il est connu pour ses tableaux qui montrent des gens heureux en train de s'amuser.

GAUGUIN, Paul (1848–1903) Abandonnant à l'âge de 35 ans son métier d'agent de change *(stockbroker)*, il s'est consacré entièrement à la peinture. Issue de l'impressionnisme, sa peinture cherche pourtant à saisir le monde du mythe et des valeurs spirituelles qui se trouve au-delà de la surface des choses. Il est connu surtout pour les tableaux qu'il a peints à Tahiti.

MATISSE, Henri (1869–1954) Il a été un des premiers peintres révolutionnaires français du début du XXe siècle à se libérer de la tyrannie du réalisme. Son œuvre comprend dessins, gravures, collages de papiers de couleur découpés, vitraux et peintures. Il est connu pour ses tableaux où les formes et les couleurs s'unissent pour exprimer une harmonie qui ne dépend pas du réalisme de la représentation.

PICASSO, Pablo Ruiz (1881–1973) Né en Espagne, il a passé la plus grande partie de sa vie en France. Créateur (avec Georges Braque) du cubisme, il a cherché à saisir une réalité essentielle en représentant les choses et les figures décomposées en éléments géométriques et en multipliant les points de vue. Son œuvre passe par plusieurs périodes (époques bleue et rose, cubisme, néo-classicisme, surréalisme et art abstrait) et incarne l'esprit révolutionnaire de l'art moderne.

DUBUFFET, Jean (1901–1985) Théoricien de l'art brut, il a puisé son inspiration dans deux sources—d'une part, les dessins des aliénés et les graffiti; d'autre part, les matières variées et leurs textures. Il a appliqué ses théories dans des tableaux faits de sable, de goudron, de feuilles et de plastique peint. C'est ainsi qu'il a essayé d'établir un rapport direct entre son art et la réalité.

Do *A faire! (3-6)* on page 136 of the **Manuel de préparation.**

Portrait de Marie-Thérèse

La Liberté guidant le peuple

Nature morte

Les Bourgeois de Calais

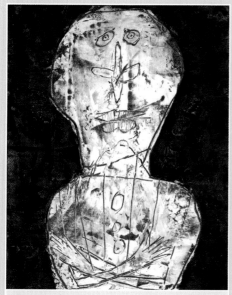

«Je vous écoute.»

Le Serment des Horaces

La Cathédrale de Rouen

La Desserte—Harmonie rouge

Le Pèlerinage à l'île de Cythère

Les Bergers d'Arcadie

Le Moulin de la Galette

La matete

C'est à vous maintenant!

OO. Une interview. Vous allez interviewer un(e) Français(e) ou un(e) francophone ou bien une personne qui a voyagé en France ou dans un pays francophone. Si vous n'avez jamais interrogé cette personne, vous pourrez commencer par lui poser des questions générales; autrement, vous pourrez passer directement aux questions portant sur les loisirs.

Attention: Prenez des notes. Vous voudrez peut-être vous en servir en préparant votre prochain devoir écrit.

PP. Vous avez bien compris? Comparez les notes que vous avez prises au cours de l'interview avec celles de quelques camarades de classe pour vérifier que vous avez bien compris les réponses aux questions.

⊙ Do *A faire! (3-7)* on page 138 of the **Manuel de préparation**.

Deuxième *partie*

Chapitre 4
On décrit

Chapitre 5
On discute

Chapitre 6
On raconte

Chapitre 4

On décrit

Objectives

In this chapter, you will learn to:

■ describe people (physical and character description);

■ talk and write about people's professions;

■ discuss instances of crime and violence among young people;

■ use the infinitive and the subjunctive to express necessity, volition, and emotion.

Chapter Support Materials (Student)
MP: pp. 149–167
Audio: CD2, Tracks 31–37

SOMMAIRE

- **Portrait:** Meiji U Tum'si
- **Pour communiquer:** Décrire les personnes (le physique et le caractère)
- **Reportage:** Fille ou garçon: Tous les métiers sont permis!
- **Fonction:** Comment exprimer la nécessité et la volonté (l'emploi du subjonctif)
- **Reportage:** Les jeunes de Casablanca
- **Fonction:** Comment exprimer l'émotion (l'emploi de l'infinitif et du subjonctif—présent et passé)
- **Portrait:** «Oui, à 17 ans, je suis en prison.»

Portrait
Meiji U Tum'si

Dans ce chapitre, vous allez apprendre à faire des descriptions. Un texte descriptif nous permet de préciser les aspects principaux des animaux, des personnes, des endroits et des choses. Ces **traits principaux**, soutenus par des **détails**, permettent de reconnaître ce qui est décrit. Le portrait d'une personne ou d'un animal est une description des traits physiques (apparence générale, visage, vêtements) et de l'aspect moral (caractère, intérêts, goûts, préférences, talents, intelligence, connaissances, rapport avec les autres, etc.). Faire une description, c'est une façon de mieux connaître ce qui est décrit.

Meiji Express

1974: naissance à Brazzaville (Congo)

1981: quitte le Congo pour la France

1992–94: cours d'art dramatique à Paris

1994: interprète son premier grand rôle au théâtre

1998: écrit et met en scène *La Malédiction de la Tchikumbi*

1999: obtient le rôle principal du film de Melvin Van Peebles, *Le Conte du ventre plein*

2001: tournage du film *Tribu* de Balufu Bakaupa Kanyinda

Lisez!

Vous ne la connaissez pas encore? Ça ne saurait tarder... Meiji U Tum'si fait beaucoup parler d'elle. Son visage rayonnant, son talent et son dynamisme en font une des jeunes actrices africaines les plus en vue.

Elle porte son nom à merveille. Meiji signifie «la lumière» en japonais, et U Tum'si «celle qui triomphera» en vili (une langue du Congo). Radieuse et fonceuse, elle est en train de gagner le plus improbable des défis: se faire un nom dans le monde sans pitié du cinéma et du théâtre. Pourtant, rien n'était gagné d'avance pour Meiji. Née à Brazzaville, elle quitte le Congo avec ses parents à l'âge de sept ans, pour s'installer en France, à Epinay, dans la région parisienne. Têtue, elle décide de réaliser son rêve: jouer la comédie. L'an dernier, elle crève l'écran dans le film du célèbre réalisateur afro-américain Melvin Van Peebles *Le Conte du ventre plein* (*A Belly Full,* 1999).

DÉBUTS

J'ai toujours été une rêveuse. Enfant, j'étais fanatique des histoires qu'on me racontait. A 14–15 ans, je m'enfermais dans la salle de bains et j'imitais devant le miroir des personnages de films que j'avais vus au cinéma ou à la télévision. J'aimais voir mon visage se déformer, prendre des émotions différentes... Puis, j'ai eu comme prof de français un ancien acteur qui nous apprenait à travailler notre voix, notre respiration. Vers 18 ans, j'ai décidé de devenir comédienne professionnelle.

PARENTS

Bien sûr, mes parents ont eu peur pour mon avenir. Ils étaient conscients que ce métier était très difficile et voulaient me protéger. Ils me disaient: «N'oublie pas que tu es en France, il n'y a pas de rôles pour les Noires ou alors des rôles de boniches.» Je rétorquais: «Pas grave, je m'écrirai des rôles de princesse.» [...]

INDÉPENDANCE

Après mon bac, je me suis inscrite au cours d'art dramatique Florent à Paris. A 20 ans, j'ai quitté mes parents et Epinay-sur-Seine pour une chambre de bonne à Paris. Le soir, je faisais des baby-sittings, le matin, des ménages. Tout ça pour pouvoir continuer le théâtre. Je n'avais pas le droit de me plaindre. Je m'étais mise toute seule dans une situation de danger et je devais réussir.

CINÉMA

En me donnant le rôle principal dans *Le Conte du ventre plein*, Melvin Van Peebles a été la gentille fée de ma vie. Il m'a fait exister sur le devant de la scène et m'a beaucoup appris. Un tournage de cinéma, c'est impressionnant car il y a toujours beaucoup de gens, de techniciens. [...]

U TUM'SI CRÉATION

En 1995, j'ai créé mon association U Tum'si Création... Ma structure me permet de développer mes projets personnels. J'écris des pièces avec des rôles comme je les aime puis je les mets en scène. Je me débrouille pour trouver des subventions. Ça me permet de toujours travailler sur des choses qui m'intéressent car les rôles qu'on me propose ne sont pas toujours très excitants.

PHILOSOPHIE

Ce qui m'arrive est rigolo, excitant, mais en fait c'est une suite logique car, dans tout ce que je fais, j'ai toujours croqué la vie à pleines dents. Que ce soit dans le théâtre ou le soutien scolaire que je donnais à des enfants d'Epinay... C'est ça le moteur de ma vie. [...] J'existe par moi-même et non à travers qui que ce soit. J'ai notamment des projets au Congo. Et je suis décidée à me battre pour arriver à faire ce que je veux.

Source: *Planète jeunes*, no. 52, août–septembre 2001.

Ça ne saurait tarder... It won't be long...	**comédienne professionnelle** actress
rayonnant shining	**boniches** maids
lumière light	**chambre de bonne** small room (literally, maid's room)
fonceuse go-getter	
défis challenges	**je faisais... des ménages** did house cleaning
rien n'était gagné d'avance nothing came easily	**me plaindre** to complain
	la gentille fée the good fairy
Têtue Stubborn	**tournage de cinéma** film shoot
réaliser son rêve to realize (fulfill) her dream	**je les mets en scène** I produce them (film)
jouer la comédie to act (in a film, on the stage)	**Je me débrouille** I manage
elle crève l'écran breaks into film	**subventions** financial support (grants, subsidies)
Le Conte du ventre plein A Belly Full (1999)	**rigolo** funny, amusing
rêveuse dreamer	**j'ai toujours croqué la vie à pleines dents** I've always approached life with gusto
personnages characters	
visage face	**à travers** through
ancien acteur former actor	**qui que ce soit** anyone else
voix voice	**battre** to fight

A. Vous avez compris? Lesquels des adjectifs suivants décrivent le mieux Meiji U Tum'si? Trouvez des exemples (des idées) dans le texte pour justifier chaque adjectif que vous choisissez.

âgée / ambitieuse / audacieuse / belle / célèbre / conformiste / courageuse / cynique / dynamique / énergique / généreuse / gentille / heureuse / indépendante / jeune / matérialiste / mince / optimiste / paresseuse (fainéante) / pessimiste / petite / résolue / rêveuse / sérieuse / sympathique / têtue *(stubborn)* / timide / travailleuse / triste

Pour communiquer

Un petit truc

Les caractéristiques physiques

- **être** + adjective
  Elle est grande et mince.

- with the preposition **à**
  J'ai vu un vieux monsieur au dos courbé.

- **avoir** + definite article **(le, la, l', les)** + part of the body + adjective
  Il a les yeux (les cheveux) bruns.

- **avoir** + indefinite article **(un, une, des)** + adjective that precedes nouns + part of the body
  Elle a un petit nez.
  Il a des grosses lèvres.

- **avoir** + indefinite article + part of body not common to everyone
  Il a une moustache noire.
  Il a une longue barbe.

2.2 pounds (lbs) = 1 kilogramme (1 kg)

1 foot = *12 inches* = 30,48 centimètres;
1 inch = 2,54 centimètres

Pour mieux vous exprimer

Décrire les personnes (les caractéristiques physiques)

- apparence générale

  il est beau *(handsome)*, elle est belle (jolie)
  il/elle est bronzé(e) *(tanned)*
  il/elle est pâle
  il/elle porte des lunettes *(glasses)*
  il/elle a des taches de rousseur *(freckles)*

- l'âge

  il/elle est jeune (d'un certain âge, assez âgé[e], vieux [vieille])
  c'est...   un(e) enfant
              une jeune personne (un jeune garçon, une jeune fille, un[e]
                  adolescent[e], un[e] ado)
              un homme/une femme d'un certain âge
              une personne âgée (un vieillard, une vieille femme)

- la taille et le poids

  il/elle est...   grand(e) (petit[e], de taille moyenne)
                    mince (svelte, maigre, costaud, gros[se])
  il/elle pèse (fait) 64,5 kilos *(142 lbs)*
  il/elle mesure (fait) 1,71 mètre

- le visage

  il/elle a le visage rond (long, ovale, carré *[square]*)

- les yeux

  il/elle a les yeux bleus (marron, verts, noirs)

- le nez

  il/elle a le nez droit (aquilin *[curved]*, pointu, retroussé *[turned up]*)

- la bouche

  il/elle a une grande (petite) bouche

- les lèvres *(lips)*

  il/elle a...   les lèvres fines *(thin)*
                  des grosses *(thick, full)* lèvres

- les cheveux

  il/elle a les cheveux noirs (bruns, châtains *[chestnut]*, blonds, gris, blancs,
      roux *[red, auburn]*)
  il/elle a les cheveux longs (courts, raides *[straight]*, ondulés *[wavy]*, frisés
      [curly], crépus *[frizzy]*, en brosse *[crew-cut]*, en queue de cheval *[ponytail]*)

B. Des cartes d'identité. Faites la description des personnes suivantes selon ce qui est indiqué sur leur carte d'identité.

1.

   Nom de famille: Zubig
   Prénom: Annelore
   Nationalité: française
   Date de naissance: 19 mars 1984
   Taille: 1,71 m
   Poids: 46 kg
   Yeux: bleus
   Cheveux: châtains

2.

   Nom de famille: Ngohe
   Prénom: Sicap
   Nationalité: sénégalaise
   Date de naissance: 15 janvier 1972
   Taille: 1,60 m
   Poids: 70 kg
   Yeux: bruns
   Cheveux: noirs

3.

   Nom de famille: Konaté
   Prénom: Anne
   Nationalité: canadienne
   Date de naissance: 30 septembre 1989
   Taille: 1,37 m
   Poids: 44,5 kg
   Yeux: noirs
   Cheveux: noirs

4.

   Nom de famille: Beauchamp
   Prénom: Matthieu
   Nationalité: suisse
   Date de naissance: 17 juillet 1944
   Taille: 1,90 m
   Poids: 73 kg
   Yeux: marron
   Cheveux: gris

5.

   Nom de famille: Kolber
   Prénom: Célia
   Nationalité: française
   Date de naissance: 23 novembre 1973
   Taille: 1,63 m
   Poids: 68 kg
   Yeux: verts
   Cheveux: roux

6.

   Nom de famille: Matsukata
   Prénom: Sanjo
   Nationalité: belge
   Date de naissance: 22 août 1991
   Taille: 1,22 m
   Poids: 48 kg
   Yeux: noirs
   Cheveux: bruns

C. Une personne que je connais. Faites une description physique détaillée de quelqu'un que vous connaissez bien. N'oubliez pas de faire les conversions au système métrique pour la taille et le poids approximatifs de cette personne.

Pour mieux vous exprimer

Pour décrire les personnes (le caractère)

aimable, agréable, gentil(le), sympathique, charmant(e)	méchant(e), désagréable
décontracté(e)	stressé(e)
marrant(e), amusant(e), drôle	timide
intelligent(e), intellectuel(le), doué(e)	nul(le)
dynamique, énergique, actif(ve), sportif(ve)	passif(ve), paresseux(se)
optimiste	pessimiste
généreux(se)	radin *(inv.)* *(stingy)*, prudent(e)
original(e) *(eccentric)*	conservateur(trice), traditionnel(le), ordinaire
discret(ète)	indiscret(ète)
travailleur(se)	paresseux(se)
bien organisé(e), efficace	mal organisé(e)
souriant(e), heureux(se)	maussade *(sullen)*, grincheux(se) *(grumpy)*
ambitieux(se), audacieux(se)	timide, hésitant(e)
modeste	égoïste, prétentieux(se)
honnête, sincère	malhonnête, hypocrite
sérieux(se)	frivole
patient(e)	impatient(e)
sage *(well-behaved)*, bien élevé(e)	mal élevé(e)
bavard(e) *(talkative)*	timide, silencieux(se)
calme	nerveux(se)
poli(e)	impoli(e), vulgaire, grossier(ère)
sentimental(e)	indifférent(e), froid(e)
raisonnable	têtu(e) *(stubborn)*

On peut qualifier ces adjectifs en utilisant les expressions suivantes:

toujours, souvent, d'habitude
quelquefois, de temps en temps
rarement, ne... pas, ne... jamais
très, trop, assez, plutôt *(rather)*, un peu

D. Les signes du Zodiaque. Lisez la description de votre signe du Zodiaque. Ensuite expliquez à votre camarade de classe quels adjectifs correspondent à votre personnalité (donnez des exemples) et quels adjectifs ne correspondent pas du tout à votre personnalité (donnez des exemples).

Modèle: Je suis née le 12 juin. Mon signe, c'est donc Gémeaux.

> *Il est vrai que je suis très enthousiaste et énergique. Par exemple, je participe à beaucoup de clubs à l'université, je travaille, j'adore aller à des fêtes. Je suis très active et je ne suis jamais fatiguée, etc.*

> *Mais je ne suis pas impatiente. Au contraire, je trouve que je suis très patiente, surtout avec mes amis. Je ne m'irrite pas facilement, j'écoute les autres et j'adore jouer avec les enfants, etc.*

Un petit truc

Décrire les personnes (caractère)

- avec le verbe **être**
  Il/Elle est (très, assez, plutôt, etc.) + adjectif
- avec le verbe **avoir**
  avoir de l'esprit *(to be witty, intelligent)*
  avoir de l'imagination
  avoir de la volonté *(to have will power)*
  avoir du cœur *(to be kindhearted)*
  avoir un faible pour... *(to have a weakness for . . .)*
  avoir du culot *(to have a lot of nerve)*
  avoir l'esprit ouvert *(to be open-minded)*
  avoir (un sens) de l'humour
  avoir du tact
  avoir du charme
  avoir l'air + adjectif *(to look + adjective, to seem + adjective)*
- avec le verbe **trouver**
  Je le/la **trouve** (un peu) froid(e).
- avec **quelqu'un** *(someone)* + adjectif
  C'est **quelqu'un qui est** très sympa.
  He's/She's someone who is very nice.
  C'est **quelqu'un de** très sympa.
  He's/She's someone very nice.
- avec **quelqu'un qui** + noun
  C'est **quelqu'un qui a** l'esprit ouvert.
  He's/She's someone who is open-minded.
  C'est **quelqu'un qui a** beaucoup de tact.
  He's/She's someone who has a lot of tact.

Bélier (21 mars–20 avril): énergique, impulsif(ve), enthousiaste, optimiste, ambitieux(se), intellectuel(le), quelquefois un peu timide, vif(ve) *(lively)*, bien organisé(e), généreux(se), impatient(e), têtu(e), actif(ve), sportif(ve), hypocrite, égoïste, charmant(e), persévérant(e)

Métiers: Des postes de responsabilité et d'autorité, professeur, conseiller(ère), agent de voyage, homme/femme politique

 Taureau (21 avril–21 mai): têtu(e), systématique, efficace, bon cœur, stable, calme, organisé(e), patient(e), prudent(e), honnête, bon sens de l'humour, sympathique, égoïste, paresseux(se), matérialiste, fidèle *(faithful)*, doué(e) en musique ou en art, sentimental(e), jaloux(se)

Métiers: entrepreneur, homme/femme politique, service public, cultivateur

 Gémeaux (22 mai–21 juin): malin (maligne) *(clever)*, enthousiaste, énergique, intellectuel(le), impatient(e), charmant(e), intense, changeant(e), travailleur(se), généreux(se), quelquefois égoïste, nerveux(se), indécis(e), sociable, quelquefois trop sérieux(se)

Métiers: professeur, chercheur(euse), écrivain/femme écrivain, artiste, acteur/actrice, musicien(ne), chef de cuisine

 Cancer (22 juin–22 juillet): sensible *(sensitive)*, tenace *(tenacious)*, patient(e), sympathique, facilement influencé(e), changeant(e), intense, dramatique, fidèle, aimable, sentimental(e), un peu timide, fier(ère) *(proud)*, souvent malheureux(se)

Métiers: professeur, rédacteur(trice), écrivain/femme écrivain, vedette

 Lion (23 juillet–23 août): fier(ère), énergique, autoritaire, courageux(se), compliqué(e), quelquefois désagréable, méthodique, ambitieux(se), se sent supérieur aux autres, forte personnalité, sincère

Métiers: jobs dans les affaires (le commerce), patron(ne) d'une grande entreprise, militaire

 Vierge (24 août–23 septembre): travailleur(se), intelligent(e), organisé(e), méthodique, aime les détails, pratique, impatient(e), sérieux(se), efficace, prudent(e), quelquefois égoïste, plutôt pessimiste, facilement irrité(e)

Métiers: gérant(e), patron(ne) d'une entreprise, secrétaire, secteur tertiaire (services), historien(ne) d'art, critique littéraire, couturier(ère), infirmier(ère), agent de police

 Balance (24 septembre–23 octobre): honorable, équilibré(e), aimable, gentil(le), vif(ve) *(lively)*, créatif(ve), décontracté(e), patient(e), ordinaire, beaucoup de tact, diplomatique, compliqué(e), perfectionniste, charmant(e), honnête

Métiers: gérant(e), homme/femme politique, diplomate, détaillant(e), agent immobilier, postier(ère)

 Scorpion (24 octobre–22 novembre): énergique, indépendant(e), passionné(e), décidé(e), têtu(e), généreux(se), calme, intuitif(ve), intense, froid(e), réservé(e), difficile, fort, efficace, un peu sévère, privé(e)

Métiers: médecin, dentiste, psychiatre, psychologue, infirmier(ère), homme/femme politique, homme/femme scientifique

Sagittaire (23 novembre–21 décembre): impulsif(ve), impatient(e), généreux(se), curieux(se), aime la nature, sportif(ve), intellectuel(le), pas sentimental(e), un peu froid(e), honnête, franc(he), sincère, prudent(e), dominé(e) par la raison, peut être sarcastique

Métiers: conseiller(ère), explorateur(trice), chercheur(euse), professeur, avocat(e), juge/femme juge, journaliste

 Capricorne (22 décembre–20 janvier): ambitieux(se), persévérant(e), diplomatique, réservé(e), traditionnel(le), sérieux(se), s'adapte facilement, travailleur(se), pas très aventureux(se), beaucoup de tact, quelquefois malhonnête, peut être cruel(le)

Métiers: homme/femme scientifique, diplomate, professeur d'histoire, homme/femme politique, philosophe, administration d'hôpitaux

 Verseau (21 janvier–19 février): honnête, l'esprit ouvert, aimable, sociable, aimé(e) des autres, innovateur(trice), patient(e), indécis(e), pas de sens commun, manque d'imagination *(lack of imagination),* manque de tact et de courage, gentil(le), manque de discipline

Métiers: homme/femme scientifique, chercheur(euse), avocat(e), juge/femme juge, bibliothécaire, écrivain/femme écrivain

 Poissons (20 février–20 mars): gentil(le), calme, privé(e), sensible *(sensitive),* un peu mélancolique, pas du tout ambitieux(se), pas du tout matérialiste, indifférent(e), rêveur(se) *(dreamer),* pas très sociable, solitaire, silencieux(se), content(e), poétique, pas très indépendant(e), pas très responsable, timide

Métiers: poète, artiste, musicien(ne), compositeur, écrivain/femme écrivain, acteur(trice), militaire, professeur, fonctionnaire

E. Des comparaisons. Faites des comparaisons entre vous et une autre personne (membre de la famille, ami[e], collègue, etc.). Utilisez autant d'adjectifs que possible.

Modèle: *Ma sœur et moi, nous sommes pareils et différents.*
Nous sommes tous les deux assez optimistes. Nous sommes donc assez heureux et positifs. Mais ma sœur s'irrite plus facilement que moi et elle est plus enthousiaste et passionnée. Moi, je suis plutôt calme et un peu timide, etc.

F. Meiji U Tum'si. En vous inspirant du portrait aux pages 132 et 133 et en utilisant des expressions de **Pour mieux vous exprimer** à la page 136, faites une description de Meiji U Tum'si.

G. Des petites descriptions. Pensez à un(e) camarade de classe sans regarder cette personne. Faites une description de cette personne (description physique et traits de caractère). Votre partenaire vous posera des questions supplémentaires pour essayer de deviner *(guess)* à qui vous pensez.

Do *A faire! (4-1)* on page 144 of the **Manuel de préparation**.

Reportage
Fille ou garçon: Tous les métiers sont permis!

Dans cette partie, vous allez considérer les métiers et les professions. En lisant et en entendant des témoignages des personnes qui décrivent leur métier, vous apprendrez à parler du travail que vous avez actuellement ou que vous aimeriez faire dans l'avenir. Chaque profession ou métier demande souvent une formation précise et, évidemment, un certain talent. Le métier que nous choisissons dépend de notre personnalité, de nos intérêts et de nos ambitions. Nous avons tous une définition différente de la «réussite» et du «bonheur», mais une chose est sûre: le métier que nous choisissons joue un rôle important dans notre vie.

«Moi, Margot, je conduis les trains»

Pour sortir du train-train quotidien, Margot a choisi la SNCF. Les trains, c'est elle qui les conduit. Dans cet univers, 99 conducteurs sur 100 sont des hommes! [...] Alors, à son arrivée, *«certains conducteurs ont demandé ce qu'une femme pouvait bien faire aux commandes»*, se souvient-elle. Réponse: la même chose qu'un homme puisqu'elle passe le même concours! Pour Margot, il n'y a pas une manière féminine de conduire un train. Dans tous les cas, il faut un sens rigoureux des responsabilités, respecter parfaitement les règles de sécurité et savoir faire face à l'imprévu. *Moi, je sais déjà conduire cinq locos. Il m'en reste une sixième à découvrir.»* C'est ce qui compte pour Margot, que les TGV n'intéressent pas vraiment: *«c'est trop automatisé, explique-t-elle. De toute façon, pour y parvenir, il faut avoir au moins dix ans de conduite. Ce n'est donc plus qu'une question de temps avant qu'une femme conduise un TGV!»*

«Moi, Gilbert, secrétaire de direction»

A 12 ans, Gilbert rêvait de conduire une locomotive à vapeur. Aujourd'hui, il travaille dans une prestigieuse école d'ingénieurs parisienne. [...] Gilbert supervise quatre secrétaires (femmes), filtre les appels, prend les rendez-vous du directeur, organise ses voyages et son emploi du temps, le tout pour un salaire de 2 135 euros par mois. Gilbert était le seul garçon de sa promotion à passer un BTS de secrétariat de direction. Il pense avoir toutes les qualités pour être un super-secrétaire: ordre, sens de la communication et bonne culture générale. *«Etre un homme secrétaire, ça change pas grand-chose»*, assure-t-il. Alors pourquoi y a-t-il si peu de garçons dans la profession? *«Les hommes sont ambitieux et pensent ne pas pouvoir évoluer dans ce métier. C'est faux!* [...]

En 2001, on comptait 113 femmes conductrices sur 18 000 agents de conduite (soit 0,62%). Une nette augmentation puisqu'il n'y en avait aucune en 1991! Cette année, il y a 661 garçons et 54 filles (8%) en BTS Contrôle industriel et systèmes automatisés.

En 1999 on comptait 800 000 secrétaires dont 15 000 hommes soit 1,8%. Cette année (2002), dans les formations au métier d'assistant de direction (2 ans après le bac) il y a 2 hommes pour 100 femmes. Et au lycée, en terminale STT (secrétariat administration) il y a 15 garçons pour 100 filles.

* En France, il n'y a plus qu'un seul métier interdit aux femmes: travailler à bord d'un sous-marin. Tous les autres métiers leur sont ouverts.
* De nombreux métiers restent sans raison très masculins: les garagistes mécaniciens: 2 817 femmes et 148 816 hommes; la boulangerie: 8 185 femmes et 37 977 hommes; la boucherie: 1 150 femmes et 7 177 hommes; la maçonnerie: 1 656 femmes et 7 612 hommes. [...]
* D'autres métiers sont aussi sans raison «archi» féminins: celui de sage-femme (99,44% de femmes), d'assistante-maternelle (99,8%), [...] de secrétaire (98,69%) et de manucure (98,63%).

Source: *Okapi*, no. 711, février 2002, pp. 13, 15.

train-train quotidien daily humdrum routine
SNCF (Société Nationale des Chemins de Fer) French National Railway
conduit conducts (drives)
conducteurs train conductors
aux commandes at the (train) controls
concours competitive exam
faire face à l'imprévu to handle the unexpected
locos abbr. for **locomotives**
TGV (Trains à grande vitesse) French high-speed trains
pour y parvenir to get to that point

sage-femme midwife
secrétaire de direction administrative assistant
filtre les appels screens the calls
évoluer advance
bac (baccalauréat) competitive exams, with diploma, at the end of secondary school; approximately equivalent to 2 years of U.S. college general education
STT (Sciences et Technologies Tertiaires) Science and Technology in Service Industry
interdit forbidden, closed to
à bord d'un sous-marin aboard a submarine

H. Vrai/Faux. Après avoir lu le *Reportage* sur les métiers, décidez si les constatations suivantes sont vraies ou fausses. Si elles sont vraies, donnez des détails pour les justifier. Si elles sont fausses, corrigez-les.

1. Il y a plus de femmes que d'hommes qui conduisent les trains.
2. Selon Margot, il n'y a pas une manière féminine de conduire un train.
3. Il faut six ans d'expérience avant de pouvoir conduire un TGV (Train à grande vitesse).
4. Le nombre de femmes conductrices a nettement augmenté depuis 1991.
5. En France, les femmes ne peuvent pas travailler à bord d'un sous-marin.
6. En France, les hommes ne peuvent pas être sages-femmes.
7. En France, être secrétaire continue à être surtout un métier «archi» féminin.
8. Un(e) «secrétaire de direction» est plutôt un(e) assistant(e) d'un(e) patron(ne).
9. En France, on n'a pas besoin de diplôme pour être secrétaire de direction.
10. Il y a autant de boulangères que de boulangers en France.

I. «Archi» masculin ou «archi» féminin? Regardez la liste de métiers et de professions ci-dessous. Choisissez dix métiers et décidez si, dans notre société, c'est un job surtout masculin ou surtout féminin.

Modèles: être pompier

Autrefois, être pompier était un métier d'homme. Mais aujourd'hui, on voit aussi des femmes pompiers. Mais, en général, ça continue à être un métier archi masculin.

être agent immobilier

C'est un métier pour hommes et pour femmes. C'est-à-dire, il n'est ni archi masculin ni archi féminin. Il y a beaucoup de femmes qui ont le métier d'agent immobilier.

Métiers et professions

un acteur / une actrice
un agent de change *(stockbroker)*
un agent de conduite *(train conductor)*
un agent de voyage
un agent immobilier *(real estate agent)*
un agriculteur / une agricultrice (un cultivateur / une cultivatrice, un fermier / une fermière)
un(e) anthropologue
un(e) apprenti(e) *(apprentice)*
un(e) artisan(e)
un(e) artiste, un peintre / une femme peintre)
un(e) assistant(e) de direction *(administrative assistant)*
un(e) astronaute
un(e) avocat(e) *(lawyer, attorney)*
un banquier / une banquière *(banker)*
un(e) bibliothécaire *(librarian)*
un cadre *(manager, executive)*
un cadre supérieur *(high-level executive)*
un caissier / une caissière *(cashier, bank teller)*
un chanteur / une chanteuse
un chargeur *(shipper)*
un chauffeur *(driver)*
un chef de cuisine
un chercheur / une chercheuse *(researcher)*
un(e) cinéaste *(filmmaker)*
un(e) commerçant(e) *(merchant or traveling salesperson)*
un compositeur / une compositrice
un(e) comptable *(accountant)*
un(e) concessionnaire *(car dealer)*
un conducteur / une conductrice *(train conductor)*
un conseiller / une conseillère *(counselor, advisor)*

un contremaître *(foreman)*
un courtier / une courtière *(stockbroker)*
un couturier / une couturière *(fashion designer)*
un(e) dactylo *(typist)*
un(e) dentiste
un(e) détaillant(e) *(retailer)*
un éboueur *(garbage collector)*
un écrivain / une femme écrivain *(writer)*
un(e) employé(e)
un(e) employé(e) de bureau *(office worker, clerical personnel)*
un(e) employé(e) de maison *(housekeeper)*
un employeur / une employeuse
un(e) fabricant(e) *(manufacturer)*
un facteur / une factrice *(mail carrier)*
un facturier / une facturière *(billing clerk)*
un(e) fonctionnaire *(civil servant, government employee)*
un fournisseur *(supplier)*
un(e) garagiste mécanicien(ne) *(mechanic)*
un(e) gérant(e) *(manager)*
un(e) grossiste *(wholesaler)*
un(e) historien(ne)
un homme politique / une femme politique *(politician)*
un infirmier / une infirmière *(hospital nurse)*
un(e) informaticien(ne) *(computer expert)*
un ingénieur / une femme ingénieur
un(e) journaliste
un juge / une femme juge
un livreur *(delivery person)*
un médecin / une femme médecin

un(e) militaire, un soldat
un(e) musicien(ne)
un ouvrier / une ouvrière *(blue-collar worker, laborer)*
un(e) patron(ne) *(boss)*
un(e) pharmacien(ne)
un(e) pilote
un poète / une femme poète
un policier / une femme policier, un agent de police
un pompier *(firefighter)*
un postier / une postière *(postal worker)*
un professeur
un programmeur / une programmeuse
un(e) propriétaire *(owner)*
un(e) psychiatre

un(e) psychologue
un rédacteur / une rédactrice *(book or magazine editor)*
une sage-femme *(midwife)*
un scientifique / une femme scientifique *(scientist)*
un(e) secrétaire
un(e) sociologue
un travailleur (une travailleuse) à la chaîne *(assembly-line worker)*
une vedette, une star *(star, famous entertainer)*
un vendeur / une vendeuse *(salesperson)*
un viticulteur / une viticultrice *(wine producer)*

Discutez!

J. Caractère et métier. Choisissez quelqu'un que vous connaissez bien. Décrivez le caractère de cette personne et indiquez pourquoi son métier est parfait pour lui/elle. Si vous connaissez quelqu'un qui a un métier non traditionnel, vous pouvez expliquer pourquoi le métier correspond bien à sa personnalité. Votre partenaire va vous poser des questions pour obtenir des précisions.

Modèle: *Ma sœur est pompier et elle adore son job. Elle veut aider les gens, elle a beaucoup de courage, elle est très sportive et forte, elle aime la camaraderie avec ses collègues et elle n'a pas peur des dangers de son métier. Pour elle, être pompier est un métier très satisfaisant et jamais ennuyeux. Ses traits de caractère sont parfaits pour les responsabilités qu'elle a dans son job.*

Ecoutez!

K. Pré-écoute: A vous d'abord! Posez les questions suivantes à vos camarades de classe afin de vous renseigner sur le travail qu'ils font, ont fait ou comptent faire un jour. Si vous ne connaissez pas le mot juste pour un certain métier, consultez la liste ci-dessus ou essayez de décrire le métier en termes généraux.

Vocabulaire pour la discussion

un job (un poste, un travail, un emploi) / faire du baby-sitting; un(e) assistant(e) / un(e) aide / un stage *(internship)* / un serveur/une serveuse *(waiter, waitress)* / travailler à (pour, dans, chez, avec) / un salaire bas (assez élevé, médiocre, suffisant) / un travail à plein temps *(full-time job)* / un travail à temps partiel (à mi-temps) *(part-time job)*

1. Est-ce que tu as déjà eu un travail? Lequel?
2. Est-ce que tu as aimé ce travail? Pourquoi? Pourquoi pas?
3. Qu'est-ce que tu as appris dans ce travail?
4. Quels étaient (sont) les avantages et les inconvénients de ton travail?
5. Si tu n'as jamais travaillé, qu'est-ce que tu aimerais faire un jour? Pourquoi?

L. De qui s'agit-il? Ecoutez chaque personne parler de son métier. Ensuite lisez les phrases et décidez de quelle personne il s'agit.

 Audio: CD2, Tracks 31–34

Vocabulaire utile

Dinan *(small town in Brittany)*, **prêts** *(lending)*, **lecteurs** *(readers)*, **des commandes d'ouvrages** *(book orders)*, **classe** *(classify)*, **range** *(put them on shelves)*, **traire les vaches** *(to milk the cows)*, **les emmener aux champs** *(take them out to the fields)*, **terre** *(land)*, **blé** *(wheat)*, **betteraves** *(beets)*, **maintenir en état le tracteur** *(to keep the tractor running)*

Valérie Ecobichon
Saint-Maudez, France

Vocabulaire utile

FNAC *(chain of stores in France that sells books, CDs, DVDs, etc.)*, **un peu de tout** *(a little of everything)*, **clients** *(customers)*, **caisse** *(cash register)*, **fréquentent** *(come regularly to)*, **commandes** *(orders)*, **y compris** *(including)*, **insupportable** *(unbearable)*, **à part ça** *(besides that)*, **mon travail me plaît** *(I like my work)*, **horaire** *(schedule)*, **me convient** *(suits me)*, **souple** *(flexible)*

Hélène Perrine
Marseille, France

Vocabulaire utile

au chômage *(unemployed)*, **Malheureusement** *(Unfortunately)*, **licenciement économique** *(layoff for financial reasons)*, **a touché** *(affected)*, **cadres** *(managers)*, **médicaments** *(medicines)*, **disponibles** *(available)*, **patron** *(boss)*, **attendait** *(expected)*

Habib Smar
Marseille, France

Vocabulaire utile

ne s'entendent pas *(don't get along)*, **d'équipe** *(team)*, **j'interviens** *(I intervene)*, **cardiologue** *(cardiologist, heart specialist)*, **la recherche** *(research)*, **médicaments** *(medications)*, **crises cardiaques** *(heart attacks)*

Sophie Everaert
Bruxelles, Belgique

---

1. faire de la recherche
2. avoir un horaire souple
3. être au chômage
4. être bibliothécaire
5. être cardiologue
6. être agriculteurs
7. être divorcée avec deux enfants
8. chercher une situation dans un bureau
9. être psychologue
10. avoir plus de temps avec sa famille
11. cultiver des pommes de terre
12. travailler à la Fnac

a. Valérie Ecobichon
b. les parents de Valérie Ecobichon
c. Hélène Perrine
d. Habib Smar
e. Sophie Everaert
f. le mari de Sophie Everaert

M. Métiers et professions. Utilisez les indications données, et suivez le modèle pour parler du métier des personnes suivantes.

Vocabulaire pour la discussion

Lieux de travail	Verbes
une agence	être dans (la vente, les achats,
un atelier *(workshop)*	l'informatique, les affaires,
un bureau *(office)*	l'agriculture, la chimie, etc.)
un cabinet d'affaires *(business*	travailler pour + *nom de l'em-*
office)	*ployeur ou de l'entreprise*
un chantier *(construction site)*	trouver son travail...
une compagnie	embêtant *(bothersome)*
une entreprise *(company, busi-*	ennuyeux
ness)	fascinant
une société *(company, business)*	intéressant
une usine *(factory)*	passionnant *(exciting)*
	stressant

	Gilbert	Olivier	Géraldine	Sarah
■	secrétaire de direction	agent de police	infirmière	avocate
■	école d'ingénieurs	ville de Lyon	Hôpital St-Jean	firme belge
■	3 ans	10 ans	25 ans	10 ans
■	bureau	commissariat de police	hôpital	bureau
■	filtrer les appels prendre les rendez-vous organiser des voyages	parler aux victimes interroger les criminels écrire des rapports	administrer des médicaments parler aux patients prendre la tempé-rature des patients	parler aux clients préparer des contrats défendre sa firme
■	intéressant	stressant	passionnant	fascinant

1. Que fait Gilbert?
   Il est secrétaire de direction.
   Et que fait Olivier? Et Géraldine? Et Sarah?
2. Pour qui est-ce qu'il travaille?
   Il travaille pour une école d'ingénieurs.
   Et Olivier? Et Géraldine? Et Sarah?
3. Depuis combien de temps est-ce qu'il y travaille?
   Il y travaille depuis trois ans.
   Et Olivier? Et Géraldine? Et Sarah?
4. Où est-ce qu'il travaille?
   Il travaille dans un bureau.
   Et Olivier? Et Géraldine? Et Sarah?
5. Qu'est-ce qu'il fait?
   Son job, c'est de filtrer les appels, prendre les rendez-vous et organiser des voyages.
   Et Olivier? Et Géraldine? Et Sarah?
6. Est-ce qu'il aime son travail?
   Oui, il le trouve intéressant.
   Et Olivier? Et Géraldine? Et Sarah?

N. Je connais quelqu'un qui est... Pensez à quelqu'un que vous connaissez bien et décrivez le travail qu'il/elle fait. Que fait cette personne? Depuis combien de temps? Pour qui est-ce qu'elle travaille et où? Qu'est-ce qu'elle fait dans son job (activités)? Est-ce qu'elle aime son travail? Pourquoi? Pourquoi pas?

Do **A faire! (4-2)** on page 148 of the **Manuel de préparation**.

Fonction
Comment exprimer la nécessité et la volonté

L'emploi du subjonctif

1. L'INFINITIF ET LE SUBJONCTIF AVEC LES EXPRESSIONS DE NÉCESSITÉ

Il faut **attendre**.
Il est nécessaire de **faire** attention.

Il faut que **tu attendes**.
Il est nécessaire que **vous fassiez** attention.

Il est important d'**étudier**.
Il vaut mieux **partir**.

Il est important que **nous étudiions**.
Il vaut mieux qu'**ils partent**.

2. L'INFINITIF ET LE SUBJONCTIF AVEC LES VERBES VOULOIR ET PRÉFÉRER

Je veux le **faire** moi-même.
Ils préfèrent **rester** à la maison.

Je veux que **tu le fasses**.
Ils préfèrent que **vous restiez** à la maison.

3. LE PRÉSENT DU SUBJONCTIF (CONJUGAISON)

Terminaisons: -e, -es, -e, -ions, -iez, -ent

Verbes en -**er**, -**ir**, -**re**

	trouver	finir	vendre
il faut que...	je trouve	je finisse	je vende
	tu trouves	tu finisses	tu vendes
	il/elle/on trouve	il/elle on finisse	il/elle on vende
	nous trouvions	nous finissions	nous vendions
	vous trouviez	vous finissiez	vous vendiez
	ils/elles trouvent	ils/elles finissent	ils/elles vendent

Verbes irréguliers

aller: (que) j'aille, tu ailles, il/elle/on aille, nous allions, vous alliez, ils/elles aillent

avoir: (que) j'aie, tu aies, il/elle/on ait, nous ayons, vous ayez, ils/elles aient

être: (que) je sois, tu sois, il/elle/on soit, nous soyons, vous soyez, ils/elles soient

prendre: (que) je prenne, tu prennes, il/elle/on prenne, nous prenions, vous preniez, ils/elles prennent

faire: (que) je fasse, tu fasses, il/elle/on fasse, nous fassions, vous fassiez, ils/elles fassent

pouvoir: (que) je puisse, tu puisses, il/elle/on puisse, nous puissions, vous puissiez, ils/elles puissent

venir: (que) je vienne, tu viennes, il/elle/on vienne, nous venions, vous veniez, ils/elles viennent

Ecoutez!

O. De quoi est-ce qu'il s'agit? *(What's it about?)* Ecoutez les petites conversations et trouvez (1) le *sujet principal* de la conversation, (2) la forme du verbe au présent du *subjonctif* et (3) l'*infinitif* qui correspond au subjonctif.

Modèle:	sujet principal	subjonctif	infinitif
	rendez-vous	*tu te souviennes*	*se souvenir*

1. _____ _____ _____
2. _____ _____ _____
3. _____ _____ _____
4. _____ _____ _____
5. _____ _____ _____
6. _____ _____ _____
7. _____ _____ _____
8. _____ _____ _____
9. _____ _____ _____
10. _____ _____ _____

Parlez!

P. Qui parle à qui? Lisez les phrases et décidez à qui elles sont adressées. Choisissez l'interlocuteur dans la liste de droite.

1. Bien sûr, il faut que vous fassiez ce devoir pour demain. Il y aura une interrogation.
2. Demain, je veux que vous alliez chez le docteur Maillet pour lui présenter ce nouveau médicament pour les diabétiques.
3. Non, absolument pas! Je ne veux pas que tu ailles chez Diane ce soir. Tu as trop de travail et tes notes ne sont pas formidables!
4. Chérie, le téléphone, pour toi. Je pense que c'est le patron de la compagnie où tu as eu une entrevue. Tu préfères que je lui dise de rappeler dans quinze minutes?
5. Voilà, Madame. Une salade, un kilo de pommes et deux bouteilles d'eau minérale. Il faut absolument que vous essayiez ce brie. Il est formidable. Je peux vous en vendre un petit bout?
6. Pardon, Monsieur Charente. Votre chien a aboyé *(barked)* toute la nuit et j'ai vraiment eu du mal à dormir. Il faut que je vous prévienne que, si ça continue, je vais appeler la police!

a. vendeur/vendeuse à la cliente
b. mère/père à sa fille/son fils
c. patron à l'employée
d. la voisine à son voisin
e. prof aux étudiants
f. le mari à sa femme

Q. Des conseils. Utilisez les éléments donnés pour offrir des conseils à plusieurs amis.

Modèle: Je ne comprends pas le subjonctif.
(il faut / tu / aller parler / prof de français)
Il faut que tu ailles parler au (à ton) prof de français.

1. Mon mari à mal aux dents. Il y a sûrement quelque chose de sérieux.

   (il est important / votre mari / prendre rendez-vous / dentiste)

2. Je ne comprends pas pourquoi je n'arrive pas à trouver un job.

   (il faut / vous / refaire / CV)

3. Nos étudiants n'ont aucun sens de l'histoire. Que faire?

   (si tu veux / ils / apprendre / l'importance des événements historiques / il faut / tu / choisir / des livres intéressants)

4. Léa m'a invité à dîner avec ses parents. Je ne sais pas ce que je devrais apporter.

   (il faut / acheter / un bouquet de fleurs)

5. L'année prochaine je vais étudier à Paris. Qu'est-ce que je peux faire pour me préparer?

   (il faut / tu / avoir / un bon dictionnaire)
   (il est important / tu / faire des recherches sur la ville sur Internet)
   (il est nécessaire / tu / acheter / ton billet bien à l'avance)
   (il faut / tu / poser des questions / directeur du programme)

6. Je pense que j'aimerais travailler au Japon. Qu'est-ce que vous en pensez?

   (à mon avis / il vaut mieux / vous / apprendre / d'abord le japonais)

R. Quels conseils me donnez-vous? Voici une série d'ambitions. Donnez des conseils (études, cours, expériences, jobs d'été, lectures, recherches, clubs, voyages, etc.) pour aider la personne à réaliser ses rêves. Utilisez des expressions de nécessité et le subjonctif ou l'infinitif dans vos conseils.

1. Je voudrais être prof de français dans une université.
2. J'aimerais avoir une carrière dans la publicité *(advertising)*.
3. J'espère être psychologue.
4. J'ai l'intention de piloter un avion commercial.
5. Je vais devenir avocat(e).
6. Je veux travailler dans une agence de voyages.

Reportage
Les jeunes de Casablanca

Lisez!

La lecture suivante, tirée du magazine *Planète jeunes*, vous présente deux jeunes de Casablanca, au Maroc. Mbarka et Tarik décrivent leur vie et leurs aspirations. Ils parlent de leurs études, de leurs jobs et de leurs rêves. Qu'est-ce que vous avez en commun avec eux?

Mbarka, 20 ans, étudiante: faire des études pour être libre

Etudier, c'est compliqué

J'ai 20 ans. J'habite le quartier de Ben M'Sik. C'est un peu loin de tout surtout de la faculté où j'étudie la comptabilité. Il me faut chaque matin une heure et quart de marche et de bus public pour me rendre à l'université Hassan II, à l'autre bout de la ville. [...] Parfois je me dis que je vais arrêter la fac si je trouve un emploi mais en même temps je voudrais vraiment avoir ce diplôme. [...]

Au Maroc, passer du lycée à la fac est extrêmement difficile. L'enseignement au lycée se fait en arabe, mais on apprend également le français. A l'université toutes les matières sont enseignées en français, le prof dicte à toute allure, les amphis sont bondés et les micros pas toujours efficaces. On prend des notes comme on peut mais si on n'a pas un bon niveau en français, le retard vient très vite. [...]

J'aurai un travail pour gagner mon indépendance

[...] Si je veux avoir un diplôme c'est surtout pour être indépendante et trou-

Mbarka, étudiante de Casablanca

ver un travail, pouvoir me débrouiller toute seule dans la vie. On ne doit pas toujours dépendre de son mari. Il faut avoir les moyens de dire oui ou non.

Je veux choisir mon mari

Il y a quelques mois un garçon est venu demander ma main à mon père. Au début j'ai accepté l'idée, mais il ne voulait pas

Au quartier de Ben M'Sik, comme partout, on vit dans la rue.

Quartier de Ben M'Sik, discussion sur le pas de la porte.

J'aimerais voyager

J'espère pouvoir aller rendre visite à mon frère qui travaille en Belgique, et aussi aller à Paris et en Suisse. Mais avant tout je voudrais voyager au Maroc. Je ne connais rien de mon pays. Je ne suis allée qu'une fois à Mohammedia (30 km de Casa) au bord de la mer avec une copine. Mes loisirs sont très simples. Avec quelques amies nous allons au centre-ville faire les magasins dans le quartier de Maarif et puis nous allons dans un café ou au cinéma Rialto. J'aime les endroits calmes, nous y partons en semaine [...].

J'assume mes convictions religieuses

Le soir je dois être à la maison tôt, les parents l'exigent (et impossible d'en discuter!). J'écoute les chanteurs arabes classiques Abd Halim (Egyptien), Assala Nassri (Syrien), Youness Negri (Marocain) et aussi Céline Dion. Nous regardons la télé avec mes frères et sœurs. [...]

Ma mère va à la mosquée mais moi je fais mes prières à la maison. A la fac certaines de mes copines portent le voile, souvent parce que certaines familles l'exigent: il le faut selon l'islam. Mes sœurs ne le portent pas, moi je pense le porter à l'avenir. Mais pour l'instant, je ne me sens pas prête à affirmer mes convictions religieuses aussi fortement.

que je continue à étudier. Avant de donner ma réponse j'ai réfléchi et puis j'ai dit non. Il voulait une femme de ménage. Je refuse de rester à la maison et ne rien étudier. Mon père a été compréhensif, il a dit: «C'est ma fille qui doit vivre avec lui. Elle décidera, je ne veux que son bonheur.» Quant à ma mère, elle regrette ma décision et je crois qu'elle m'en veut encore car le gars avait une bonne situation et une grande maison. Elle m'a dit: «De mon temps on ne m'a pas demandé mon avis, on m'a mariée à 14 ans, il n'y avait pas de question.» Moi, je suis quand même contente que les femmes aujourd'hui puissent choisir: on a moins de pression. [...] Heureusement que je suis née à notre époque!

la faculté college (of a university, e.g., liberal arts, science, etc.)
la comptabilité accounting
de marche on foot
me rendre to go
à l'autre bout on the other side
la fac la faculté
enseignement teaching
se fait is done
matières subjects
dicte à toute allure dictates quickly
amphis (amphithéâtres) large lecture halls
bondés crowded, full to capacity
micros microphones
efficaces in working order
le retard vient très vite you fall behind very quickly
me débrouiller to cope
moyens means
femme de ménage housewife
elle m'en veut encore she's still mad at me
gars guy

bonne situation good job
pression pressure
Casa short for Casablanca
l'exigent require it
mosquée mosque
prières prayers
voile veil
fortement strongly

blé wheat
agrumes citrus fruits
écarts extremes
enneigement snow cover
désertique desert (adj.)

j'ai monté I started
turbulent trouble-maker
renvoyé kicked out
j'ai traîné I kicked around
cela m'a bien plu I liked it a lot
outils tools
en réparant repairing
j'économise I save

à égalité equally
frais de la famille family expenses
dépenses spending
dépanner to help out
sauf except
partage divide
chemins de fer railroad
gratuits free
corniche coast road
rigole have fun
je ne bois pas I don't drink
je ne fume pas I don't smoke
je prie I pray
sur place at work
une séance de musculation weight training session
à l'étranger to a foreign country
démarrer to start up
forcément necessarily

Pays du Maghreb: D'une super-ficie de 710 850 km² et peu-plé de 26,4 millions d'habi-tants dont 50% ont moins de 20 ans et 70% moins de 30 ans (3,2 millions vivent à Casablanca).

Capitale: Rabat, 1,5 millions d'habitants.

Langues: arabe, berbère, français et espagnol.

Religions: Musulmans (98,7%).

Monnaie: dirham (700 dirhams = 40 000 CFA = 60 euros).

Régime monarchique: Roi du Maroc Mohammed VI, il a succédé à son père, Hassan II, mort en 1999.

Indépendance du Maroc:
Accordée par la France en mars 1956 et par l'Espagne en avril 1956.

Principales sources de devises: blé, agrumes, mines, tourisme.

Population: Elle se compose d'Arabes (70%) mais égale-ment de Berbères et des Harratines.

Climat: Le climat dominant au Maroc est méditerranéen; tempéré à l'ouest et au nord par l'Océan Atlantique. A l'in-térieur, le climat est plus continental avec des écarts importants de températures. La zone de l'Atlas est humide, l'enneigement y est fréquent. Le sud a un climat désertique.

© Infographie: Franck Dastot

Tarik, mécanicien: j'ai monté mon business

Un job qui me plaît

Bonjour, je m'appelle Tarik, j'ai 20 ans. Je parle arabe et un peu berbère. Chez moi, on est 7 enfants et je suis le dernier. J'ai arrêté l'école en classe de troisième. Ça n'allait pas fort, j'étais tur-bulent. Un jour, je me suis disputé avec un prof et j'ai été renvoyé. C'est comme ça que je suis devenu mécanicien. D'abord, pendant deux ans j'ai traîné, je n'ai pas fait grand-chose. Et puis un copain de mon frère m'a proposé de tra-vailler dans son garage. J'ai commencé et cela m'a bien plu. Ensuite j'ai pro-gressé et il m'a proposé de m'associer avec lui. Depuis tout marche bien. Nous sommes devenus associés: lui a investi dans le garage et les outils, moi je tra-vaille en réparant les voitures et nous partageons les bénéfices. Chaque mois j'économise 30% de ce que je gagne et j'investis la même proportion dans le garage. Le reste, je le partage à égalité entre la participation aux frais de la famille et à mes dépenses personnelles.

© Nicolas Cornet

Je répare des voitures mais je roule en mobylette.

Ma copine, c'est top secret

J'ai un téléphone cellulaire mais c'est surtout pour dépanner les clients, mais bon, ça sert aussi pour ma «copine». On sort ensemble, mais je ne peux pas en parler en famille. Si j'en parle, ça veut dire que c'est sérieux, et mes parents vont trouver que c'est trop tôt pour en discuter car de toute façon, j'ai des frères plus vieux que moi qui ne sont pas encore mariés. A part ça, à la maison, on parle à peu près de tout. Mes relations avec mes parents sont basées sur le respect: ils me considèrent comme un adulte et me laissent faire ma vie et me débrouiller. On parle de tout... sauf de ma copine.

Les copains, les voyages et la musique...

Pour l'instant je partage mon temps entre le garage, un appartement que j'ai loué avec deux copains et des passages tous les jours chez mes parents. J'aime bien quitter Casa. Grâce au travail de mon père dans les chemins de fer je peux avoir des billets gratuits et voyager dans tout le Maroc. Le week-end on va faire un tour sur la corniche avec des copains et ma copine. On boit un café, on discute, on rigole entre nous, on écoute nos groupes favoris: Cheb Housni (Algérien assassiné) et également Nass El Ghywane (groupe de Raï de Casa). Nous aimons cette musique, elle nous ressemble car ceux qui la font habitent le même quartier que nous. Nous les connaissons bien. Et puis, on rentre, vers une heure du matin.

La religion m'aide à équilibrer ma vie...

La religion musulmane est en tout, elle fait partie de tout et elle rythme ma vie. Il y a des jours où je ne bois pas et je ne fume pas parce que je prie. Chaque jour je vais à la mosquée, et parfois cinq fois par jour pour faire mes prières, mais si le travail ne me permet pas de quitter le garage, je prie sur place.

Centre-ville, place Mohammed V, le rendez-vous des habitants de Casa.

Trois fois par semaine je vais dans une salle de sport pour une séance de musculation, c'est mon loisir préféré. Je regarde le foot à la télé avec mes copains, mais pour les grands matchs je vais dans un café où l'ambiance est plus sympa. [...]

J'aime bien Casa et je suis très attaché à mon pays. Je suis contre le mouvement de ceux qui partent, je n'ai pas envie d'aller à l'étranger demander du travail. [...]

Bien sûr, pour réussir ou avoir une activité qui marche, il faut un peu d'argent pour démarrer un projet mais pas forcément beaucoup, ce qu'il faut avant tout c'est bien regarder les opportunités et puis travailler sérieusement. [...]

Planète jeunes, no. 46, août–septembre 2000, pp. 6–8.
Reportage et photos de Nicolas Cornet.

S. Est-ce que vous avez compris? Terminez les phrases suivantes en choisissant l'élément entre parenthèses qui correspond à ce que vous avez appris dans l'article sur Mbarka et Tarik.

1. Mbarka habite (loin de / à côté de / près de) son université.
2. Ça lui prend (1 h 45 / 1 h 30 / 1 h 15) pour aller à l'université.
3. Le nom de son université, Hassan II, est le nom (du roi du Maroc / du grand-père du roi du Maroc / du père du roi du Maroc).
4. Au Maroc, l'enseignement au lycée se fait (en arabe / en français / en espagnol).
5. A la fac, il faut absolument avoir un bon niveau (en arabe / en français / en espagnol).
6. La chose la plus importante pour Mbarka, c'est (sa religion / son indépendance / un mari).

7. Mbarka n'a pas une idée (traditionnelle / moderne / libérale) du mariage.
8. Elle aimerait bien aller (à Paris / en Suisse / en Belgique) pour rendre visite à son frère.
9. Elle ne va pas (à l'église / à la mosquée / au temple) tous les jours comme sa mère.
10. Mbarka aime surtout la musique (française / arabe / canadienne).
11. La majorité de la population marocaine a moins de (50 ans / 40 ans / 30 ans).
12. (Les oranges / Les haricots verts / Les bananes) sont très important(e)s dans l'économie du Maroc.
13. La capitale du Maroc, c'est (Casablanca / Marrakech / Rabat).
14. Tarik était un (très bon / mauvais) étudiant au lycée.
15. Après avoir été renvoyé de l'école, il n'a rien fait pendant (un an / deux ans / trois ans).
16. Comme associé dans le garage, Tarik fait surtout (les réparations des voitures / la comptabilité du commerce / le marketing pour le garage).
17. Tarik connaît (très peu / bien / mal) son propre pays.
18. Son sport préféré, c'est (le foot / le basket / la musculation).
19. Tarik prend sa religion (très au sérieux / pas très au sérieux).
20. Pour Tarik, son pays est (peu / très) important.

Parlez!

T. Portraits de Mbarka et de Tarik. Faites la description de la personnalité de Mbarka et de Tarik. Utilisez les adjectifs et les expressions descriptives que vous avez appris et illustrez chaque élément de la description avec un ou deux exemples de l'article.

Modèle: *Mbarka a l'esprit ouvert. Elle veut voyager et apprendre beaucoup de choses.*

Discutez!

U. Des aspects de la vie au Maroc. L'article sur Mbarka et Tarik révèle certains aspects de la culture marocaine. Pour chaque thème proposé, trouvez des idées dans l'article qui expliquent, en partie, comment se font les choses au Maroc.

1. l'enseignement
2. le rôle de la femme
3. le rôle de la famille
4. le rôle de la religion
5. le mariage
6. les rapports enfants/parents

Do *A faire! (4-3)* on page 156 of the **Manuel de préparation.**

Fonction
Comment exprimer l'émotion

■ Ecrivez!

V. Mbarka (Tarik) et moi. Lisez la rédaction (**Manuel de préparation,** Ex. XVI) de votre camarade de classe et faites-en la critique. Pour aider votre camarade à améliorer sa rédaction, regardez les éléments suivants:

• l'organisation (introduction, développement, conclusion)
• la grammaire (conjugaison des verbes, accord des adjectifs, etc.)
• le choix de vocabulaire

Discutez de vos suggestions avec votre camarade. Il/Elle va faire de même pour votre rédaction.

■ *Rappel*

L'emploi du subjonctif

1. L'INFINITIF ET LE SUBJONCTIF AVEC LES EXPRESSIONS D'ÉMOTION

   Je suis content d'**aller** à Rome.   Je suis content que **tu ailles** à Rome.
   Tu es heureuse d'**être** avec nous?   Tu es heureuse qu'**il soit** avec nous?

   Expressions d'émotion: **regretter / être navré(e) / être désolé(e) / être content(e) / être heureux(se) / être ravi(e) / être étonné(e) / être furieux(se) / être déçu(e)**

2. LES EXPRESSIONS D'ÉMOTION + LE PASSÉ DU SUBJONCTIF

   Je suis content que **tu aies fait** tes devoirs.
   Nous sommes étonnés qu'**elle soit rentrée** si tard.
   Elle est déçue qu'**il ne se soit pas souvenu** de son oncle.

 **Audio:** CD2, Track 36

■ Ecoutez!

W. Quelles émotions est-ce qu'ils expriment et pourquoi? Ecoutez ce que disent les différentes personnes et décidez quelle émotion chacune d'elles exprime: la joie *(joy)* ou le bonheur *(happiness),* la colère *(anger),* la déception *(disappointment),* la surprise ou le regret. Donnez la raison pour chaque émotion.

> Modèle: Vous entendez: Je suis désolée que Sylvie ait manqué la fête. On s'est bien amusés.
>
>   Vous dites: *Elle exprime le regret parce que Sylvie a manqué la fête.*

X. Des invitations. Complétez les dialogues suivants. Utilisez les éléments donnés pour expliquer pourquoi on va accepter ou refuser l'invitation. N'oubliez pas d'utiliser les expressions d'émotion avec soit un subjonctif, soit un infinitif.

Modèle: Tu viens au match de basket avec nous ce soir?
(être désolé / ne pas être libre ce soir / aller chez les parents)
Je suis désolé(e) de ne pas être libre ce soir. Je dois aller chez mes parents.

1. Vous ve... ...rendre visite à l'île de Ré cet été?

   (regretter / ... ...uvoir venir chez vous / déménager cet été)

2. Nous organisons ...ête d'anniversaire pour Sarah samedi soir. Tu peux venir?

   (accepter avec plaisir / ...heureux / vous / organiser / une fête pour elle)

3. Coralie a eu un coup de té... ...ne aujourd'hui. On l'a invitée à une entrevue pour le poste au Louvre.

   (elle / être ravi / on / l'inviter (*pa...* / à une entrevue)

4. Nous allons faire un pique-nique dim... ...he prochain. Ça vous intéresse de nous accompagner?

   (je / être désolé / nous / ne pas être ici dima... e prochain / passer le week-end chez des cousins à Avignon)

5. On ne vous a pas vus chez les Deslauriers hier soi... ...n nous a dit que vous étiez à l'hôpital avec votre fille. J'espère qu'il n... ...ien de grave.

   (nous / être navré / rater leur fête / en effet / être à l'hôpi... ...vec Claudia / elle / se casser le bras)

6. Tu veux venir au concert avec nous demain soir? Nous avons un... ...let pour toi, si tu le veux.

   (être désolé / ne pas avoir le temps / avoir un examen en maths jeudi / devoir réviser)

Y. Des joies et des regrets. Parlez un peu de votre vie à votre camarade de classe. Parlez de vos joies, de vos regrets, de vos déceptions, etc. Utilisez les expressions d'émotion et le subjonctif ou l'infinitif.

Modèle: *Moi, ce que je regrette surtout dans ma vie, c'est que je n'aie jamais appris à jouer du piano. Quand j'avais six ans, j'ai commencé des leçons. Mais j'ai vite perdu tout intérêt et j'ai donc abandonné. Mais je suis très contente d'avoir continué mes cours de français. Mes grands-parents sont québécois et j'aime leur rendre visite. Je peux discuter avec eux en français et ça leur fait très plaisir, etc.*

⊙ Do **A faire!** *(4-4)* on page 163 of the **Manuel de préparation.**

Lisez!

Dans ce portrait, vous allez lire un article sur un jeune homme qui est en prison. Vous apprendrez comment il passe ses journées et ce qu'il fait pour «tenir».

«J'ai pensé à ma mère»

viol rape
vol avec violence armed robbery

Je m'appelle Théo, j'ai 17 ans et ça fait quelques mois que je suis en prison. J'ai fait une grosse bêtise comme tous ceux qui sont ici. Quand je suis arrivé en prison, ce qui m'a frappé d'abord, c'est toutes ces grilles. Et puis l'odeur: une mauvaise odeur de toilettes, de produit nettoyant. Et les bruits qui résonnent sans arrêt. Je me souviendrai toujours quand les flics sont venus me chercher chez moi. C'était le matin. Je dormais. La veille, avec mes potes, on avait fait la fête. J'ai entendu

La prison où se trouve Théo dispose de 478 places, pour 695 détenus. 155 surveillants y travaillent. Les détenus sont répartis dans la section A, pour les prévenus (ceux qui n'ont pas encore été jugés), la section D, pour les condamnés et la section C pour les mineurs.

des hurlements, ma mère qui pleurait. Je lui disais: «Arrête de pleurer.» J'ai pleuré aussi. J'avais peur. Ils m'ont emmené. Ils m'ont fouillé. J'ai passé deux jours au

L'arrivée en prison, étape par étape

1. La prise d'empreintes
Le mineur passe au greffe, un bureau où il remplit une fiche d'identité. Il est aussi mesuré et photographié. [...]

2. Plus de lacet
Pour éviter les tentatives de suicide, les surveillants enlèvent momentanément les lacets du détenu. Ses bijoux et son argent lui sont aussi retirés.

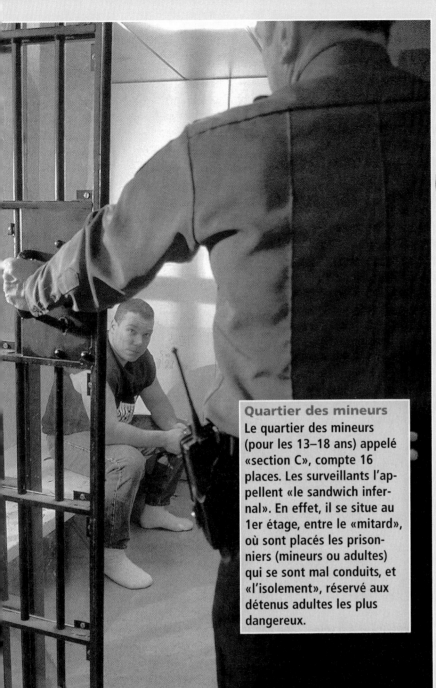

commissariat, en garde à vue. Et puis le juge m'a dit qu'il m'envoyait en prison. J'ai pensé à ma mère, sans travail, sans mari. A mes quatre petits frères. A la prison, des surveillants m'ont complètement fouillé, même sous la langue et dans les oreilles, avant de me conduire à ma cellule.

détenus detainees, prisoners
surveillants guards
prévenus accused
bêtise stupid thing
ceux those
ce qui m'a frappé what struck me
grilles bars
produit nettoyant cleaning product
flics cops
La veille The night before
potes pals
hurlements yelling
pleurait was crying
Ils m'ont emmené They took me away
fouillé searched
commissariat police station
en garde à vue in police custody
sous la langue under the tongue
se sont mal conduits who misbehaved
La prise d'empreintes Fingerprinting
greffe clerk's office
lacet shoelace
bijoux jewelry
argent money
un numéro d'écrou prisoner number
état de santé state of health
entretien interview
tout au long for the duration

Quartier des mineurs
Le quartier des mineurs (pour les 13–18 ans) appelé «section C», compte 16 places. Les surveillants l'appellent «le sandwich infernal». En effet, il se situe au 1er étage, entre le «mitard», où sont placés les prisonniers (mineurs ou adultes) qui se sont mal conduits, et «l'isolement», réservé aux détenus adultes les plus dangereux.

3. Discussion
Le jeune détenu rencontre ensuite la responsable du quartier des mineurs, qui lui en explique les règles de vie. Il a maintenant une carte de détenu, avec un numéro d'écrou.

4. Rencontre avec la psychiatre
Le jeune détenu a vu un médecin qui a vérifié son état de santé. Il a aussi un entretien avec une psychiatre qu'il rencontrera régulièrement tout au long de sa détention.

«On s'ennuie trop en prison»

Au début, on m'avait mis avec un autre détenu pour éviter qu'on déprime trop. Après, on a une cellule individuelle. Les surveillants m'avaient donné mes affaires: deux draps, deux couvertures, un bol, une assiette, du savon, du dentifrice. Le matin, c'était plus dur. A sept heures, un surveillant te réveille. Il appelle, tu dois lui répondre, ou faire un signe de la main, pour lui montrer que tu es vivant. Après, ils distribuent le petit déjeuner. Une bassine d'eau chaude et des sachets de chocolat ou de café et de lait en poudre. Après les nettoyages de cellules, on part en promenade, dans une grande cour. Puis on rentre en cellule et on y reste jusqu'au repas. L'après-midi, on peut avoir des activités: on regarde un film avec l'éducatrice, on peut prendre aussi des cours de code de la route. Mais la plus grande partie du temps, on la passe dans sa cellule. Tout seul. On s'ennuie en prison. On dort beaucoup aussi. Moi, pour tenir, j'essaie de ne pas trop penser à dehors.

Repas à la prison
Les repas, qui ressemblent à ceux d'une cantine scolaire, sont préparés dans les cuisines de la prison. Les détenus mangent peu de légumes. Ils préfèrent les sandwichs mayonnaise/thon/sauce tomate qu'ils se fabriquent en achetant ce qu'il leur faut à «l'épicerie» de la prison. Tout s'achète en prison (nourriture, cigarettes, journaux…). Pour commander, les jeunes cochent des bons de cantine. Les détenus sans famille ni argent, se contentent de l'ordinaire de la prison. Pour se faire un peu d'argent (120 euros par mois), ils aident aux distributions des repas et au nettoyage de la prison.

«Je fais du sport pour me relaxer»

Pour ne pas déprimer, je m'intéresse à la vie de la prison. Je suis devenu «balayeur». Je ramasse les ordures, dehors, et je travaille à la cantine. Ça me fait un peu d'argent. J'essaie de faire du sport aussi. Je vais en salle de musculation. Ça détend trop! Je fais du foot aussi. Comme ça, j'arrive à tenir. Je me rends compte que je n'aurais pas dû faire ce que j'ai fait. Alors j'assume. Ceux qui dépriment, c'est parce qu'ils n'assument pas. Ils ne comprennent pas pourquoi ils sont là. Pas moi. Et ma peur, c'est que ça arrive à l'un de mes petits frères. Il a déjà été embarqué par la police. Je lui dis de faire attention, à chaque fois qu'il vient me voir, avec ma mère, au parloir. Ils viennent trois fois par semaine.

Tout est fouillé
Un surveillant fouille le sac à linge d'un détenu. La prison n'assure pas le lavage. Au moment du parloir, familles et détenus s'échangent le linge sale et le linge propre.

Trois fois par semaine, le parloir
C'est ici que les familles viennent voir les détenus, adultes et mineurs. Ils sont séparés par une vitre et par un mur à mi-hauteur. La rencontre dure une demi-heure.

déprime get depressed	**l'ordinaire de la prison** whatever the prison offers
draps sheets	**balayeur** sweeper (those who sweep floors)
savon soap	**ramasse** pick up
dentifrice toothpaste	**ordures** garbage, trash
vivant alive	**salle de musculation** weight room
sachets packets	**j'assume** I assume responsibility (for what I did)
cour courtyard	**peur** fear
tenir hold up, survive	**embarqué** hauled away
à dehors about the outside	**sac à linge** laundry bag
bons de cantine cafeteria coupons	**n'assure pas le lavage** doesn't do the laundry
cantine scolaire school cafeteria	**vitre** glass
cochent check	

«Il faut se débrouiller pour tenir»

La prison, c'est sale, plein de barbelés. Dehors, il y a les ordures que les détenus jettent par les fenêtres. Au quartier des mineurs, heureusement, ça se passe plutôt bien. Les surveillants nous connaissent. Bien sûr, ils nous donnent des ordres tout le temps. «Nettoie ta cellule, va prendre ta douche... » Ils veulent faire comprendre qu'on doit respecter les règles. Et puis on se débrouille pour que la vie soit moins dure. On «yoyote» beaucoup: on s'envoie des objets, des mots, des cigarettes ou autre chose, d'une cellule à l'autre. Les surveillants l'acceptent. Le soir, on peut regarder la télé. Normalement, c'est extinction des feux à 23h30. Mais si on se conduit mal, le surveillant peut nous la supprimer pour plusieurs jours. J'écoute aussi la radio: du rap, du raï. Ce qui nous plaît, ici, c'est d'avoir des vêtements de marque. J'aime bien aussi discuter avec Patrice, l'aumônier. Il ne nous pose pas de questions, il ne nous juge pas. On lui dit ce qu'on veut. Moi, le rêve de ma vie, ce serait d'avoir une petite maison, avec ma mère et mes frères. Oui, c'est ça que je voudrais.

Tout le monde fume
Tous les mineurs fument. Ils achètent leurs cigarettes à la prison, au même prix que dehors.

Les «yoyos»
Comme dans toutes les prisons, les détenus communiquent ou s'envoient des objets d'une cellule à l'autre, grâce à des «yoyos». Pour les fabriquer, ils utilisent des morceaux de draps.

Basé sur l'histoire d'un jeune français de 17 ans dans une prison en France.

sale dirty
barbelés barbed wire
extinction des feux lights out
se conduit mal misbehaves

supprimer take away
aumônier chaplain
morceaux de draps pieces of sheets

Z. La journée de Théo. Relisez l'article sur Théo et reconstruisez chronologiquement sa journée typique en prison. N'oubliez pas qu'il est «balayeur» et qu'il a donc des responsabilités qui sont différentes des autres détenus.

AA. Les employés des prisons. Théo mentionne un certain nombre de personnes qui sont responsables des détenus. Il y a les surveillants, le/la responsable du quartier des mineurs, le/la psychiatre, les éducateurs. Lisez les descriptions des métiers de surveillant et d'éducateur. Ensuite, décidez quels traits de caractère sont importants pour faire ces jobs.

Profession surveillant

A la prison de Théo, il y en quatre qui s'occupent des mineurs. Tous volontaires pour travailler ici, les surveillants jouent un rôle important dans l'adaptation du jeune à la prison. Ils ne portent pas d'uniforme. Ils participent, avec la psychiatre et les éducateurs, aux réunions mensuelles où le cas de chaque mineur est examiné.

Le rôle des éducateurs

Un éducateur de la Protection judiciaire de la jeunesse s'occupe de chaque jeune dès son entrée en prison. Il lui rend visite tous les 15 jours et l'aide à préparer sa sortie. L'objectif, c'est de monter avec le jeune détenu un projet de vie et de travail. Il est bon d'éloigner le jeune de son quartier. Il faut alors lui trouver un centre d'apprentissage ou un foyer de jeunes travailleurs où il sera aidé par d'autres éducateurs. Ces mesures prennent fin quand le jeune atteint 18 ans.

1. Pour être surveillant(e), il faut (il est important d', il est nécessaire d') être... avoir...
2. Pour être éducateur(trice), il faut (il est important d', il est nécessaire d') être... avoir...

Ecoutez!

BB. Causes et effets. Ecoutez cette conférence *(lecture)* faite par une sociologue. Elle s'adresse à des profs de lycée réunis pour discuter de la croissance de la criminalité et de la violence dans les écoles. Ensuite faites l'exercice selon les indications données.

Jacqueline Laffont, sociologue

«Pendant les périodes de crise économique, la criminalité et la violence augmentent proportionnellement au désespoir et à la misère dans lesquels se trouvent les gens.»

Vocabulaire utile

à l'égard de *(about)*, le crime gratuit *(gratuitous crime)*, le crime irréfléchi *(unpremeditated, impulse crime)*, le vol *(theft, burglary)*, un délit *(a crime)*, signes de reconnaissance *(gang emblems)*, le soutien *(support)*, s'enrôler *(to join)*, la pression d'autrui *(peer pressure)*, recherchent la compagnie *(look for companionship)*, cherchent à se faire reconnaître *(look for acceptance)*, affirmer leur identité *(to assert their identity)*, valorisé *(validated)*, néfastes *(harmful)*

Selon ce que vous avez compris d'après la conférence de Jacqueline Laffont, donnez soit la cause, soit l'effet de chacun des phénomènes suivants. Attention: Il y a beaucoup d'exceptions, et il ne faut surtout pas généraliser sur les causes et les conséquences des problèmes de notre société. Par exemple, il y a beaucoup de jeunes qui viennent de familles éclatées *(split, broken up)* et qui ne tombent pas dans la criminalité et la violence. Les causes et les effets ci-dessous indiquent des tendances et des causes *possibles*, et non des absolus.

1. *Cause*: ? *Effet*: Le crime et la violence augmentent.
2. *Cause*: Le manque d'argent. *Effet*: ?
3. *Cause*: Une jeune personne sans famille. *Effet*: ?
4. *Cause*: ? *Effet*: L'enfant devient pessimiste à l'égard de son avenir.
5. *Cause*: ? *Effet*: L'adolescent se tourne vers des copains.
6. *Cause*: Un adolescent sans espoir. *Effet*: ?
7. *Cause*: Les enfants se sentent abandonnés par la société. *Effet*: ?
8. *Cause*: ? *Effet*: Le développement d'une attitude criminelle chez les jeunes.
9. *Cause*: Une jeune personne se sent déshéritée. *Effet*: ?
10. *Cause*: Pression d'autrui. *Effet*: ?
11. *Cause*: ? *Effet*: S'enrôler dans un gang.
12. *Cause*: ? *Effet*: Les jeunes ont moins tendance à s'associer avec des gangs.

Discutez!

CC. Quelles sont les causes de la criminalité chez les jeunes? Il y a toutes sortes de théories qui expliquent la criminalité que nous constatons aujourd'hui chez les jeunes. En utilisant votre propre expérience et vos connaissances aussi bien que les idées du dossier, discutez avec vos camarades de vos théories concernant la question de la criminalité chez les jeunes. Donnez des exemples pour soutenir vos idées.

Do *A faire!* *(4-5)* on page 167 of the **Manuel de préparation**.

Chapitre 5

On discute

Objectives

In this chapter, you will learn to:

- read, write, and talk about social issues;
- express certainty and doubt;
- express hypotheses;
- talk about the future;
- express your opinion;
- express agreement and disagreement.

Chapter Support Materials (Student)
MP: pp. 170–206
Audio: CD3, Tracks 2–9

Lisez!

L'Amitié

Dans ce chapitre, il s'agit des rapports entre les êtres humains ainsi qu'entre les êtres humains et la nature. Vous commencerez par examiner le concept de l'amitié. Ensuite, vous analyserez les préjugés et la discrimination qui empêchent le respect et l'amitié. Et enfin, vous allez voir comment les êtres humains sont, à la fois, les amis et les ennemis de l'environnement qu'ils habitent. Dans ce chapitre, vous apprendrez donc les stratégies qui vous aideront à discuter de sujets qui nous touchent tous d'une façon ou d'une autre.

Léane, 16 ans Trois-Rivières

Ma meilleure amie et moi, nous n'avons pas toujours besoin de bavarder. On se comprend sans parler et, quelquefois, le silence affirme notre amitié bien plus que les mots.

Chloé, 15 ans Arcachon

Mes amis et moi, nous aimons nous promener au bord de la mer. En été comme en hiver, nous allons à la plage presque tous les week-ends avec des sacs en plastique pour ramasser des déchets. Ça nous permet aussi de discuter, de faire des projets et de nous détendre. Notre amitié se définit par les intérêts que nous avons en commun et le fait que nous voulons protéger notre environnement.

Nathan, 21 ans Bamako

Pour mes copains et moi, c'est le sport qui nous lie d'amitié. Le foot, c'est notre passion. Mais c'est aussi le sport qui nous a appris le respect des autres et l'importance du travail en équipe. Quand j'ai des problèmes, c'est mon équipe qui m'écoute et qui me soutient. Pour nous, le sport, c'est le symbole parfait de l'amitié.

Yanis, 15 ans
Grenoble

Thomas, c'est mon meilleur copain. Pourquoi est-ce que nous sommes amis? Il y a beaucoup de raisons, mais une chose est sûre: pour être amis, il faut avoir quelque chose en commun. Thomas et moi, nous sommes des passionnés de cinéma. Ce qui nous fascine surtout, ce sont les films dans lesquels il y a des effets spéciaux extraordinaires. Que ce soit pour voir des films français, américains ou autres, vous nous retrouverez au cinéma au moins une fois par semaine.

Mohamed, 15 ans
Tunis

J'ai beaucoup de copains mais, à vrai dire, je n'ai qu'un seul vrai ami. Sur la photo, j'attends mon ami Aimé qui doit arriver avec son vélo. On se connaît depuis toujours et Aimé est comme mon frère. Nous nous intéressons tous les deux au cyclisme et nous faisons donc du vélo tous les jours. Notre rêve, c'est de participer un jour à une course cycliste, peut-être même au Tour de France!

Coralie, 20 ans
Lausanne

J'ai rencontré mes meilleurs amis ici à Lausanne où nous poursuivons tous des études universitaires. Nous avons des cours ensemble, nous révisons ensemble, nous communiquons sans cesse par courrier électronique, nous nous promenons en ville et au bord du lac et nous passons des heures à discuter dans les cafés. On s'écoute, on se comprend, on s'aide. Voilà l'amitié.

Paroles libres

A quoi reconnaît-on ses amis(es)?

Côte d'Ivoire

«Je reconnais mes ami(e)s aux qualités suivantes: quelqu'un qui m'éclaire comme un soleil d'amour et de tendresse quand les nuages s'amoncellent au-dessus de ma tête. Quelqu'un qui me sert de «poteau indicateur» quand je suis tout embrouillé dans la vie. Quelqu'un qui souffre de me voir souffrir et qui se réjouit de me voir bondir de joie. Quelqu'un qui m'assiste dans la joie ou dans la peine. On reconnaît l'ami dans le malheur. Quelqu'un qui me rendra inconsolable si je le perds.»

Tovou Kouassi Kouman Augustin,
Yamoussoukro, Côte d'Ivoire

Sénégal

En amitié, on ne compte pas la race, la religion ou l'âge.

«Bonjour, je m'appelle Walimata, j'ai 17 ans. Pour moi, le mot ami(e) n'est pas le synonyme de camarade, de voisin ou de compagnon. C'est une personne sans distinction de race, de religion, d'âge, de langue que l'on admire et estime beaucoup. Ce dernier doit être reconnu pour ses qualités: sincérité, solidarité, honnêteté qui ne vous dit que la vérité qu'on le prenne mal ou bien, qui partage avec nous tout moment de bonheur ou de malheur, qui nous rend service en cas de problème, qui est notre bras droit pour le meilleur et le pire.»

Walimata Séne Ouakam,
Dakar, Sénégal

Togo

L'amitié a besoin de temps.

«Se faire des amis n'est pas facile mais entretenir ses amitiés est encore plus difficile. Nous sympathisons avec des gens mais avec qui on se sépare après un malentendu. Ce n'est pas cela l'amitié. L'ami est celui qui est présent dans notre vie, aussi bien dans nos joies que dans nos peines. Il ne nous envie pas mais cherche notre bien et doit pouvoir nous pardonner à la suite d'une dispute aussi sérieuse qu'elle soit, à cause des liens sacrés. Il doit nous aimer sans intérêt et doit être ce frère ou cette sœur recherché. Cependant seul le temps renforce cette relation.

Annick Akpadjavi,
Lomé, Togo

Burkina

L'amitié est une main qui se tend des deux faces.

«Mon nom est Silva Amilcar, j'ai 25 ans, je suis Cap Verdien, je vis à Bobo Dioulasso au Burkina Faso.

Je crois que cette question n'a qu'une seule réponse. En effet, on reconnaît ses amis lorsqu'on traverse des moments difficiles.

Eh oui! C'est dans ces moments que les faux vrais amis se défilent et vous laissent seul avec vos problèmes.

Il y a aussi des amis qui orientent leur amitié uniquement vers le sens du recevoir. Ma grand-mère me disait que l'amitié est une main qui se tend des deux faces: une face pour donner et une autre pour recevoir. Les vrais amis ce sont ceux qui tendent la main sur ses deux faces.

Silva Amilcar,
Bobo Dioulasso, Burkina Faso

France
Savoir écouter

«Lorsque mes parents ont divorcé, j'ai su qui étaient mes vrais amis. En effet, mes meilleures amies me téléphonaient, m'invitaient chez elles, m'aidaient, m'écoutaient parler... Tandis que la plupart de mes copines et copains faisaient comme si rien ne s'était passé. Peut-être n'osaient-ils pas m'en parler, mais je sais que certains s'en fichaient. Une fille m'a même dit: «Bon, arrête un peu de rabâcher cette histoire, tout le monde a des problèmes et on n'est pas obligé de t'écouter!» Cette fille m'avait dégoûtée, et mes autres amis qui m'avaient aidé sont toujours mes meilleurs amis.»

Gaidig Le Clere,
Gouesnou, France

Bénin
Comment reconnaître ses vrais amis?

«On peut reconnaître son ami(e) à travers sa manière de parler et les discussions qu'on engage avec lui. Lorsque quelqu'un qui vous fréquente vous parle toujours mal de son prochain pour une raison ou pour une autre, il n'est certainement pas votre ami puisque tel il vous parle de quelqu'un, tel il parle de vous aux autres. C'est donc ceux qui vous critiquent et ont le courage de vous dire vos qualités et vos défauts qui sont vos amis(es).»

Emeve Pierre Prince Peterson,
Cotonou, Bénin

Cameroun
Des amis pour se détendre

«Premièrement je ne sais pas si vous parlez des vrais amis parce que je vais vous dire que les faux amis existent. Puisqu'il n'y a aucune précision à ce sujet, je dirai ceci à ma façon. On reconnaît ses amis à leur manière de faire les choses quand elles sont bonnes bien sûr; ceux qui savent écouter les autres en les conduisant tout de même dans le bon chemin, ceux qui t'aident quand tu te trouves en difficulté, ceux avec qui tu peux bien te détendre sans toutefois être embêté. Bref, des amis avec qui on peut bien s'entendre pour faire quelque chose de bien qui pourra faire baisser la haine, les meurtres, les viols, les vols... »

Magloire Kana,
Cameroun

Source: *Planète jeunes*, no. 53, octobre–novembre 2001.

m'éclaire lights me up	**entretenir** maintain	**m'avait dégoûtée** disgusted me
s'amoncellent gather	**celui qui** the one who	**se détendre** to relax, to have a good time
au-dessus above	**vie** life	**à ma façon** in my way
poteau indicateur signpost	**aussi sérieuse qu'elle soit** as serious as it	**en les conduisant** directing them
embrouillé confused	may be	**dans le bon chemin** on the right path
se réjouit is happy	**liens sacrés** sacred bonds	**ceux qui** those who
bondir de joie jump for joy	**se tend** reaches out	**embêté** bothered, irritated
peine pain	**des deux faces** in both directions	**Bref** In short
malheur unhappiness	**faux vrais amis** false true friends	**s'entendre** get along
me rendra will make me	**se défilent** leave	**baisser** decrease
le perds lose him	**le sens du recevoir** in the direction of receiv-	**haine** hate
voisin neighbor	ing	**fréquente** spends time (with you)
Ce dernier This latter	**j'ai su** I found out	**prochain** the next person
partage shares	**comme si rien ne s'était passé** as if nothing	**tel il vous parle de quelqu'un, tel...** as he
bonheur happiness	had happened	speaks about others to you, so he speaks
rend service helps	**n'osaient-ils** they didn't dare	about you to others
pour le meilleur et le pire for better or worse	**s'en fichaient** didn't care	**défauts** faults, shortcomings
Se faire Making	**rabâcher** harp on, repeat	

A. Qui a dit quoi? *(Who said what?)* Identifiez les personnes qui ont fait les constatations suivantes sur l'amitié dans **Paroles libres.**

Modèle: Un(e) ami(e), c'est quelqu'un qui sait écouter.
C'est Gaidig Le Clere qui a dit ça.

Un(e) ami(e),

1. c'est quelqu'un qui partage nos joies et nos peines.
2. c'est quelqu'un avec qui on peut parler et discuter.
3. c'est quelqu'un à qui on peut dire la vérité.
4. c'est quelqu'un qui est sincère.
5. c'est quelqu'un d'honnête.
6. c'est quelqu'un qui dit du bien des autres.
7. c'est quelqu'un qui nous pardonne à la suite d'une dispute.
8. c'est quelqu'un qui nous aide.
9. c'est quelqu'un qui nous soutient quand nous avons des problèmes.
10. c'est quelqu'un qui nous guide.
11. c'est quelqu'un qui n'est pas jaloux.
12. c'est quelqu'un qui veut faire des choses pour améliorer la société.

Pour communiquer

Pour mieux vous exprimer

Pour identifier quelqu'un

c'est quelqu'un qui + *verbe* *it's someone who* + verb
c'est quelqu'un avec (à) qui on peut (je peux)… *it's someone with (to) whom one (I) can…*

c'est quelqu'un de (d') + *adjectif* *it's someone* + adjective
c'est quelqu'un en qui on peut avoir confiance *it's someone you can trust*

— Parlez! —

B. C'est quelqu'un qui… Utilisez les éléments donnés pour faire des phrases avec les expressions pour identifier quelqu'un que vous avez apprises ci-dessus.

Modèle: parler
Un(e) ami(e), c'est quelqu'un avec (à) qui on peut (je peux, nous pouvons) parler.

1. honnête
2. sincère
3. discuter
4. partager ses joies et ses peines
5. avoir confiance
6. dire la vérité
7. travailler
8. comprendre
9. aider
10. s'amuser
11. marrant *(really funny)*
12. rassurant *(reassuring, comforting)*

— Discutez! —

C. C'est quoi un(e) ami(e)? Avec vos camarades, identifiez les cinq caractéristiques qui, à votre avis, sont les plus importantes en ce qui concerne un(e) ami(e). Utilisez les expressions que vous avez apprises ainsi que les verbes et les adjectifs des listes ci-dessous. Inspirez-vous également de l'article que vous avez lu où les jeunes donnent leurs définitions de l'amitié.

Verbes: ne pas juger / avoir confiance en / avoir de l'humour / avoir de l'imagination / comprendre / parler / discuter / se disputer / (savoir) pardonner / aimer / rassurer / s'amuser / rigoler *(to laugh)* / s'entendre bien avec *(to get along well with)* / sortir / travailler / étudier / passer du temps (à) / exprimer ses frustrations avec / soutenir / tolérer / respecter / accepter / rendre service / aider / servir de guide / confier ses secrets / raconter ses ennuis, ses problèmes / écouter

Adjectifs: accommodant(e) *(easygoing)* / indépendant(e) / ouvert(e) / réservé(e) / agréable / sympathique / aimable / calme / décontracté(e) / dynamique / énergique / honnête / sincère / fidèle *(faithful)* / franc (franche) / généreux(se) / poli(e) / raisonnable / sensible *(sensitive)* / vif (vive) *(lively)* / optimiste / marrant(e) / amusant(e) / curieux(se) / patient(e) / discret(ète) / gentil(le) / intelligent(e) / sérieux(se) / différent(e) / intéressant(e) / complémentaire / indispensable

D. C'est quoi, un(e) ami(e)? (suite) Regardez les définitions de l'amitié que votre camarade de classe a rédigées dans l'Exercice II du **Manuel de préparation**. Vérifiez que les exemples illustrent de façon logique les définitions et qu'ils vous aident à comprendre les idées de votre camarade. Faites des suggestions (ou posez des questions) s'il y a quelque chose que vous ne comprenez pas.

⊙ Do *A faire! (5-1)* on page 170 of the **Manuel de préparation**.

Audio: CD3, Track 2

Antoine de Saint-Exupéry est né à Lyon en 1900. Il était pilote et écrivain. Il a disparu avec son avion en 1944 au cours d'une mission militaire. Ses romans les plus connus sont *Vol de nuit* (1931), *Terre des hommes* (1939), *Pilote de guerre* (1942) et sa fable symbolique *Le Petit Prince*.

Le Petit Prince (extrait)

Antoine de Saint-Exupéry

Le Petit Prince est une «fable» qui raconte l'histoire d'un petit garçon, habitant d'une autre planète. Après un malentendu avec sa fleur, il s'enfuit de sa petite planète pour visiter sept autres planètes, dont la septième est la Terre°. C'est dans cet endroit immense qu'il rencontre le renard (fox) qui lui fait cadeau d'un secret.

Earth

Aide-Lecture

In this reading, you'll see many verbs in a form with which you may not be familiar. It's the literary past tense **(le passé simple)**. You will learn to read it quickly if you can recognize each verb stem. For example, **répondit** = *answered*, **se retourna** = *turned around*, **proposa** = *proposed*, etc. We provide glosses only for irregular verbs whose stem is not obvious.

voice

Le petit prince arrive sur la Terre et il cherche des amis. Il entend une voix°:

—Bonjour, dit le renard.

saw —Bonjour, répondit poliment le petit prince, qui se retourna mais ne vit° rien.

apple tree —Je suis là, dit la voix, sous le pommier°...

—Qui es-tu? dit le petit prince. Tu es bien joli... 5

—Je suis un renard, dit le renard.

—Viens jouer avec moi, lui proposa le petit prince. Je suis tellement triste...

alternate form of **peux** —Je ne puis° pas jouer avec toi, dit le renard. Je ne suis pas apprivoisé.

said —Ah! pardon, fit° le petit prince.

10 Mais, après réflexion, il ajouta:

—Qu'est-ce que signifie «apprivoiser»?

—Tu n'es pas d'ici, dit le renard, que cherches-tu?

—Je cherche les hommes, dit le petit prince. Qu'est-ce que signifie «apprivoiser»?

15 —Les hommes, dit le renard, ils ont des fusils° et ils chassent°. C'est bien *rifles; they hunt*
gênant°! Ils élèvent aussi des poules. C'est leur seul intérêt. Tu cherches des *bothersome*
poules°? *chickens*

—Non, dit le petit prince. Je cherche des amis. Qu'est-ce que signifie «apprivoiser»?

20 —C'est une chose trop oubliée, dit le renard. Ça signifie «créer des liens°... » *bonds*

—Créer des liens?

—Bien sûr, dit le renard. Tu n'es encore pour moi qu'un petit garçon tout semblable à cent mille petits garçons. Et je n'ai pas besoin de toi. Et tu n'as pas besoin de moi non plus. Je ne suis pour toi qu'un renard semblable à° cent mille *similar to*
25 renards. Mais, si tu m'apprivoises, nous aurons besoin l'un de l'autre. Tu seras pour moi unique au monde. Je serai pour toi unique au monde...

—Je commence à comprendre, dit le petit prince. Il y a une fleur... je crois qu'elle m'a apprivoisé...

—C'est possible, dit le renard. On voit sur la terre toutes sortes de choses...

30 —Oh! ce n'est pas sur la Terre, dit le petit prince.

Le renard parut° très intrigué: *appeared*

—Sur une autre planète?

—Oui.

—Il y a des chasseurs, sur cette planète-là?

35 —Non.

—Ça, c'est intéressant! Et des poules?

—Non.

—Rien n'est parfait, soupira° le renard. *sighed*

Mais le renard revint° à son idée: *came back*

40 —Ma vie est monotone. Je chasse les poules, les hommes me chassent. Toutes les poules se ressemblent, et tous les hommes se ressemblent. Je m'ennuie donc un peu. Mais, si tu m'apprivoises, ma vie sera comme ensoleillée. Je connaîtrai un *sunny (full of sunshine)*
bruit de pas° qui sera différent de tous les autres. Les autres pas me font rentrer *footstep*
sous terre°. Le tien° m'appellera hors du terrier°, comme une musique. Et puis *underground; Yours; out of my burrow*
45 regarde! Tu vois, là-bas, les champs de blé°? Je ne mange pas de pain. Le blé pour *wheat fields*
moi est inutile. Les champs de blé ne me rappellent rien°. Et ça, c'est triste! Mais *remind me of nothing*
tu as des cheveux couleur d'or°. Alors ce sera merveilleux quand tu m'auras *golden*
apprivoisé! Le blé, qui est doré°, me fera souvenir de toi. Et j'aimerai le bruit du *golden*
vent dans le blé...

50 Le renard se tut° et regarda longtemps le petit prince: *fell silent*

—S'il te plaît... apprivoise-moi, dit-il!

—Je veux bien, répondit le petit prince, mais je n'ai pas beaucoup de temps. J'ai des amis à découvrir et beaucoup de choses à connaître.

—On ne connaît que les choses que l'on apprivoise, dit le renard. Les hommes
55 n'ont plus le temps de rien connaître. Ils achètent des choses toutes faites° chez *ready-made things*
les marchands. Mais comme il n'existe point de marchands d'amis, les hommes n'ont plus d'amis. Si tu veux un ami, apprivoise-moi!

—Que faut-il faire? dit le petit prince.

—Il faut être très patient, répondit le renard. Tu t'assoiras° d'abord un peu *You'll sit down*
60 loin de moi, comme ça, dans l'herbe. Je te regarderai du coin de l'œil° et tu ne *out of the corner of my eye*
diras rien. Le langage est source de malentendus°. Mais, chaque jour, tu pourras *misunderstandings*
t'asseoir un peu plus près...

Le lendemain revint le petit prince.

It would have been better

—Il eût mieux valu° revenir à la même heure, dit le renard. Si tu viens, par exemple, à quatre heures de l'après-midi, dès trois heures° je *from three o'clock on* commencerai d'être heureux. Plus l'heure avancera, plus je me sentirai heureux. A quatre heures, déjà, je m'agiterai et m'inquiéterai: je découvrirai le prix du bonheur! Mais si tu viens n'importe quand, je ne saurai jamais à quelle heure *to get my heart ready* m'habiller le cœur°... Il faut des *rituals* rites°.

—Qu'est-ce qu'un rite? dit le petit prince.

Si tu viens, par exemple, à quatre heures de l'après-midi, dès trois heures je commencerai d'être heureux.

—C'est aussi quelque chose de trop oublié, dit le renard. C'est ce qui fait qu'un jour est différent des autres jours, une heure, des autres heures. Il y a un rite, par exemple, chez mes chasseurs. Ils dansent le jeudi avec les filles du village. Alors le jeudi est jour merveilleux! Je vais me promener *the vineyard* jusqu'à la vigne°. Si les chasseurs dansaient n'importe quand, les jours se ressembleraient tous, et je n'aurais point de vacances.

* * *

And so; was near

Ainsi° le petit prince apprivoisa le renard. Et quand l'heure du départ fut proche°:

I'll cry
I didn't wish you any harm

—Ah! dit le renard... Je pleurerai°.

—C'est ta faute, dit le petit prince, je ne te souhaitais point de mal°, mais tu as voulu que je t'apprivoise...

—Bien sûr, dit le renard.

—Mais tu vas pleurer! dit le petit prince.

—Bien sûr, dit le renard.

you don't gain anything

—Alors tu n'y gagnes rien°!

—J'y gagne, dit le renard, à cause de la couleur du blé. [...] Va revoir les roses. Tu comprendras que la tienne est unique au monde. Tu reviendras me dire adieu, *I'll make you the gift* et je te ferai cadeau° d'un secret.

[....]

Et il revint vers le renard:

—Adieu, dit-il...

—Adieu, dit le renard. Voici mon secret. Il est très simple: on ne voit bien qu'avec le cœur. L'essentiel est invisible pour les yeux.

—L'essentiel est invisible pour les yeux, répéta le petit prince, afin de se sou-*in order to remember* venir°.

—C'est le temps que tu as perdu pour ta rose qui fait ta rose si importante.

—C'est le temps que j'ai perdu pour ma rose... fit le petit prince, afin de se souvenir.

—Les hommes ont oublié cette vérité, dit le renard. Mais tu ne dois pas l'oublier. Tu deviens responsable pour toujours de ce que tu as apprivoisé. Tu es responsable de ta rose...

—Je suis responsable de ma rose... répéta le petit prince, afin de se souvenir.

Source: *Le Petit Prince*, Antoine de Saint-Exupéry. Harcourt Brace Jovanovitch, Inc., 1943, 1971.

E. Je connais quelqu'un qui… Voici quelques citations du *Petit Prince*. Pour chacune de ces citations, donnez des exemples de votre vie ou de la vie de quelqu'un que vous connaissez pour montrer que vous avez bien compris de quoi il s'agit.

Modèle: «… si tu m'apprivoises, nous aurons besoin l'un de l'autre.»
Je comprends ce que ça veut dire. Prenez, par exemple, mon expérience avec Beth. J'ai fait sa connaissance l'année dernière dans le cours de français. Nous avons commencé à réviser ensemble… Maintenant, quand j'ai un problème, je pense automatiquement à Beth et je lui téléphone, je lui envoie un e-mail ou je vais chez elle. C'est ma meilleure amie et elle me comprend. Et moi, je l'aide quand elle a besoin de quelque chose. Nous avons donc besoin l'une de l'autre.

1. «… si tu m'apprivoises, nous aurons besoin l'un de l'autre.»
2. «… si tu m'apprivoises, ma vie sera comme ensoleillée.»
3. «On ne connaît que les choses que l'on apprivoise.»
4. «Le langage est source de malentendus.»
5. «Il faut des rites.»
6. «… on ne voit bien qu'avec le cœur. L'essentiel est invisible pour les yeux.»
7. «Tu deviens responsable pour toujours de ce que tu as apprivoisé.»

F. Vivent les différences! Commentez les citations ci-dessous et donnez des exemples pour montrer que, dans l'amitié, les différences sont aussi importantes que les points communs entre deux personnes. Donnez des exemples tirés de votre vie pour montrer en quoi vos amis et vous êtes différents les uns des autres et pourquoi c'est intéressant.

Imaginez un monde où vivraient 5 milliards de personnes se ressemblant comme deux gouttes d'eau! Ce serait l'horreur absolue, l'ennui sur toute la ligne…
Heureusement, il y a des garçons et des filles, des jeunes et des moins jeunes, des trouillards et des casse-cou… Une mine de rencontres!

«Moi, ma meilleure copine est tout le contraire de moi: je suis petite, elle est grande, elle aime Céline Dion, pas moi… Ça ne nous empêche pas d'être des super copines.»

«Mon copain n'est pas ma copie… Un ami n'est pas un miroir pour contempler son propre reflet.»

«Un ami, on l'appelle par son prénom, même s'il est peu connu, démodé, dur à prononcer, étrange. Un ami n'est pas la copie de nous-même. Si tous les gens se ressemblaient comme des gouttes d'eau, la vie serait fade. Ses opinions complètent les nôtres.»

«Vos amis s'appellent Mohamed, Mizué, Carlo, James… Leurs habitudes de vie ne sont pas les vôtres. Soyez curieux de leur culture. Ils connaissent des tas de choses que vous ne soupçonnez pas. Ils peuvent vous faire découvrir de nouveaux goûts, de nouvelles musiques… »

«Ma vie est monotone. Je chasse les poules, les hommes me chassent. Toutes les poules se ressemblent, et tous les hommes se ressemblent. Je m'ennuie donc un peu. Mais, si tu m'apprivoises, ma vie sera comme ensoleillée.»
Le renard

Dossier
Les minorités visibles

«Ceci est un SOS. Je voudrais parler d'une chose qui me révolte: le racisme, la xénophobie, la haine des étrangers. Nous sommes tous égaux: les noirs, les blancs, les jaunes, les rouges, les café-au-lait et tous les autres. Nous sommes tous d'une seule race: la race humaine. Moi j'ai peur, peur du mal que peut faire un homme à un autre rien que pour son origine. Imaginez qu'on soit tous, par exemple, blonds aux yeux bleus! Quel ennui! Alors vive la différence, et "non" à l'inégalité des races.»

Anonyme

Dans le *Dossier* qui suit, vous allez entrer dans les sujets controversés de la liberté, de la tolérance, de la discrimination et du racisme. Controversés parce que tout le monde a des définitions différentes de ces mots et chaque individu réagit de façon personnelle devant les différences des autres. Les textes que vous allez lire vont vous permettre de formuler vos propres opinions et de les partager avec vos camarades de classe. Il est sûr que vous ne serez pas tous d'accord sur tout, mais le premier pas vers la tolérance, c'est la capacité de donner de la valeur à tous les points de vue.

Les «minorités visibles» s'affichent davantage...

On estime que près de dix millions de Français ont au moins un parent ou un grand-parent né hors de France.

La France est [...] divisée entre deux visions du monde et de la société. D'un côté, ceux qui ont peur de l'avenir et [...] ont tendance à refuser les changements de la société. De l'autre côté, ceux qui pensent que l'adaptation aux nouvelles réalités est indispensable se sentent moins attachés à l'idée nationale et considèrent que l'intégration des étrangers ou des immigrés devenus français est une nécessité à la fois morale, démographique et économique.

La liberté et la tolérance sont des valeurs croissantes.

Des trois composantes de la devise républicaine, la liberté apparaît aujourd'hui comme la plus importante aux yeux des Français. Les valeurs d'égalité et de fraternité sont un peu passées au second plan, même si elles sont reconnues dans leur principe. La reconnaissance de la liberté individuelle a favorisé la tolérance. Elle implique de ne pas porter de jugement de valeur sur les personnes, quels que soient leur origine géographique ou ehtnique, leur milieu social, leur caractère, leurs aptitudes, leurs croyances... Tout individu a de bonnes raisons d'être ce qu'il est et de faire ce qu'il fait, si l'on tient compte de son histoire, de sa culture, de ses caractéristiques personnelles ou de sa conception du monde.

Le racisme expliqué à ma fille (extrait)

Tahar Ben Jelloun

Tahar Ben Jelloun, sociologue et romancier, est né à Fès (Maroc) en 1944. Il a obtenu le prix Goncourt français en 1987 pour *La nuit sacrée*.

—Dis, Papa, c'est quoi le racisme?

—Le racisme est un comportement° assez répandu°, commun à toutes les sociétés, devenu, hélas!, banal dans certains pays parce qu'il arrive qu'on ne s'en rende pas compte°. Il consiste à se méfier°, et même à mépriser°, des personnes ayant des caractéristiques physiques et culturelles différentes des nôtres. [...] 5

La **différence**, c'est le contraire de la ressemblance, de ce qui est identique. La première différence manifeste° est le sexe. Un homme se sent différent d'une femme. Et réciproquement. [...]

Par ailleurs, celui qu'on appelle «différent» a une autre couleur de peau° que nous, parle une autre langue, cuisine autrement que nous, a d'autres coutumes, 10 une autre religion, d'autres façons de vivre, de faire la fête, etc. Il y a la différence qui se manifeste par les apparences physiques (la taille, la couleur de la peau, les traits du visage, etc.), et puis il y a la différence du comportement, des mentalités, des croyances°, etc.

—Alors le raciste n'aime pas les langues, les cuisines, les couleurs qui ne sont 15 pas les siennes°?

—Non, pas tout à fait; un raciste peut aimer et apprendre d'autres langues parce qu'il en a besoin pour son travail ou ses loisirs, mais il peut porter un jugement négatif et injuste sur les peuples qui parlent ces langues. De même, il peut refuser de louer une chambre à un étudiant étranger, vietnamien par exemple, et 20 aimer manger dans des restaurants asiatiques. Le raciste est celui qui pense que tout ce qui est trop différent de lui le menace° dans sa tranquillité.

—C'est le raciste qui se sent menacé°?

—Oui, car il a peur° de celui qui ne lui ressemble pas. Le raciste est quelqu'un qui souffre d'un complexe d'infériorité ou de supériorité. Cela revient au même° 25 puisque son comportement, dans un cas comme dans l'autre, sera du mépris°.

—Il a peur?

—L'être humain a besoin d'être rassuré. Il n'aime pas trop ce qui risque de le déranger° dans ses certitudes. Il a tendance à se méfier de ce qui est nouveau. Souvent, on a peur de ce qu'on ne connaît pas. On a peur dans l'obscurité, parce 30 qu'on ne voit pas ce qui pourrait nous arriver quand toutes les lumières sont éteintes°. On se sent sans défense face à l'inconnu. On imagine des choses horribles. Sans raison. Ce n'est pas logique. Parfois, il n'y a rien qui justifie la peur, on réagit comme si une menace réelle existait. Le racisme n'est pas quelque chose de juste ou de raisonnable. [...] 35

Source: Extraits de Tahar Ben Jelloun, *Le racisme expliqué à ma fille.*
Paris: Editions du Seuil, 1998.

behavior; widespread

one doesn't realize it; to mistrust, distrust, be suspicious of; to despise, look down on, scorn

visible, obvious

skin color

beliefs

his own

threatens him

feels threatened

he's afraid

It comes down to the same thing

scorn

upsetting him

turned off

G. Les valeurs des Français. Répondez aux questions selon ce que vous avez appris sur les attitudes des Français devant le pluralisme.

1. Selon ce que vous avez lu, qu'est-ce que vous savez sur les ancêtres des Français?
2. Quelles sont les deux visions du monde et de la société qui caractérisent les Français?
3. Quelle est la devise de la France?
4. Quelle partie de cette devise semble être la plus importante pour les Français d'aujourd'hui?
5. Quel mot s'associe au mot «liberté»?
6. Comment est-ce que le texte définit le mot «tolérance»?

Do *A faire! (5-2)* on page 174 of the **Manuel de préparation**.

Pour communiquer

H. «Le racisme expliqué à ma fille.» Voici quelques citations du texte de Ben Jelloun. Donnez des exemples tirés de votre expérience qui illustrent l'idée de chaque citation.

1. «Le racisme est un comportement assez répandu.»
2. Le racisme, «il arrive qu'on ne s'en rende pas compte».
3. «Le raciste peut aimer et apprendre d'autres langues…, mais il peut porter un jugement négatif et injuste sur les peuples qui parlent cette langue.
4. «Le raciste est celui qui pense que tout ce qui est trop différent de lui le menace dans sa tranquillité.
5. «… il a peur de celui qui ne lui ressemble pas.»
6. «L'être humain a besoin d'être rassuré.»
7. «Souvent, on a peur de ce qu'on ne connaît pas.»
8. On se sent sans défense face à l'inconnu.»
9. «Le raciste est quelqu'un qui souffre d'un complexe d'infériorité.»
10. Le raciste est quelqu'un qui souffre «d'un complexe de supériorité».

Comme le dit Ben Jelloun, le racisme est une attitude qui est malheureusement très répandue dans le monde. Mais ce n'est pas le seul préjugé. D'autres groupes sont l'objet de mépris et de haine et le résultat, c'est le sexisme, l'homophobie, l'antisémitisme, les préjugés contre les pauvres et les personnes âgées, et ainsi de suite. A nous d'examiner nos attitudes pour comprendre les préjugés que nous avons… et pour les corriger.

Pour mieux vous exprimer

Demander l'avis de quelqu'un

Vous pensez (Tu penses) que… ?	*Do you think that . . . ?*
Qu'est-ce que vous pensez (tu penses) de… ?	*What do you think about. . . ?*
A votre (ton) avis,… ?	*In your opinion, . . . ?*

Donner son avis

Je pense que…	*I think that . . .*
A mon avis,…	*In my opinion, . . .*
Je trouve que…	*I think that . . .*
Il me semble que…	*It seems to me that . . .*

I. La discrimination. Avec votre camarade de classe, discutez des causes de la discrimination en répondant aux questions suivantes. Quand vous aurez fini, partagez vos idées avec un autre groupe. Utilisez les expressions qui vous permettent de demander l'avis de votre camarade et de donner votre avis.

1. A votre avis, quelles sont les causes de la discrimination?
2. Quelles formes de discrimination est-ce que vous avez observées vous-même? Soyez précis(e) et donnez des exemples. A votre avis, quelles étaient les causes de cette discrimination?
3. A votre avis, qu'est-ce qu'on doit faire quand on observe un acte de discrimination?

⊙ Do **A faire! (5-3)** on page 176 of the **Manuel de préparation**.

Fonction
Comment exprimer la certitude et le doute

Rappel

L'indicatif et le subjonctif pour exprimer la certitude et le doute

1. LA CERTITUDE (EXPRESSIONS DE CERTITUDE + *INDICATIF*)

il est certain que	(je) être sûr(e) que
il est évident que	(je) être certain(e) que
il est sûr que	(je) penser que
il est vrai que	il est probable que

2. LE DOUTE (EXPRESSIONS DE DOUTE + *SUBJONCTIF*)

il est possible que	(je) être sûr(e) (certain[e]) que
il se peut que	(je) penser que... ?
(je) douter que	(je) ne pas penser que
(il) ne pas être sûr(e) que	(il) ne pas être évident que

J. Certitude ou doute? Utilisez les expressions de certitude et de doute pour modifier chaque constatation. N'oubliez pas d'utiliser soit l'indicatif soit le subjonctif dans la proposition subordonnée selon l'expression indiquée.

1. Les crimes violents sont plus fréquents dans notre ville.
   (je suis sûr[e] / nous doutons / il est probable / il est évident)
2. Le racisme est moins évident aujourd'hui qu'autrefois.
   (je ne pense pas / il est vrai / il est probable / il se peut que)
3. Les étudiants peuvent parler des questions sociales en français.
   (vous êtes sûr? / il est certain / le prof ne pense pas / je pense)
4. Vous comprenez son point de vue.
   (je ne pense pas / il est vrai / nous sommes sûrs / il n'est pas évident)
5. Le sexisme continue à exister partout.
   (je pense / il ne pense pas / es-tu certain(e) / je doute)

K. Thomas l'incrédule. *(Doubting Thomas.)* Les personnes dans votre groupe ne sont jamais sûres de rien! Pour chaque affirmation, montrez votre incrédulité en utilisant une expression de doute. N'oubliez pas le subjonctif et ajoutez un exemple ou un commentaire supplémentaire pour justifier votre point de vue. Evidemment, si vous êtes sûr(e) de quelque chose, utilisez l'indicatif.

Modèle: Je suis sûr(e) que l'alcool est mauvais pour la santé.
   —*Eh bien, moi, je ne trouve pas que l'alcool soit mauvais pour la santé. Par exemple, ma grand-mère boit son verre de vin chaque jour et elle a déjà 95 ans!*
   —*Je pense que tu as raison. Il n'est pas du tout évident que l'alcool soit mauvais pour la santé. Surtout si on en boit en modération.*

1. Nous trouvons que les policiers sont assez payés pour le travail qu'ils font.
2. Je pense que les Etasuniens sont plus matérialistes que les Européens.
3. A mon avis, il y a assez de logements à loyer modéré aux Etats-Unis.
4. Je pense que la langue anglaise va un jour dominer l'Europe et le monde.
5. Il trouve que le gouvernement fait assez de choses pour aider les pauvres.
6. Elle est sûre que la pollution va nous tuer.
7. Nous pensons que les guerres sont inévitables.
8. Je suis certain(e) que les jeunes n'ont plus de respect pour les traditions.

Pour communiquer

Pour mieux vous exprimer

Dire qu'on est d'accord

Tout à fait!	*Absolutely!*
Absolument!	
C'est vrai!	
Je suis d'accord!	
Effectivement!	*Exactly!*
Vous avez (Tu as) raison.	*You're right.*
Oui, mais…	

Dire qu'on n'est pas d'accord

Je ne suis pas (du tout) d'accord.	*I don't agree (at all).*
Absolument pas!	
Je ne suis pas convaincu(e).	*I'm not convinced.*
Ce n'est pas (tout à fait) vrai!	*That's not (altogether) true!*

Parlez!

L. D'accord ou pas d'accord? Lisez les constatations suivantes et dites si vous êtes d'accord ou pas. Illustrez votre point de vue avec un ou deux exemples.

1. La vie dans les villes est moins agréable que la vie à la campagne.
2. Les Etasuniens suivent un régime qui est bon pour la santé.
3. La violence à la télé et dans les films contribue à l'agressivité des enfants.
4. En général, les Etasuniens sont en bonne forme.
5. En général, les cours à l'université sont très intéressants et valent la peine.
6. En général, les étudiants d'aujourd'hui ne sont pas assez sérieux.

M. Des questions sociales. Décidez si vous êtes d'accord ou pas avec ces points de vue sur quelques grandes questions sociales.

1. Depuis quelques années, les femmes ont bénéficié de beaucoup de progrès. Aujourd'hui les femmes ont les mêmes opportunités que les hommes. On pourrait dire que les hommes et les femmes sont aujourd'hui plus ou moins égaux.
2. L'action en faveur des minorités aux Etats-Unis devrait être éliminée. Nous n'avons plus de problèmes dans ce domaine.
3. La discrimination à l'envers est un problème très sérieux aux Etats-Unis.
4. Nos préjugés viennent de notre famille et aussi des médias.

Lecture

L'Amérique touchée au cœur

Quand les préjugés et la haine s'intensifient, le résultat peut être la violence et le terrorisme. Ces dernières années sont de plus en plus caractérisées par des actes de terrorisme individuels et par des guerres qui, à leur tour, intensifient la haine, et ainsi de suite. L'humanité semble être tombée dans un cercle vicieux où la haine pour ceux qui sont différents nous menace de partout. Vous allez examiner ce sujet qui nous fait vivre dans un état d'insécurité.

Lieu: Manhattan, New York, Etats-Unis
Date: 11 septembre 2001

En plein dans l'actu

Un gigantesque nuage de fumée et de poussière s'élevant au-dessus de Manhattan, le plus célèbre et le plus riche quartier de New York. Même le plus dingue des réalisateurs hollywoodiens n'aurait jamais osé l'imaginer. Et pourtant, la scène qui a saturé les journaux et les télévisions pendant des jours et des jours n'a rien à voir avec le cinéma. La statue de la Liberté, censée trôner fièrement devant l'entrée du port de New York, a tout à coup l'air bien penaude. Comme si elle n'avait rien à faire devant ce paysage ravagé. Quel symbole!

Le lieu de l'attentat n'a pas été choisi au hasard.

New York, c'est le cœur de l'Amérique: la vitrine du pays le plus puissant du monde. Le World Trade Center (ou «Centre du commerce mondial»), c'est le signe de sa force économique et financière. Les terroristes qui ont accompli cet acte barbare ne voulaient pas seulement détruire des bâtiments, aussi majestueux soient-ils, ni accumuler les victimes, même si on les dénombre par milliers. Ils voulaient aussi assener un coup terrible au gouvernement et au peuple américain. Les humilier. Une manière de leur dire: Vous vous croyez les plus forts, vous pensez contrôler la planète, vous imaginez être à l'abri. Eh bien regardez ce que nous sommes capables de faire de vos symboles chez vous, sous vos yeux. Dans le monde entier, le choc de cette image a été terrible.

Source: *Okapi*, no. 701, octobre 2001.

fumée *smoke*
poussière *dust*
dingue *crazy*
réalisateurs *movie directors*
censée trôner fièrement *supposedly standing proudly*
penaude *sheepish*
vitrine *window*
dénombre *number*
assener un coup *to deal a blow*
être à l'abri *to be safe*

New York, la ville qui ne dort jamais, est devenue fantôme!

Hélène Gresso

J'habite State College/University Park, une petite ville dans les montagnes de Pennsylvanie, non loin de l'endroit où s'est écrasé° le quatrième avion.

Rien qu'au nom, vous pouvez deviner l'activité principale de la ville: il y a environ 70.000 habitants, dont 45.000 étudiants, pour la plupart sympathiques et rangés°, qui vont à la principale université publique de l'Etat. J'y enseigne le 5 français depuis cinq ans. […]

Ce matin je pars enseigner comme d'habitude, à bicyclette. Le ciel est bleu, les oiseaux chantent dans les arbres verts… Seule fausse note° dans cette atmosphère champêtre°: les bacs° (rouges) du recyclage sont sortis, pleins de canettes de bière°. 10

J'arrive en classe vers 9h55. Je passe dans le couloir, j'aperçois une étudiante qui dévisage° une camarade dont l'oreille semble définitivement incrustée dans son portable°: «bonjour Michelle!». Michelle me regarde avec un visage hébété°, incrédule, avec cette expression figée° qui semble sortir d'une mauvaise transmission de web-vidéo et que je verrai encore et encore, toute la journée. «Madame, 15 vous savez? vous avez entendu la nouvelle? Un avion s'est écrasé dans la tour du World Trade Center.»

Dans la salle de classe, la moitié des étudiants consultent leur e-mail, regardent la page de leurs correspondants français, discutent aimablement. Les autres entrent: «vous avez entendu? vous savez?» 20

C'est facile de voir qui sait, et qui ne sait pas. Ceux qui savent sont au bord des larmes° ou ont cette figure arrêtée°. On n'arrive pas à digérer les nouvelles. Ceux qui arrivent reçoivent des «tu as entendu?» Brian demande si on peut voir ce qui se dit à la télé. J'allume le projecteur. Tous les sites web sont saturés. Pas de chaîne de télé accessible d'ici. J'annonce qu'on va prendre quelques minutes. Je 25 leur propose le site d'un journal français, avec une photo. La langue atténue l'effroi°, le choc. Les retardataires° ouvrent de grands yeux en voyant l'article et la photo «ils disent quoi, là?» Ils comprennent bien qu'il s'est passé quelque chose au World Trade Center. Ils s'appliquent à comprendre. Ils rapprochent leurs chaises les uns des autres. Personne ne veut être tout seul devant son ordinateur. 30 J'explique le mot «attentat»—en anglais, ça se dit «bombing», la même chose que pour «bombardement». On discute des deux sens du mot. Pendant ce temps, Patrick a trouvé une source vidéo-web. Il est un peu plus de 10h25. On voit la deuxième tour du World Trade Center s'écrouler° en direct°. C'est horrible. Pire° qu'un téléfilm fauché°. On sait qu'il y a là des milliers et des milliers de person- 35 nes. Des personnes qu'on connaît, peut-être. Immédiatement je repasse la page du quotidien° et j'éteins le projecteur.

Pour juguler° la panique qui gagne° tout le monde, je dis «on fait cours». Alors, on fait cours, on oublie un peu, je me sens un peu futile. Ça se passe au calme. On apprend qu'un avion s'est écrasé dans le comté de Somerset. Somerset, 40 c'est à côté. Pas loin. S'est écrasé sur quoi? sur qui? Les portables sonnent la fin du cours. Dans les cours de 11h15, c'est l'hystérie. Maintenant, tout le monde sait. Les étudiants pleurent°. Ceux qui ont de la famille qui travaillent à Manhattan sont partagés entre l'impossibilité de croire qu'ils sont morts, l'envie de savoir, et le désir d'ignorer encore un peu. 45

crashed

well-behaved

jarring note
rural; bins
beer cans

stares at
cell phone; dazed
fixed

at the edge of tears; blank face

The (foreign) language mutes the horror;
latecomers

collapse; as it happens; Worse
bad

French daily newspaper on the Internet
To calm, suppress, stop; overcomes

cry

Je sors. Dans les allées, sous le ciel bleu, les arbres verts, les écureuils° qui
50 sautillent°, les gens pleurent ouvertement, les autres ont les yeux gonflés°. On a
remisé° les patinettes° électriques et les skateboards: Tout le monde marche,
lentement, les yeux fixés au sol° ou l'oreille collée° à un portable. Certains ont
fait des petits mausolées° (dont un avec icônes) sous les arbres. On entend mar-
monner° des prières. Hagard, un jeune homme mâchouille° un sandwich sans
55 avaler une bouchée°, assis devant l'auditorium. Il va y avoir une veillée aux chan-
delles° à la chapelle. Une cellule de crise° est ouverte par les services psychologiques et les groupes religieux. Une collecte de sang° pour les victimes de
New York commence au centre des étudiants. Il y a tellement de volontaires
qu'on fait appel à des étudiants infirmiers.

60   Le vol Boston-Los Angeles a détruit une tour. Quand votre famille habite dans
l'une ou l'autre de ces villes, quand votre meilleure amie travaille au 41ᵉ étage de
ladite° tour, et qu'on enseigne, que tous les élèves pleurent, même les grands
garçons à casquette, il faut être adulte, on oublie sa famille. De toute façon on ne
peut contacter personne. Le téléphone ne marche plus. Seul l'Internet reste un
65 lien° entre les gens.

     Le professeur qui enseigne dans la salle après moi annonce: «Il n'y a pas cours;
je vais chercher mes enfants, qu'on soit ensemble. Je rentre chez moi.» Il y a cinq
étudiants, tous pleurent. Pour une fois, on est tous sortis de nos bureaux et on a
mangé ensemble, en ville. Et on a parlé, surtout, d'autre chose. On ne risque rien,
70 ici. Mais on a tous dans les yeux l'image de ces tours immenses qui s'écroulent
dans des volutes° noires, comme dans un mauvais film catastrophe que la télé
nous présente de temps en temps. On se dit que tout le monde est mort. On ne
comprend pas. On se demande «Qui? Pourquoi?»

squirrels
jump around; swollen
put away; scooters
on the ground; glued
memorials
murmur; chews
without swallowing a bite
candlelight vigil; crisis center
blood

said

connection, bond

columns

◉ Do *A faire! (5-4)* on page 182 of the **Manuel de préparation**.

Dossier
Le terrorisme

11 septembre un an déjà

Ils s'appellent Peter, Maria ou Beverly. Des ados new yorkais qui ont surmonté le choc des attentats à leur manière. Un an après, ils se souviennent et témoignent...

Le lycée de Peter, à Manhattan, se trouve à deux rues du World Trade Center.

Par les fenêtres de la cantine, Peter voit le «Ground Zero», l'endroit où se trouvaient les «Twin Towers» avant. Un immense trou. Les tours jumelles, Peter les connaissait bien: c'est là qu'il traînait parfois après le lycée. [...] Jusqu'en janvier, le quartier de son lycée est resté

Peter, collégien à Manhattan, a surmonté le choc en tournant une vidéo avec sa classe.

POINTS DE REPERE

2819
C'est le nombre des victimes des attentats à New York, dont 343 pompiers. 90 personnes sont toujours portées disparues.

Al Qaïda
C'est le nom du réseau terroriste dirigé par Oussama Ben Laden, le milliardaire d'origine saoudienne, qui serait responsable des attentats.

9 mois
C'est le temps qu'il a fallu pour déblayer les 1 800 000 tonnes de décombres du World Trade Center.

100 milliards de dollars
C'est le coût total estimé pour New York des attaques du 11 septembre et de toutes leurs conséquences matérielles et humaines.

Maria et Beverly ont peint, avec leurs camarades d'un lycée du Bronx, une fresque à la mémoire du 11 septembre 2001.

bouclé à cause de la fumée, et un autre établissement de New York a dû l'accueillir ainsi que ses copains. «Les classes étaient surchargées, se souvient-il. Nos profs étaient perdus et nous aussi. On avait la tête ailleurs.» [...]

En avril, Peter a commencé à aller mieux. Il a eu besoin de parler.

De retour dans son lycée, il fallait dépasser le choc, raconter l'explosion, les flammes, la panique des élèves qui fuyaient dans les escaliers... Alors, avec ses copains, ils ont tourné un film vidéo. Pour témoigner. «Nous voulions le faire pour nous, mais aussi pour les futurs élèves de ce lycée. Il fallait qu'ils sachent... » [...]

Loin de Manhattan, un autre lycée new-yorkais se souvient du 11 septembre.

[...] En juin dernier, les habitants ont découvert une fresque peinte par des lycéens. Le 11 septembre, quand le nuage de poussière est arrivé au-dessus d'eux, tous ont été choqués. «C'était la 3e Guerre mondiale ici, sous nos yeux!», lance Beverly, la Nigériane...

Maria, sa copine dominicaine, n'en revient pas d'être aussi vite devenue «patriote». «Chez moi on se parle en espagnol et il y avait un drapeau dominicain à la fenêtre. Ce jour-là, on l'a remplacé par le drapeau américain.» Toutes deux, comme leurs camarades, ont retrouvé une vie normale en janvier. «On était contentes car ça faisait mal de toujours penser à ça. Mais en même temps, on n'avait pas le droit d'oublier», explique Maria. L'idée de la fresque du souvenir s'est alors imposée. «On voulait peindre les tours, la peur, les sauveteurs.»

Source: Guillemette Faure. *Okapi*, no. 722, 15 septembre 2002.

déblayer clear away	**surchargées** overcrowded
décombres rubble	**ailleurs** elsewhere
ados short for **adolescents**	**dépasser** get beyond
ont surmonté overcame	**fuyaient** escaped
à leur manière in their own way	**tourné un film vidéo** made a video
cantine school cafeteria	**Il fallait qu'ils sachent** They had to know
trou hole	**ont peint** painted
tours jumelles twin towers	**fresque** mural
traînait used to hang out	**peinte** painted
est resté bouclé was closed off	**nuage de poussière** cloud of dust
fumée smoke	**lance** says

Le terrorisme: A qui la faute?

Quelque part à Jérusalem, à Johannesburg, à Ajaccio, une bombe vient d'exploser, faisant plusieurs morts. Des personnes innocentes qui passaient par là, ont perdu la vie.

Le terrorisme, c'est agir de manière violente sur les choses ou les personnes, pour faire entendre son opinion. Attentats, prises d'otages... ces horreurs n'ont pas de nom. Tuer des innocents est condamnable, injustifiable, inexcusable. Cela ne fait aucun doute.

Pourtant, après l'indignation, on se pose encore des questions. Au fond, qui est responsable? Les terroristes et seulement eux? Ou également les journalistes qui parlent d'eux, leur faisant ainsi une sorte de «publicité»? Les politiques qui n'ignorent rien? Le cinéma qui fait des terroristes des héros?... Pas si simple...

Après l'explosion d'une bombe dans un immeuble d'Oklahoma City (avril 1995).

Est-ce la faute des terroristes?

Evidemment les terroristes sont les premiers responsables. Ils considèrent que la violence est le seul moyen de faire entendre leurs revendications et qu'il n'y en a pas d'autres.

Ils pensent que les causes pour lesquelles ils se battent sont plus importantes que tout. Plus importantes même que la vie des personnes innocentes. [...]

En réalité, à chaque fois qu'une bombe explose, c'est un retard de plus pour la paix... D'une certaine manière, les terroristes se rendent responsables du fait que les conflits continuent au lieu d'aboutir à la paix.

Est-ce la faute des photographes?

En 1997 la «photo de l'année» était celle d'une mère algérienne effondrée au lendemain du massacre de Raïs le 29 août 1997.

Elle poussait un grand cri de détresse après le massacre commis par les Groupes Islamistes Armés. L'image de la «madone algérienne» comme on l'a appelée depuis a fait le tour du monde. Elle symbolise la douleur vécue par tout un peuple aujourd'hui. Mais sous prétexte d'information a-t-on le droit d'exhiber ainsi une souffrance aussi intime? [...]

N'a-t-elle pas l'effet pervers «d'embellir» aussi la situation? Ne risque-t-on pas d'oublier, en l'admirant, que c'est bien d'horreur que l'on parle et d'actes terroristes?

Est-ce la faute des journalistes télé?

Quand les médias décident de traiter un sujet, il prend soudain de l'importance.

[...] La télévision nous montre la réalité! Avec la télévision, les images d'un acte terroriste sont encore plus frappantes que les paroles qu'on peut entendre à la radio. On montre l'aspect spectaculaire de la réalité. Parfois même, on la suit littéralement en direct.

Des images d'une violence ou d'une tension inouïes peuvent être suivies minute par minute! Du coup, le problème est que le sensationnel, le «scoop» est recherché par toutes les télés et fait monter les taux d'audience d'une télévision. Les journalistes informent sur la violence des faits, leurs informations invitent à réfléchir sur le terrorisme mais en faisant cela, ils font aussi sans le vouloir une «publicité journalistique» aux terroristes. Et grâce à cela, l'objectif de ces derniers est malheureusement atteint. C'est pourquoi le commentaire du journaliste est important: il doit aider les spectateurs à se faire une juste opinion sur ces événements.

LE TERRORISME A CHANGE NOS VIES!

A cause du terrorisme, un peu partout..., hommes, femmes et enfants sont obligés d'apprendre à:

- être toujours vigilants,
- faciliter les contrôles de police,
- surveiller les bagages et ne pas accepter de bagages d'autrui,
- signaler les comportements suspects,
- savoir porter secours en cas d'urgence...

Des métiers nouveaux sont nés à cause du terrorisme: démineur, artificier (ils désamorcent les bombes), techniciens de première urgence...

Le terrorisme a changé nos vies.

Attentifs, ensemble.

Ne vous séparez pas de vos bagages.
Assurez-vous qu'aucun paquet n'a été oublié sous un siège. Signalez-nous tout colis abandonné.
N'hésitez pas à nous solliciter.

RATP

Est-ce la faute des politiques?

Après chaque attentat, on reproche à ceux qui nous gouvernent de ne pas savoir lutter contre le terrorisme en assurant la sécurité des gens.
En fait, on pourrait dire qu'ils sont eux-mêmes les otages des terroristes puisque ces derniers parviennent parfois à leur faire du chantage. «Relâchez notre ami et nous laisserons partir nos otages!...»

Est-ce la faute du cinéma?

Stallone, Schwarzenegger, Van Damme, Bruce Lee... vous connaissez ces héros de la gâchette et du combat grâce au cinéma. Ils ont fait le tour du monde. Leur côté superman vous plaît: ils réussissent tout ce qu'ils entreprennent, même ce qui paraît impossible dans la vie normale. Mais avez-vous déjà pensé que dans leurs films, la violence, la brutalité sont des choses banalisées? Les armes à feu sont utilisées comme s'il s'agissait de jouets. Tuer quelqu'un ne semble poser aucun problème. C'est comme si cela ne touchait presque personne. Comme si personne n'en pleurait.

Le cinéma aurait-il une influence néfaste?

On pense que si le cinéma s'inspire de la réalité, il influence et inspire aussi de plus en plus les gens dans le monde réel. Sociologues et psychologues font de grandes recherches sur la question. Mais il faut rester prudent: personne n'est encore capable de dire avec certitude si un jeune fait une chose parce qu'il l'a vue dans un film. [...]

Est-ce notre faute à tous?

Etre vigilant face au terrorisme, ce n'est pas seulement, comme les Parisiens ont appris à le faire, vérifier que dans un lieu public il n'y a pas un sac abandonné, et surveiller les actes des autres.

L'une des seules voies que l'on puisse trouver pour lutter contre le terrorisme, au-delà de la surveillance policière, c'est probablement de mieux éduquer les gens. Savoir prendre de la distance avec ce que l'on nous montre à la radio, dans la presse, à la télévision, c'est déjà un début. Cela veut dire que l'on s'interroge suffisamment pour ne pas tout croire mais apprendre à comparer les informations et réfléchir. Cela veut dire aussi que l'on apprend à écouter l'autre, à mieux comprendre ce qui le fait agir, ce qui le motive. Face au terrorisme, difficile de rester maître de son destin. Mais l'éducation, la connaissance, la réflexion: c'est plus que jamais le début de la liberté.

faisant plusieurs morts causing several deaths
otages hostages
moyen means
se battent fight
paix peace
aboutir lead
effondrée collapsed
madone madonna
vécue lived
pervers perverted, pernicious
d'embellir embellish, beautify
frappantes striking
paroles words
suit follows
en direct live (broadcasting)
inouïes unheard of, unbelievable
atteint reached
surveiller watch
d'autrui from others
porter secours help
démineur mine removal specialist
artificier member of a bomb squad
désamorcent disable, defuse
lutter contre fight against
parviennent succeed
chantage blackmail
Relâchez Release
gâchette trigger
jouets toys
néfaste harmful, disastrous
lieu place
voies ways
ce qui le fait agir what makes him act
maître de son destin master of one's destiny

Source: *Planète jeunes*, no. 35, octobre–novembre 1998.

N. Qu'est-ce que vous avez compris? Répondez aux questions suivantes à partir des informations dans le *Dossier*.

1. Qu'est-ce que Peter, Maria et Beverly ont fait pour commémorer les événements du 11 septembre 2001?
2. A votre avis, quelles sortes d'attitudes contribuent au terrorisme?
3. Selon l'article dans le *Dossier*, les terroristes ne sont pas les seuls responsables du terrorisme. Est-ce que vous êtes d'accord avec la description des autres responsables identifiés dans l'article? Pourquoi? Pourquoi pas?
4. Quelles raisons pour le terrorisme sont identifiées dans l'article?
5. Comment est-ce que notre vie a changé après le 11 septembre 2001?

Parlez!

O. Je ne suis pas d'accord parce que… Pour chaque point de vue exprimé ci-dessous, dites si vous êtes d'accord ou pas et donnez des raisons pour justifier votre réponse.

Modèle: Le terrorisme est toujours le résultat d'une attitude fanatique!
Je ne suis pas du tout d'accord. Je pense que c'est aussi le résultat des problèmes politiques. Le terrorisme existe parce que les différentes cultures ne font pas d'efforts pour se comprendre. C'est à cause des malentendus entre les nations que nous avons tous ces problèmes. Par exemple… etc.

1. La seule réponse au terrorisme, c'est la guerre!
2. Il y a certaines cultures qui n'ont aucun respect pour la vie!
3. Le terrorisme, c'est la faute de la presse!
4. Il n'y a vraiment pas de passants innocents. Tout le monde est un peu coupable de la situation dans laquelle nous nous trouvons aujourd'hui.
5. Je comprends pourquoi il y a des terroristes. Il faut essayer de comprendre leur point de vue.
6. La violence n'est jamais justifiable!

Discutez!

P. A qui la responsabilité du terrorisme? Voici une liste des différents groupes qui partagent peut-être la responsabilité du terrorisme. A part les terroristes eux-mêmes *(Besides the terrorists themselves)*, décidez lequel de ces groupes vous semble aussi responsable du terrorisme. Donnez votre avis, expliquez pourquoi vous êtes de cet avis et donnez des exemples.

Les groupes

les photographes / les journalistes / les médias en général / les politiques / le cinéma / ceux qui votent / ceux qui ne votent pas / les groupes racistes / les émissions télévisées / nous tous

Modèle: *Il est vrai que la responsabilité du terrorisme doit être partagée par plusieurs groupes. Mais, à mon avis, c'est surtout la faute de… parce que (à cause de)…*

Do *A faire!* (5-5) on page 184 of the **Manuel de préparation**.

Fonction
Comment exprimer l'hypothèse

Rappel

Le conditionnel

1. LE PRÉSENT DU CONDITIONNEL

Conditional endings: -ais, -ais, -ait, -ions, -iez, -aient

Regular stems: infinitive of -er or -ir verbs + endings (**je parlerais / tu finirais**)

Regular stems: infinitive of -re verbs (drop -e) + endings (**il attendrait**)

Irregular stems:

aller	ir-	j'irais
avoir	aur-	tu aurais
devoir	devr-	il devrait
envoyer	enverr-	elle enverrait
être	ser-	on serait
faire	fer-	nous ferions
falloir	faudr-	il faudrait
pouvoir	pourr-	vous pourriez
savoir	saur-	ils sauraient
voir	verr-	elles verraient
vouloir	voudr-	je voudrais

2. LE CONDITIONNEL PASSÉ

Conjugation of past conditional

Use the conditional form of the auxiliary **avoir** or **être** + past participle of main verb:

j'aurais fait / elle serait allée / ils se seraient disputés

3. LES PHRASES CONDITIONNELLES

One sentence clause: **si** + imperfect   *The other sentence clause*: conditional

Si tu *finissais* tes devoirs, tu *pourrais* aller au cinéma avec nous.
Tu *pourrais* aller au cinéma avec nous *si* tu *finissais* tes devoirs.

One sentence clause: **si** + pluperfect   *The other sentence clause*: past conditional

Si tu *avais fini* tes devoirs, tu *aurais pu* aller au cinéma avec nous.
Tu *aurais pu* aller au cinéma avec nous *si* tu *avais fini* tes devoirs.

Q. Que feriez-vous si…? Expliquez à vos camarades ce que vous feriez dans les cas hypothétiques suivants. N'oubliez pas d'utiliser l'imparfait avec **si** et le présent du conditionnel pour exprimer les conséquences. Vos camarades vont vous donner des conseils pour suggérer d'autres possibilités.

Modèle: Que feriez-vous si vous ne trouviez pas un poste qui vous plaît?
—*Si je ne trouvais pas un poste qui me plaît, je prendrais n'importe quoi* (anything at all) *pour gagner de l'argent.*
—*Moi, à ta place, j'irais travailler pour mes parents.*
—*Si j'étais toi, je continuerais mes études.*
—*A mon avis, tu devrais parler à ta conseillère.*

Que feriez-vous…

1. si un(e) camarade de classe demandait de copier vos devoirs?
2. si votre père (mère, femme, mari) perdait son poste?
3. si vous n'aviez pas assez d'argent pour terminer vos études?
4. si vous aviez un problème avec un(e) ami(e)?
5. si vous aviez à vous adapter à une culture étrangère?
6. si vous trouviez un petit chat perdu dans la rue?
7. si vous saviez qu'un(e) ami(e) prenait des drogues?
8. si vous saviez que votre meilleur(e) ami(e) buvait de l'alcool tous les jours?

R. Qu'est-ce que vous auriez fait si… Répondez aux questions en utilisant le conditionnel passé pour exprimer les conséquences.

Modèle: Qu'est-ce que vous auriez fait si vous n'étiez pas venu(e) à l'université?
J'aurais trouvé un job près de ma famille. J'aurais travaillé pour gagner de l'argent. J'aurais acheté une voiture et ensuite je serais allé(e) à l'université.

Qu'est-ce que vous auriez fait…

1. si vous n'étiez pas venu(e) à l'université?
2. si vous vous étiez disputé(e) avec votre meilleur(e) ami(e)?
3. si vous aviez gagné des millions à la loterie?
4. si vous aviez trouvé un portefeuille qui contenait 1 000 dollars sur le trottoir?
5. si vous n'aviez pas étudié le français?
6. si vous aviez oublié d'étudier pour un examen?

S. Les conséquences du 11 septembre 2001. A votre avis, en quoi est-ce que les Etats-Unis ont changé depuis les événements du 11 septembre? Qu'est-ce qui a changé pour vos amis et vous? Quelles sont les conséquences de ces actes de terrorisme?

T. Qu'est-ce qu'on devrait faire pour décourager le terrorisme? Avec vos camarades, discutez de ce qu'on pourrait faire pour essayer de limiter ou même d'éliminer le terrorisme.

Modèle: —*On devrait encourager le contact entre les gens.*
—*Pourquoi?*
—*Parce que, si on se connaissait mieux, on aurait moins de préjugés et moins de peur et de haine.*
—*Vous êtes sûr(e) (Tu es sûr[e])?*
—*Oui, parce que je pense qu'il est difficile d'agresser une personne qu'on connaît, qu'on comprend et qu'on aime bien. Par exemple… etc.*

Lisez!

Le terrorisme ne se limite pas à la destruction de personnes et de bâtiments. Il peut aussi se manifester sous d'autres formes. Les écoterroristes visent la nature et ce qui nous fait vivre comme, par exemple, l'eau qui nous maintient en vie et l'air que nous respirons. Mais la menace de la destruction de l'environnement ne vient pas uniquement de terroristes potentiels. La protection de la nature est la responsabilité de tout le monde et nous sommes tous coupables, d'une façon ou d'une autre, de sa dégradation. Il faut donc se demander ce que nous pouvons faire pour protéger la Terre et les ressources dont nous avons besoin pour vivre.

Etes-vous terrorisés par la pollution?

«Il faut câliner notre planète»

Je trouve que trop de gens ne font pas assez attention à la nature. Notre planète, pour qu'elle ne s'use pas, il faut la protéger, la câliner... J'habite à 30 km de la centrale nucléaire de Chinon et à 50 km de Saint-Laurent-des-Eaux. Alors, si tout saute, je serai radioactivisée: quelle horreur! Si tu jettes un chewing-gum par terre, reprends-le et dépose-le dans une poubelle; ainsi tu aides la nature à être moins polluée. Il faut penser que notre Terre, c'est pas une poubelle!

Mireille, Tours

«Je ramasse les détritus de mes camarades»

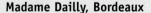

Moi aussi, j'ai peur de la pollution. Je ne jette pas un seul papier par terre, dans la nature, et je dispute mes camarades quand ils polluent avec leurs détritus. Parfois même, je ramasse ce qu'ils ont jeté. Je trouve que Greenpeace est pas mal du tout, mais ils sont souvent hors-la-loi. Les humains sont incapables de sauver la Terre sans utiliser la violence. Ce qui les intéresse, c'est l'argent. Je suis révolté.

Jonas, Toulouse

«Tous responsables»

Terrorisée, ce serait beaucoup dire, car si la pollution existe, c'est en premier lieu à cause de nous. Mais il est vrai que parfois cela m'effraie. Je pense qu'avant tout, vous et moi sommes tout aussi coupables de la population totale de la Terre.

Madame Dailly, Bordeaux

«C'est effrayant!»

[...] Mais le plus terrible, c'est que les hommes politiques et autres, bref, toutes les personnes qui auraient la capacité d'agir ne le font pas. Et souvent, il faut avoir de l'argent pour lutter contre la pollution. Par exemple, en Russie, ils n'ont pas les moyens de fermer des usines qui polluent, d'arrêter l'activité de certaines centrales nucléaires, etc. C'est déplorable!

Monsieur Ahmad, Paris

«Stop au gaspillage»

Bientôt la Terre s'appellera décharge. Tout ça à cause des voitures, des usines, des essais nucléaires. On vit dans une société de gaspillage, il faut arrêter tout ça! La France à vélo et en patins! Et c'est mieux pour les asthmatiques!

Magali, Strasbourg

Et vous, êtes-vous terrorisé(e) par la pollution?

Do *A faire! (5-6)* on page 191 of the **Manuel de préparation.**

Dossier
L'environnement

LES DIX PLAIES DE LA TERRE

Selon les experts en environnement des Nations unies, les principales menaces pour l'avenir de l'humanité sont les suivantes:

1. La dégradation des sols due à la disparition du couvert forestier et à l'intensification des cultures;
2. Le réchauffement climatique causé par l'effet de serre, qui provoquera une élévation du niveau des mers et modifiera les écosystèmes;
3. La réduction de la biodiversité liée au recul des zones naturelles devant l'urbanisation, les cultures et la pollution, qui fait disparaître des milliers d'espèces;
4. La déforestation (150 millions d'hectares disparus entre 1980 et 1990, soit 12% de la surface totale);
5. La raréfaction de l'eau douce, conséquence des prélèvements par l'agriculture et de la pollution des nappes phréatiques;

6. La pollution chimique produite par l'industrie, qui se retrouve dans l'eau, l'air, les sols et contamine les animaux et les hommes;
7. L'urbanisation anarchique, qui entraîne la multiplication des mégapoles et des bidonvilles où les conditions de vie se détériorent;
8. La surexploitation des mers (pêche) et la pollution du littoral, qui vont accroître la famine dans certains pays et les risques de maladie dans les pays développés;
9. La pollution de l'air, liée à l'activité des grandes villes (chauffage, circulation, usines...), qui favorise les pluies acides;
10. Le trou de la couche d'ozone (20 à 30% au-dessus de l'Arctique et plus de 50% de l'Antarctique), qui réduira la protection aux rayons du soleil.

Source: PNUE, 1998

Marseille sans voiture

La ville de Marseille a annoncé des journées sans voiture pour toute la durée de l'été afin de lutter contre les effets de la pollution automobile. Au cours de l'été 2001, [Marseille] avait enregistré un niveau record de pollution atmosphérique avec 21 jours de pic d'ozone, plus qu'à Paris et dans de nombreuses autres villes de France. Cette année, dès le mois de juin, sous l'effet de la chaleur, la région a enregistré ses pre-

Une famille marseillaise se promène à vélo, à pied et à patinette lors d'une «Journée de la qualité de l'air partagé», journée qui a pour but de réduire la pollution atmosphérique.

mières alertes que le seuil de pollution acceptable avait été dépassé.

A Marseille, la pollution causée par les voitures est aggravée par les émanations provenant des raffineries du complexe pétro-chimique de Fos-sur-Mer. C'est pour tenter d'inverser cette tendance que la ville a lancé le principe de «Journées de la qualité d'air partagé» sur quatre dimanches d'été.

Source: *Journal Français*, vol. 24, no. 8, août 2002.

✳ En 1998, le taux d'ozone a dépassé le seuil considéré comme dangereux pour la santé pendant 12 jours à Strasbourg, 11 à Lyon, 10 à Marseille, 9 à Fos-Berre, 3 à Paris.

✳ Depuis 1995, plus de 90% des Européens ont été exposés à des niveaux d'ozone supérieurs aux limites recommandées par l'Organisation mondiale de la santé.

Source: *Francoscopie 2001.*

Les voitures électriques sont de plus en plus fréquentes, surtout dans les grandes villes comme Paris. Ces voitures sont économiques, elles ne polluent pas l'atmosphère et elles sont très pratiques dans des villes à stationnement limité.

Aurons-nous toujours de l'eau à boire?

L'eau, c'est une richesse illimitée pour certains, une denrée rare pour d'autres, selon l'endroit de la planète où on vit. Ce qui est sûr, c'est que le corps ne peut pas se passer d'eau pour vivre. Et que les hommes commencent à se rendre compte qu'il faut établir une politique mondiale si on veut préserver la qualité de l'eau, et aussi la quantité nécessaire à la vie, dans les années à venir.

Peut-on vivre sans eau?

La vie est apparue sur Terre il y a 3,5 milliards d'années. «Sur Terre», c'est une manière de parler: elle est apparue dans l'eau! Et aucune forme de vie ne peut subsister sans eau. Les plantes et les animaux marins se satisfont d'eau salée. Mais les plantes et les animaux terrestres, et nous les hommes, avons besoin d'eau douce.

Bien sûr, il y a de grandes inégalités dans la consommation d'eau: en moyenne, aux Etats-Unis chaque habitant consomme 30 m³ d'eau par an alors que dans les pays défavorisés, chacun se contente de moins de 5 m³. 1 m³ = 1 000 litres.

Qu'est-ce qui pollue l'eau?

Les problèmes ne sont pas exactement les mêmes dans tous les pays. Dans les pays très industrialisés, il y a beaucoup de pollution chimique: les usines, les nombreux véhicules rejettent des produits toxiques. Les paysans mettent dans leurs champs des quantités d'engrais aux nitrates ou des pesticides pour tuer les insectes. Les familles utilisent dans les lave-linge des détergents très polluants. Beaucoup de ces produits chimiques se retrouvent dans les rivières, ou même s'infiltrent dans la terre vers les nappes souterraines qu'ils polluent peu à peu. Quelle eau va-t-on boire alors? Il faut donc épurer soigneusement les eaux usées dans des usines spécialisées pour éviter une telle contamination.

Dans les pays peu industrialisés, les problèmes viennent plutôt des microbes.

L'eau souterraine est potable. Mais il suffit de plonger dans le puits du village un seau infecté d'un microbe pour que le puits, et donc tout le village, soit contaminé. Et même s'il y a une fontaine avec un robinet, l'eau que l'on emporte chez soi et que l'on garde plusieurs heures risque de vite se polluer. En effet, avec la chaleur tropicale, les bactéries et parasites se développent à grande vitesse. Ainsi se transmettent par l'eau l'hépatite, le choléra, les salmonelles, la typhoïde, la poliomyélite, les amibes…

C'est pourquoi il faut faire bouillir l'eau au moins cinq minutes avant de la boire.

Quelle quantité d'eau faut-il pour…
• Une douche: environ 25 litres
• Une baignoire: 150–200 litres
• Une chasse d'eau de WC: 10 litres
• Une lessive en lave-linge: 40–50 litres

REPARTITION DE L'EAU SUR LA PLANÈTE

Y a-t-il beaucoup d'eau sur notre planète? Enormément: 1 350 millions de km³, c'est-à-dire une quantité inimaginable. 74% de la surface du globe est recouverte par les océans… mais c'est de l'eau salée, qui n'est bonne ni pour notre soif ni pour nos cultures. Seules 2,5% des eaux du globe sont douces!

Environ les 3/4 de cette eau douce sont bloqués, gelés dans les calottes glaciaires des pôles. Inaccessibles donc!

Que reste-t-il alors pour notre soif? Nos rivières et nos lacs, qui ne représentent que 1% de l'eau douce, et surtout l'eau qui se loge loin de nos yeux sous le sol, et qui représente le quart de l'eau douce.

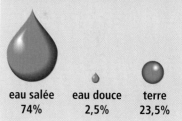

eau salée 74%   eau douce 2,5%   terre 23,5%

Si ça se trouve, l'air qu'on respire c'est pas de l'air.

Préserve la couche d'ozone!

Les plantes aussi boivent et transpirent. Il faut 622 g d'eau pour produire un gramme de riz, 275 g d'eau pour un gramme de millet.

DES GESTES D'ECONOMIE

L'eau du robinet n'est pas gratuite: elle coûte cher à extraire, éventuellement à nettoyer, et à transporter. Les eaux usées coûtent cher aussi à évacuer et à épurer. Quand il faut puiser l'eau et la transporter sur son dos, on sait bien qu'il faut l'économiser.

Quand on n'a qu'à ouvrir le robinet, il faut se rappeler que l'eau est précieuse et penser à avoir des gestes d'économie.

- Ne pas oublier un robinet ouvert.
- Ne pas laisser couler l'eau pour rien, par exemple pendant qu'on se brosse les dents.
- Changer le joint du robinet au lieu de le laisser goutter.
- Ne pas jeter dans l'égout les huiles de vidange des moteurs.
- Ne pas jeter de déchets dans la nature. La pluie les introduit dans les lacs et les rivières.
- Ne pas jeter de produits chimiques dans l'évier, le lavabo, les toilettes, la baignoire. Ils sont très toxiques et polluent l'eau.
- Dans le jardin, utiliser un grand bac pour amasser l'eau de la pluie; utiliser cette eau pour arroser les plantes.
- Dans le jardin, utiliser le tuyau le moins possible; l'arrosoir gaspille moins d'eau et est donc préférable.
- Demander à la compagnie d'eau d'indiquer la quantité moyenne d'eau utilisée pendant un mois; établir le but de réduire la consommation d'eau par un quart; surveiller la consommation d'eau de très près.

Source: *Planète jeunes*, no. 39, juin–juillet 1999.

Comment recycle-t-on les ordures?

Bouteilles, cartons, boîtes de conserve: les déchets ménagers sont de plus en plus nombreux. Chaque année, les Français en jettent 22 millions de tonnes. C'est 3 000 fois le poids de la tour Eiffel! Heureusement, le recyclage leur donne une seconde vie.

[En France, depuis 2002], les décharges sont interdites. Depuis le vote de cette loi en 1991, les mairies doivent s'occuper des déchets de leur ville. Les habitants classent les ordures par «famille»: papier, plastique, verre… et le reste dans un sac. Ensuite, ils jettent les déchets dans des bennes ou des conteneurs différents. L'aluminium, lui, est récupéré par des sortes de machines à sous dans certains supermarchés: en y déposant sa canette de soda, on peut gagner un cadeau!

Le recyclage de l'aluminium

L'aluminium est le seul matériau à pouvoir être réutilisé indéfiniment. Une canette de boisson vide, par exemple, est nettoyée puis broyée en tout petits morceaux. Le métal est ensuite chauffé dans un four où il fond rapidement.

Le recyclage préserve la forêt

Pour fabriquer une tonne de papier, il faut 17 arbres, beaucoup d'eau et une grande quantité de pétrole. En recyclant le papier, on protège la forêt et on fait faire des économies d'énergie.

Pourquoi trier?

Trier c'est faire un geste utile pour soi et pour les autres. Une manière moderne et personnelle de contribuer à la protection de l'environnement.

Trier c'est bon pour l'environnement. Le tri des déchets recyclables rime avec économies d'énergie et de ressources naturelles. Par exemple, lorsque l'on crée des produits en aluminium recyclé plutôt qu'en aluminium non recyclé, on économise 95% de l'énergie nécessaire à la fabrication.

Trier c'est la première étape. En triant chaque jour vous êtes le premier maillon d'une chaîne. Vous effectuez le premier geste de tri chez vous en déposant les déchets recyclables dans le bac à couvercle jaune ou blanc. Dans les centrales de tri, les différents matériaux sont séparés: acier, aluminium, briques alimentaires, papier carton, plastique opaque ou transparent, journaux, magazines et petit électroménager. Des usines de recyclage réceptionnent ensuite les matériaux pour en faire de la matière première destinée aux industries du recyclage.

Trier c'est donner une seconde vie à vos emballages. Trier ses déchets, c'est changer le destin des emballages en leur permettant de réapparaître sous forme de produits recyclés.

 Avec du verre recyclé les verreries peuvent fabriquer de nouvelles bouteilles. En France, durant l'année 2001, 1 200 000 tonnes de verre ont été recyclées, soit l'équivalent de 3 milliards de bouteilles de 75 cl, une quantité de verre suffisante pour mettre en bouteilles les deux tiers de la consommation annuelle française de vin.

 Avec du carton, on peut fabriquer du carton, de l'essuie-tout ou du papier hygiénique. En France, durant l'année 2001, 285 000 tonnes de papiers-cartons ont été recyclées, soit l'équivalent de 1 milliard de boîtes de chaussures.

 Avec de l'aluminium, les fonderies d'aluminium peuvent fabriquer des pièces de moteur. En France, durant l'année 2001, 6 000 tonnes d'aluminium ont été recyclées, soit 74 fois le poids d'un Airbus A310.

 Avec du plastique, on peut fabriquer des tubes ou des fibres polaires. En France, durant l'année 2001, 111 000 tonnes de plastique ont été recyclées, soit deux fois le volume du Stade de France.

 Avec des métaux ferreux, les aciéries fabriquent de l'acier (fers à béton, poutrelles...). En France, durant l'année 2001, 265 000 tonnes d'acier ont été recyclées, soit 36 fois le poids de la Tour Eiffel.

 Avec des journaux et des papiers, les papeteries peuvent fabriquer du papier.

 Pour le petit électroménager, la filière est en cours de développement.

Source: *Paris le journal*, no. 125, 15 mai 2002.

Pollution: des solutions?

La pollution est devenue ces dernières années, l'un des très grands problèmes des villes africaines. Concernés par le phénomène, jusqu'à l'indignation, les jeunes agissent… quand c'est possible.

Le «*Set Setal*» au Sénégal

Nul ne peut dire avec certitude comment est né le phénomène du *set setal* (mot wolof qui veut dire «garde ton environnement propre»). Vers le début des années 80 déjà, il n'était pas rare de tomber sur une foule de jeunes de Niari Tally (un quartier populaire de

Le nettoyage des rues de Dakar se fait deux fois par semaine.

Dakar) en train de nettoyer et de désensabler les trottoirs devant chez eux. La mode était lancée et pas une seule Association Sportive et Culturelle n'osait oublier le *set setal* dans son programme d'activités.

SACS PLASTIQUES: ATTENTION DANGER!

Le fameux sachet plastique («mbousse» en wolof) que l'on retrouve partout sur les trottoirs ou accroché aux branches des arbres [...] constitue une réelle menace pour notre environnement. [...]

Une enquête révèle qu'à Dakar, 30% des animaux domestiques meurent pour avoir consommé des sacs plastiques. Les arbres meurent aussi par la faute de ces sacs qui empêchent l'infiltration de l'eau dans le sol.

Une solution à ces problèmes?

Difficile, mais, du côté de l'ONG Enda Ecopole, en plein cœur du quartier Khadimou Khassoul, il se passe des choses intéressantes. Un atelier de fabrique d'objets divers à partir de récupération de sachets en plastique a été mis en place. Une dizaine de filles de 10 à 18 ans issues pour la plupart de milieux défavorisés y sont inscrites. Après avoir lavé et séché les sacs, elles les découpent en fines lanières avant de les tresser au crochet. La matière première ne manque pas avec les sachets collectés par les élèves.

Le produit de la vente de ces objets d'art est versé dans une caisse de solidarité qui sera partagée au bout d'une certaine période entre toutes les élèves. Le plus grand pas, lui, est à faire dans la tête des populations quand elles choisiront de ne pas faire de la rue une décharge où l'on jette toutes les ordures.

Source: *Planète jeunes*, no. 45, juin–juillet 2000.

Parlez!

U. Qu'est-ce que vous avez compris? Commentez les phrases extraites des textes sur l'environnement en vous référant aux informations que votre lecture vous a fournies. N'oubliez pas d'utiliser le vocabulaire que vous avez appris dans la *Fiche lexicale*.

1. «L'eau, c'est une richesse illimitée pour certains, une denrée rare pour d'autres, selon l'endroit de la planète où on vit.»
2. «Les problèmes [de l'eau] ne sont pas exactement les mêmes dans tous les pays.»
3. «... il y a de grandes inégalités dans la consommation d'eau... »
4. «Quand on n'a qu'à ouvrir le robinet, il faut se rappeler que l'eau est précieuse et penser à avoir des gestes d'économie.»
5. «Bouteilles, cartons, boîtes de conserve: les déchets ménagers sont de plus en plus nombreux.»
6. «L'aluminium est le seul matériau à pouvoir être réutilisé indéfiniment.»
7. «Trier ses déchets, c'est changer le destin des emballages en leur permettant de réapparaître sous forme de produits recyclés.»
8. «Une enquête révèle qu'à Dakar, 30% des animaux domestiques meurent pour avoir consommé des sacs plastiques.»

V. Qu'est-ce que vous pouvez donner comme exemple? Choisissez un des points de vue possibles à l'égard de chaque sujet et donnez des raisons et un exemple pour justifier votre choix.

1. En ce qui concerne l'environnement, les jeunes sont plus (moins) actifs que les adultes.
2. Les gens qui habitent à la campagne sont plus (moins) consciencieux que les citadins en ce qui concerne la protection de l'environnement.
3. Je suis très (Je ne suis pas très) consciencieux(se) en ce qui concerne le recyclage.
4. Certains pensent que les écologistes protègent la nature (flore et faune) aux dépens de l'homme.
5. Nous faisons assez (Nous ne faisons pas assez) d'efforts pour protéger les espaces naturels.

Discutez!

W. Exemples d'actions. Pour chacun des problèmes mentionnés dans les articles sur l'environnement, proposez des actions individuelles ou collectives qui ont pour but de protéger l'environnement. Inspirez-vous des solutions proposées dans les textes sur l'environnement et ajoutez-en d'autres.

1. la pollution de l'air
2. les déchets ménagers
3. la pollution de l'eau
4. la protection des forêts

Do *A faire!* *(5-7)* on page 196 of the **Manuel de préparation**.

Fonction
Comment parler de l'avenir

Rappel

Le futur

1. LES FORMES DU FUTUR

J'irai en Espagne dans deux ans.

Tu feras cet exercice pour demain.

Il aura assez de patience pour finir ce puzzle?

Nous enverrons un e-mail à Carla.

Vous serez à la réunion demain matin?

Elles apprendront les phrases conditionnelles.

2. LES EMPLOIS DU FUTUR

Future event:	Nous *aurons* un examen la semaine prochaine.
Command:	Vous *mangerez* tous vos légumes.
Polite request:	Tu *iras* à la boulangerie pour moi?
With **quand, lorsque, dès que, aussitôt que:**	Je les *verrai* dès qu'ils *arriveront*.

3. LES PHRASES CONDITIONNELLES

si + present + future	Si tu *as* assez d'argent, tu *pourras* acheter ce DVD.
+ present	Si tu *as* assez d'argent, tu *peux* acheter ce DVD.
+ imperative	Si tu *as* assez d'argent, *achète* ce DVD.
si + imperfect + present conditional	Si tu *avais* assez d'argent, tu *pourrais* acheter ce DVD.
si + pluperfect + past conditional	Si tu *avais eu* assez d'argent, tu *aurais pu* acheter ce DVD.

X. Une interview pour un job. Complétez l'entrevue en utilisant le futur des verbes entre parenthèses.

1. —Est-ce que vous (être) _____ prêt à déménager?

2. —Oui, tout à fait. Ma femme et moi, nous (aller) _____ dans n'importe quelle partie de la France ou même à l'étranger, si c'est nécessaire.

3. —Est-ce que vous (pouvoir) _____ commencer dans quinze jours?

4. —Oui, absolument. Ma femme (rester) _____ ici pour s'occuper de nos affaires et moi, je (partir) _____ quand vous (vouloir) _____.

5. —Est-ce que vous (prendre) _____ vos vacances en juillet?

6. —Oui. Ça vous (arranger) _____? Ma femme et mes enfants (aller) _____ au bord de la mer et moi, je les y (retrouver) _____ pour quinze jours. Les enfants (voir) _____ leurs grands-parents et moi, j'(avoir) _____ le temps de me reposer un peu.

7. —Quinze jours, oui, ça (aller) _____ très bien pour nous. Moi, aussi, je (être) _____ en vacances à ce moment-là. Ma fille ne cesse de me répéter: «Tu (prendre) _____ des vacances cette année?» Elle (être) _____ très contente quand je vais lui dire qu'on (visiter) _____ la Grèce cette année. Ça (être) _____ une grande surprise pour elle.

8. —En effet! Elle a quel âge, votre fille?

   —Elle (avoir) _____ douze ans le mois prochain. Bon, alors, on est d'accord. Vous (commencer) _____ dans quinze jours et je vous (voir) _____ donc à ce moment-là. Et si vous avez d'autres questions, vous (pouvoir) _____ me téléphoner ou vous m'(envoyer) _____ un e-mail.

9. —D'accord. Et merci, madame. Je (faire) _____ de mon mieux pour remplir les responsabilités du poste.

Y. Si on ne fait rien... Faites des phrases avec le futur pour indiquer ce qui arrivera si on ne fait rien pour protéger l'environnement.

Modèle: Si on ne fait rien pour conserver l'eau douce...
Si on ne fait rien pour conserver l'eau douce, on n'aura pas assez d'eau pour les plantes, les animaux et les personnes.

1. Si on ne fait rien pour limiter la pollution de l'eau...
2. Si on ne fait rien pour protéger les forêts...
3. Si on ne fait rien pour limiter la pollution de l'air...
4. Si on ne fait rien pour protéger les espèces animales et végétales...

C'est à vous maintenant!

Discutez!

Z. Qu'est-ce qu'on peut faire? Choisissez un problème qui vous semble particulièrement grave dans le monde où nous vivons. Identifiez le problème pour votre camarade et expliquez pourquoi c'est un problème en donnant des raisons et des exemples. Enfin proposez des solutions, expliquez pourquoi ce sont de bonnes solutions, et donnez des exemples qui illustrent ces solutions. Puisque vous allez écrire un essai sur ce sujet dans le **Manuel de préparation** (Ex. XXXIII), il serait peut-être prudent de prendre quelques notes pendant cette discussion.

Do **A faire! (5-8)** on page 203 of the **Manuel de préparation**.

Chapitre 6

On raconte

Chapter Support Materials (Student)
MP: pp. 208–232
Audio: CD3, Tracks 10–16

Objectives

In this chapter, you will learn to:

- read and write informal narratives;
- read and write a creative text;
- use the passive voice;
- use negative expressions.

Comptes rendus
Les films de la semaine

Lisez!

Pariscope est une revue de petit format qui paraît tous les mercredis et qui résume tout ce qu'il y a à faire à Paris et dans la région parisienne pendant la semaine qui vient—films, concerts, pièces de théâtre, opéras, musées, restaurants, clubs et discothèques. Voici quelques comptes rendus de films tirés d'un numéro de *Pariscope*. En les lisant, faites surtout attention à la façon dont ils sont composés, car vous devrez à votre tour imiter cette structure pour rédiger vos propres comptes rendus.

DA **LE VOYAGE DE CHIHIRO.** 2000. 2h. Dessin animé japonais en couleurs de Hayao Miyazaki.
Une fillette de dix ans, en route avec ses parents, pour sa nouvelle demeure, se perd et se retrouve dans un curieux village. Ses parents transformés en cochons, elle doit affronter la sorcière des lieux, et trouver le moyen de recouvrer sa liberté. Un voyage initiatique fantastique, aventureux et poétique réalisé par le maître japonais de l'animation, auteur de «Princesse Mononoké». ◆**L'Arlequin 25** v.o. ◆**Elysées Lincoln 46** v.o. ◆**Cinéalternative 71 bis** v.o. ◆**Saint Lambert 96** v.f.

DR **MARIE-JO ET SES DEUX AMOURS.** 2002. 2h05. Drame français en couleurs de Robert Guédiguian avec Ariane Ascaride, Jean-Pierre Darroussin, Gérard Meylan, Julie-Marie Parmentier.
Marie-Jo aime sa vie, elle aime sa fille et son mari, mais depuis quelque temps elle aime aussi Marco qui fait maintenant partie de cette vie et qui la rend invivable. En famille, elle ne pense qu'à lui et lorsqu'elle le retrouve, les siens lui manquent... Un nouveau tome (très beau) du livre de la vie par Guédiguian et sa troupe. ◆**UGC Ciné Cité Les Halles 2** ◆**Gaumont Opéra Premier 6** ◆**UGC Rotonde Montparnasse 41** ◆**Majestic Bastille 72** ◆**MK2 Beaugrenelle 95**

CO **LE FABULEUX DESTIN D'AMELIE POULAIN.** 2000. 2h. Comédie française en couleurs de Jean-Pierre Jeunet avec Audrey Tautou, Mathieu Kassovitz, Rufus, Claire Maurier, Isabelle Nanty, Dominique Pinon, Serge Merlin, Jamel Debbouze, Yolande Moreau.
Décidée à réparer les accrocs de la vie de son entourage, une jeune fille multiplie les ruses et les stratagèmes pour intervenir en douce sur les destins... au point d'en oublier son propre bonheur. Pourtant, le prince charmant est juste sous son nez! Un univers qui mêle tendresse, humour et poésie avec une galerie d'acteurs épatants. ◆**Studio Galande 21** ◆**Denfert 82** ◆**Le grand Pavois 94** ◆**Saint Lambert 96**

HO **EMPRISE.** *Frailty.* 2001. 1H40. Film d'horreur américain en couleurs de Bill Paxton avec Bill Paxton, Matthew McConaughey, Powers Boothe.
Au siège du FBI, en pleine nuit un homme se présente et déclare être le frère d'un serial killer recherché depuis des années et qui vient de se suicider. Mais les meurtres de ce dernier ne sont qu'une petite partie d'une longue et terrible histoire qui a commencé 20 ans auparavant... Un premier film réalisé par l'acteur de «Twister». int -16 ans. ◆**UGC Ciné Cité Les Halles 2** v.o. ◆**Gaumont Opéra Premier 6** v.o. ◆**UGC Danton 38** v.o. ◆**Rex 9** v.f. ◆**UGC Montparnasse 39** v.f.

CD **L'OISEAU D'ARGILE.** 2002. 1h30. Comédie dramatique franco-bengladeshie en couleurs de Tareque Masud avec Nurul Islam Bablu, Russell Farazi, Jayanto Chattopadhyay, Rokeya Prachy.
A la fin des années 60 dans l'est du Pakistan qui deviendra bientôt le Bengladesh, un enfant pauvre est envoyé étudier dans une école religieuse musulmane. Il lutte pour s'adapter à une nouvelle vie très rude alors que grandit l'opposition dans le pays entre le pouvoir militaire et le peuple. Un récit inspiré de l'enfance du réalisateur, dont c'est la première fiction. ◆**Gaumont Opéra Premier 6** v.o. ◆**MK2 Beaubourg 11** v.o. ◆**UGC Triomphe 55** v.f. ◆**Les 7 Parnassiens 90** v.o.

Source: *Pariscope*, nos. 1781, 1774.

A. L'organisation d'un compte rendu. Répondez aux questions suivantes d'après les cinq comptes rendus que vous venez de lire.

1. Lesquels des éléments suivants *ne* font *pas* partie du compte rendu de film tel qu'on le trouve dans *Pariscope*?

   a. les acteurs principaux du film
   b. l'année où le film est sorti
   c. la compagnie qui a produit le film
   d. le compositeur de la musique du film
   e. le coût de la production du film
   f. la durée du film
   g. une courte évaluation du film
   h. le genre du film
   i. le(s) pays où le film a été produit
   j. le réalisateur du film
   k. les heures des séances
   l. la (les) salle(s) de cinéma où passe le film
   m. le titre du film

2. Dans quel ordre apparaissent les éléments qui font partie du compte rendu?

3. Le petit paragraphe au milieu du compte rendu comprend généralement deux ou trois phrases. En quoi la première (ou les deux premières) phrase(s) diffère(nt)-t-elle(s) de la dernière (ou des deux dernières)?

4. Ces phrases ne sont pas toujours grammaticalement complètes. Trouvez un exemple de phrase complète (c'est-à-dire, avec un sujet et un verbe principal) et un exemple de phrase incomplète (c'est-à-dire, sans verbe principal).

Ecrivez!

B. Un compte rendu de film. Choisissez un film que vous avez vu. Rédigez un compte rendu de ce film en imitant les modèles tirés de *Pariscope*. S'il y a une date ou un nom qui vous manquent, vous pourrez les inventer (ou bien les chercher sur Internet); l'essentiel, c'est de bien imiter la forme du compte rendu.

Okapi est une revue pour jeunes qui paraît deux fois par mois. On y trouve des articles sur une grande variété de sujets: l'actualité, les sciences, l'histoire, la vie adolescente, etc. Dans chaque numéro il y a aussi des comptes rendus de films un peu plus longs et un peu plus détaillés que ceux qu'on trouve dans *Pariscope*. Voici deux comptes rendus tirés d'*Okapi*. En les lisant, faites surtout attention à leur organisation et à ce qui les différencient des comptes rendus de *Pariscope*.

Le Seigneur des anneaux

L'histoire: Dans le monde fantastique des Terres du Milieu, une légende parle d'un anneau aux pouvoirs terrifiants. Cet anneau maléfique est retrouvé par Bilbo, la créature la plus innocente qui soit. Son ami Gandalf, grand magicien, le convainc de lui confier cet objet, qui attire à lui la violence, la cupidité et la mort. Pour éviter que les humains et les elfes ne se déchirent à nouveau à cause de lui, une décision s'impose: détruire l'anneau, en le jetant dans la lave, au cœur du pays de Mordor...

L'avis d'Okapi: Nous avons enfin pu voir ce film événement. Résultat: c'est grandiose! Transposer à l'écran l'univers fantastique créé par l'écrivain J.R.R. Tolkien relevait du pari fou. A force de travail et de talent, le réalisateur a réussi à insuffler à ce premier volet toute la magie des livres de Tolkien. Bravo. Vivement décembre 2002... et l'épisode 2!

Le pacte des loups

L'histoire: Dans les années 1760, une «bête» terrifiante s'attaque aux femmes et aux enfants dans une région reculée de France, le pays de Gévaudan. De victime en victime, sa réputation grandit et atteint Paris. Le roi Louis XV envoie sur place le chevalier Grégoire de Fronsa, chargé d'étudier cet étrange tueur qui échappe à tous les pièges. S'agit-il d'un loup? D'un monstre? Ou peut-être est-ce pire encore...

L'avis d'Okapi: Le pacte des loups s'appuie sur un fait divers de l'histoire de France, celui de la «bête de Gévaudan» qui, au 18e siècle, aurait fait plus d'une centaine de victimes. A partir de ce matériau, le réalisateur Christophe Gans et le scénariste Stéphane Cabel ont laissé agir leur imagination. Résultat: un film d'aventures, effrayant, envoûtant et étrange. Tout est fait pour nous divertir: une forêt inquiétante, des aristocrates décadents, un ennemi insaisissable, des combats à couper le souffle, une atmosphère irréelle, des images superbes et même un Indien adepte du Kung fu. Malgré certaines scènes improbables, on prend un vrai plaisir à se perdre dans les forêts fantastiques du pays de Gévaudan...

Source: *Okapi*, no. 687, 1er février 2001.

C. Deux comptes rendus. Après avoir lu le compte rendu du film *Le Seigneur des anneaux* et celui du film *Le Pacte des loups*, répondez aux questions suivantes.

1. Les comptes rendus de films d'*Okapi* comprennent normalement deux parties: l'histoire, l'avis d'*Okapi*. En quoi consiste la première partie (l'histoire)? Est-ce qu'on raconte tout ce qui se passe? Expliquez. En quoi consiste la seconde partie (l'avis d'*Okapi*)? Après avoir lu le compte rendu, est-ce que vous savez l'opinion de la revue à l'égard du film? On l'aime? On ne l'aime pas? Expliquez.

2. Les mini-comptes rendus de *Pariscope* nous offrent plusieurs détails à propos d'un film: son titre, l'année où il est sorti, la durée du film, son genre, le(s) pays où le film a été produit, son réalisateur (sa réalisatrice), ses acteurs principaux, son sujet et les salles où on le passe actuellement. Lesquels de ces détails sont présents dans les comptes rendus d'*Okapi*? Qu'est-ce qu'on trouve dans *Okapi* qu'on ne voit pas dans les comptes rendus de *Pariscope*?

Do *A faire! (6-1)* on page 208 of the **Manuel de préparation.**

D. Un compte rendu de film. En lisant le compte rendu rédigé par un(e) camarade de classe (Exercice V dans votre **Manuel de préparation**), considérez les questions suivantes:

1. *Organisation*: Quel est le sujet de chaque paragraphe du compte rendu? Est-ce que le contenu correspond à celui du compte rendu modèle?

2. *Style*: Est-ce que l'auteur a réussi à imiter les phrases-modèles tirées du texte?

3. *Contenu*: Est-ce que vous avez vu le film dont parle votre camarade? Si oui, êtes-vous d'accord avec ce qu'il/elle dit au sujet du film? Pourquoi (pas)? Sinon, aimeriez-vous voir le film? Pourquoi (pas)?

Aimez-vous le cinéma?

Les Français ont toujours aimé le cinéma, mais de nos jours ce sont surtout les jeunes qui fréquentent le plus assidûment les salles de cinéma: plus de 80% des 6–24 ans y vont plusieurs fois par an. Les Français aiment beaucoup les films étrangers: les films français représentent seulement un tiers des entrées tandis que les films américains en représentent plus de la moitié. Voici ce que disent quatre jeunes Français à propos du cinéma.

«Moi, j'aime beaucoup le cinéma. J'y vais tous les week-ends… d'habitude avec une bande de copains, mais parfois seul. J'aime surtout les films comiques et les films d'aventures… Je n'aime pas beaucoup les films d'amour ni les films d'horreur. Je suis musicien, donc j'écoute toujours avec attention la musique du film.»

Arnaud

«Moi, j'adore aller au cinéma. J'aime beaucoup les films policiers comme *Femme fatale* et aussi les thrillers comme *Panic Room* ou bien *Crimes et pouvoir*. Normalement ce sont des films qui ont une très bonne intrigue et qui font penser ou qui donnent des sensations fortes. Alors un peu de mystère ou la peur: avec ça, je suis contente!»

Sophie

«Ce que j'aime, moi, ce sont les effets spéciaux. Avec les ordinateurs on peut en réaliser de sensationnels. J'ai beaucoup aimé *Qui veut la peau de Roger Rabbit?* et *Chéri, j'ai rétréci les gosses* sans mentionner *La Matrice* et *Terminator 2*. Ce que je n'aime pas, ce sont les sous-titres; je préfère voir les films en version française, si c'est possible.»

Christophe

«Moi, j'adore les films d'espionnage comme *The Bourne Identity*. Il a été tourné dans des décors réels avec de bons acteurs. J'aime aussi les films classiques en noir et blanc, comme *La Règle du jeu* et *Le Grand Chemin*. Par contre, les films de guerre et les films d'action, ça ne me plaît pas du tout. Il y a beaucoup trop de violence.»

Myriam

Pour communiquer

Pour mieux vous exprimer

Classer les films

les films *(m.)* d'aventures
les films comiques (les comédies *[f.]*)
les comédies dramatiques
les films d'amour
les films d'animation (les dessins animés)
les documentaires *(m.)*
les drames *(m.)*
les drames psychologiques
les films d'espionnage
les films fantastiques
les films historiques
les films d'horreur (les films d'épouvante)
les films musicaux
les films noirs
les films policiers
les films de science-fiction
les films de guerre
les thrillers *(m.)*
les westerns *(m.)*

Donner sa réaction aux films

J'aime (beaucoup) (J'adore) les...
Je n'aime pas (du tout) les...
Ce que j'aime (Ce que je n'aime pas), ce sont les...
Les... , ça me plaît (beaucoup) (ça ne me plaît pas).

Dire ce qu'on a aimé ou pas aimé à propos d'un film

J'ai aimé (Je n'ai pas aimé)...
    les effets spéciaux *(m.)*
    l'intrigue *(f.)*
    le décor
    la musique
    les acteurs / les actrices
    le suspense
    la violence

Ecoutez!

Star Wars épisode II: L'Attaque des clones

Le Défi

Le miel n'est jamais dans une seule bouche

17 Fois Cécile Cassard

La Guerre à Paris

E. Les nouveaux films de la semaine. Ecoutez quelques personnes parler des films récemment sortis, puis résumez ce qu'elles en disent en donnant pour chaque personne: le nom du film qu'elle a vu, la salle de cinéma où passe le film, le type de film, ce qu'elle a aimé, ce qu'elle n'a pas aimé.

1. Gérald Lafitte
2. Agnès Fourreau
3. Anna Piat-Nguyen
4. Jean-Claude Casselino
5. Isabelle Ledoux

F. La semaine dernière. Des amateurs de cinéma parlent des films qu'ils ont vus la semaine dernière. Recréez leur conversation en utilisant les renseignements donnés.

Modèle: mardi dernier / Michèle et moi / *Terminator 2* / oui: effets spéciaux / non: violence
Mardi dernier, Michèle et moi, nous avons vu Terminator 2. *Nous avons bien aimé les effets spéciaux, mais nous n'avons pas aimé la violence.*

1. mercredi après-midi / Jean-Noël et moi, nous / *Shrek* / oui: animation
2. jeudi / Gilles, François et moi, nous / *L'Avventura* / oui: acteurs et musique
3. vendredi après-midi / Martine et moi, nous / *Sixième Sens* / oui: film
4. vendredi soir / moi, je / *Stars Wars Episode 1: La Menace fantôme* / oui: effets spéciaux / non: violence
5. samedi soir / Virginie et moi, nous / *Jeanne d'Arc* / oui: acteurs / non: histoire
6. samedi soir / Patrick et moi, nous / *La Reine Margot* / oui: film
7. dimanche après-midi / moi, je / *La Pianiste* / oui: actrice principale / non: film
8. dimanche soir / Simone, Florence et moi, nous / *Monstres et Compagnie* / oui: animation

G. Tu es allé(e) au cinéma récemment? Demandez à plusieurs camarades de classe s'ils sont allés au cinéma. Si quelqu'un répond que oui, demandez-lui le nom du film, le type de film, s'il / si elle a aimé le film et pourquoi. Notez les réponses qu'on vous donne.

Modèle: —*Tu es allé(e) au cinéma récemment?*
—*Oui, je suis allé(e) au cinéma (samedi dernier).*
—*Qu'est-ce que tu as vu?*
—*J'ai vu* (Gosford Park).
—*Tu as aimé le film?*
—*Oui, j'ai beaucoup aimé les acteurs.* ou *Non, je n'ai pas aimé le le film. C'est trop long.*

○ Do *A faire! (6-2)* on page 213 of the **Manuel de préparation.**

Fonction
Comment distinguer entre la voix active et la voix passive

── Rappel ──────────

1. LA VOIX ACTIVE
   L'inondation **a détruit** plus de 200 maisons.
   Evelyne **va acheter** une nouvelle voiture.

2. LA VOIX PASSIVE SANS AGENT
   Mitterrand **a été élu** président pour la première fois en 1981.
   Notre maison **a été cambriolée**.

3. LA VOIX PASSIVE AVEC AGENT
   Elles **seront accueillies par** le président de l'université.
   Tous ses frais **ont été payés par** ses parents.

4. LA VOIX PASSIVE À VALEUR DESCRIPTIVE
   Ce professeur **est respecté de** tous ses étudiants.
   La maison **était entourée d'**arbres.

── Ecoutez! ──────────

Audio: CD3, Track 11

H. Les dernières nouvelles: qu'est-ce qui s'est passé? En écoutant les actualités à la radio, indiquez si les verbes donnés ci-dessous sont conjugués à la voix active ou à la voix passive.

1. demander
2. suspendre
3. retarder *(to delay)*
4. appuyer *(to support)*

5. tuer
6. appeler
7. commencer
8. saluer *(to greet)*

Audio: CD3, Track 12

I. Passé, présent, futur? En écoutant les phrases à la voix passive, indiquez si elles sont au passé, au présent ou au futur.

── Parlez! ──────────

J. En lisant *Pariscope*... Quand on lit *Pariscope*, on apprend beaucoup de choses sur les films et sur le monde du cinéma. Transformez les phrases à la voix active en phrases à la voix passive.

Modèle: Dans le film noir français *Sur mes lèvres*, une jeune femme malentendante *(hearing-impaired)* et frustrée choisit comme assistant un repris de justice *(ex-con)*.
Dans le film noir français Sur mes lèvres, *un repris de justice est choisi comme assistant par une jeune femme malentendante et frustrée.*

1. Dans le film de Robert Altman *Gosford Park*, un double meurtre et quelques scandales provoquent des remous *(a stir)* dans le monde privilégié d'un manoir anglais.

2. Dans le drame français *A la folie... pas du tout,* une jolie artiste de 20 ans aime passionnément un cardiologue marié, bientôt papa.

3. Le film d'aventures canadien *Atanarjuat* a gagné le prix Caméra d'Or au festival de Cannes en 2001.

4. Les réalisateurs du documentaire américain-israélo-palestinien *Les Réalistes* ont interviewé sept enfants juifs et palestiniens à propos de leur vision des événements au Moyen-Orient.

5. Aux prochains Césars (équivalent français des Oscars), on décernera un nouveau prix, celui du meilleur court métrage *(short subject).*

6. On a tourné le film *L'Orphelin d'Anyang* dans une petite ville de province chinoise.

7. Dans le thriller américain *L'Intrus,* le divorce de ses parents perturbe la vie d'un jeune garçon.

8. Le comité de sélection du festival de Cannes a présenté *Hollywood Ending* (comédie de Woody Allen) en ouverture de la compétition 2002.

9. Dimanche prochain sur France 2 on interviewera les acteurs principaux du drame psychologique franco-autrichien *La Pianiste.*

10. L'histoire vraie de Kurt Gerstein pendant la Seconde Guerre mondiale a inspiré le film de Costa-Gavras, *Amen.*

K. Dans notre université. Utilisez les mots suggérés pour faire une description de votre université. Exprimez autant que possible vos idées en employant et la voix active et la voix passive.

Modèle: *Dans notre université les assistants enseignent les cours de débutants.*
Dans notre université les cours de débutants sont enseignés par des assistants.

Vocabulaire utile

enseigner les cours	le/la président(e)
corriger les devoirs	le/la/les vice-président(e)(s)
corriger les examens	le doyen / la doyenne *(dean)*
établir les règles	le chef du département
punir les effractions aux règles	les professeurs
engager les nouveaux professeurs	les étudiants
organiser les activités	les administrateurs
organiser le programme d'études	
remettre les diplômes	

Document de voyage (1)
Un itinéraire

Il y a quelques années, Audrey Gagnaire a fait partie d'un groupe de lycéens français qui ont visité les Etats-Unis. Pour la plupart des étudiants c'était leur premier voyage en Amérique du Nord.

Voyage aux Etats-Unis
New York / Washington / Minneapolis
15 février—2 mars

15 février: Arrivée à l'aéroport de New York
Rencontre des familles d'accueil

16 février: Cours
Visite de Central Park

17 février: Cours
Shopping au centre-ville

18 février: Cours
Visite de Chinatown
Soirée dans un restaurant de Chinatown

19 février: Cours
Visite de la Statue de la Liberté et Ellis Island

20 février: Cours
Visite du musée d'art Metropolitan
Visite du zoo du Bronx

21 février: Patin à glace sur un lac gelé
Départ pour Washington, D.C., avec un membre de votre famille d'accueil

22 février: Visite du musée de l'Aérospatiale

23 février: Visite de la Maison Blanche, des monuments de Lincoln et de Washington

24 février: Visite du monument des Vétérans de la Guerre du Vietnam
Temps libre: musées, shopping

25 février: Dernier jour avec vos amis de New York
Départ pour Minneapolis
Rencontre des nouvelles familles d'accueil

26 février: Cours
Visite du musée d'art moderne Walker et de son jardin des sculptures

27 février: Cours
Visite du centre-ville de Saint-Paul (le Capitole, la cathédrale, shopping)

28 février: Cours
Temps libre avec les familles

1er mars: Cours
Visite du Mall of America (shopping)

2 mars: Tour des lacs
Retour en France

L. Le voyage d'Audrey aux Etats-Unis. Répondez aux questions suivantes à l'aide de l'itinéraire à la page précédente.

1. Combien de temps Audrey a-t-elle passé aux Etats-Unis?
2. Quelles villes américaines a-t-elle visitées? Combien de temps a-t-elle passé dans chaque ville?
3. Combien de nuits a-t-elle été logée chez une famille? Combien de nuits est-elle descendue à l'hôtel?
4. Combien de fois a-t-elle visité des écoles américaines?
5. Quels sites touristiques a-t-elle visités?
6. A quelles autres activités a-t-elle participé?

M. Résumé: le voyage d'Audrey. Faites un résumé du voyage d'Audrey aux Etats-Unis. Mettez les verbes au passé composé.

Modèle: *Elle a voyagé avec des étudiants de son lycée. Elle est arrivée à New York le 15 février. Là, elle a rencontré sa famille d'accueil...*

Do *A faire! (6-3)* on page 218 of the **Manuel de préparation.**

Document de voyage (2)

Ecrivez!

N. Mon itinéraire (suite). En lisant le compte rendu rédigé par un(e) camarade de classe (Exercice XV dans votre **Manuel de préparation**), examinez les aspects suivants.

1. Mettez un cercle autour de toutes les expressions tirées des listes aux pages 220–222 du **Manuel de préparation**. A votre avis, est-ce que votre partenaire a fait un effort pour utiliser ce vocabulaire?
2. Soulignez une fois chaque verbe au passé composé. Y a-t-il des verbes qui devraient être conjugués à un temps différent? Expliquez.
3. Soulignez deux fois chaque verbe à l'imparfait. Y a-t-il des verbes qui devraient être conjugués à un temps différent? Expliquez.
4. Soulignez trois fois chaque verbe au plus-que-parfait. Y a-t-il des verbes qui devraient être conjugués à un temps différent? Expliquez.

Un e-mail

Pendant qu'elle visitait les Etats-Unis, Audrey a envoyé un e-mail à sa copine Sophie. Voici ce qu'elle lui a écrit:

De: Audrey Gagnaire <audreyggg@>
>À: "Sophie Desain" <sophieddd@noos.fr>
>Objet: mon séjour aux E-U
>Date: Mer 23 fév 2003 16:15

Salut, Sophie!

Comment vas-tu? Moi, je suis en pleine forme! Comme tu le sais, je suis aux Etats-Unis en ce moment. On est parti de Charles de Gaulle il y a 9 jours exactement. Comme ça passe vite! Tu devineras jamais combien il fait en février ici: il fait -10 degrés! Il y a de la neige partout et tu devrais voir les embouteillages que ça cause. A part ça, c'est génial! On est arrivé à New York dimanche soir et les familles d'accueil nous attendaient dans la cafétéria de l'école. J'ai enfin rencontré ma correspondante, Danielle. Elle est super sympa, ainsi que sa famille. Il m'ont amenée à Central Park (je ne peux pas te décrire comme c'est immense! Il faudra absolument qu'on revienne ensemble et je te montrerai tout, mais plutôt en été). On est aussi allé à Chinatown, il y a plein de boutiques partout, d'ailleurs je vais te ramener quelque chose d'ici, mais c'est une surprise. On a fait du shopping sur la 5e avenue. Mais en fait, le plus impressionnant, c'est de regarder en l'air. Les gratte-ciel sont immenses! [T'as] l'impression

deviner to guess
embouteillage traffic jam
plein de = beaucoup de
gratte-ciel skyscraper
sécher to cut (a class)
le pire the worst
se plaindre to complain
faire la queue to stand in line

d'être tout petit à côté. On a visité le musée d'art Metropolitan. C'est trop grand, tu sais plus où regarder tellement il y a de choses. On est aussi allé en cours, le matin. On en a séché quelques-uns aussi (les maths en anglais, c'est encore plus incompréhensible qu'en français). Ce qui est chouette ici, c'est qu'ils finissent les cours à 2 heures de l'après-midi, et après ça, ils sont libres! Certains font du sport, d'autres vont au centre commercial. Ils ont beaucoup moins de cours et de matières que nous. Le pire dans tout ça, c'est le repas de midi: la nourriture de la cafet' est horrible! Je ne me plaindrai plus de nos repas en France. Hier, on a pris l'avion pour Washington. Là, on est à l'hôtel avec les enfants de nos familles d'accueil. Danielle et moi partageons une chambre avec Carole et Christina. C'est très rare qu'on aille se coucher avant 3 ou 4 heures du matin. C'est peut-être pour ça que le réveil est assez dur. Ce matin, on a visité la Maison Blanche. On a dû faire la queue pendant 4 heures! On s'est gelé! Mais ça en valait la peine. C'était pas mal, style château français côté décoration. Cet après-midi, on ira voir le monument de Lincoln. Bon, on doit y aller bientôt, alors je vais te laisser. Je t'enverrai un autre e-mail dès que j'aurai accès à un ordinateur.

A bientôt, gros bisous.
Audrey

Parlez!

O. Vous avez bien compris? Répondez aux questions suivantes à propos de l'e-mail d'Audrey.

1. Quand Audrey a-t-elle envoyé cet e-mail?
2. Quel temps faisait-il quand elle est arrivée à New York?
3. Qui est Danielle? Comment Audrey la trouve-t-elle?
4. Qu'est-ce qu'Audrey a remarqué en visitant Central Park?
5. Qu'est-ce qu'elle a acheté pour sa copine?
6. Qu'est-ce qui l'a impressionnée le plus à New York?
7. Pourquoi n'a-t-elle pas tellement aimé le musée d'art Metropolitan?
8. A-t-elle assisté à tous les cours au lycée de Danielle? Pourquoi (pas)?
9. Qu'est-ce qu'elle n'a pas du tout aimé au lycée?
10. Qui l'a accompagnée à Washington?
11. Pourquoi ont-elles eu du mal à se lever le matin?
12. Pourquoi a-t-elle trouvé la visite de la Maison Blanche un peu difficile?
13. A-t-elle aimé la visite de la Maison Blanche? Expliquez.
14. Pourquoi a-t-elle terminé son e-mail?

P. Avant ou après? En vous basant sur l'e-mail d'Audrey et sur son article aux pages 220–221, répondez aux questions suivantes en utilisant les expressions **avant (de)** ou **après**.

1. Est-ce qu'Audrey a envoyé un e-mail à Sophie avant d'arriver à Washington ou après être arrivée à Washington?
2. Est-ce qu'Audrey a visité Central Park avant ou après la visite de Chinatown?
3. Est-ce qu'Audrey est allée au musée d'art Metropolitan avant de visiter Chinatown ou après avoir visité Chinatown?
4. Est-ce que les étudiants américains au lycée de Danielle faisaient du sport avant ou après la fin des cours?

Un petit truc

Les prépositions *avant (de)* et *après*

Relationships of anteriority (before)

To indicate that an action *precedes (will precede, did precede)* another action, use the prepositions **avant** or **avant de**. Use **avant** with a noun; use **avant de** with a verb (infinitive form).

> Nous avons fait nos valises **avant le jour** de notre départ.

> Nous avons fait nos valises **avant de partir**.

If the verb following **avant de** is pronominal (reflexive), the pronoun agrees with the subject of the sentence.

> Nous avons pris une douche **avant de *nous* habiller**.

Relationships of posteriority (after)

To indicate that an action *follows (will follow, did follow)* another action, use the preposition **après**. When **après** is used with a verb, it is followed by a past infinitive (*i.e.*, **avoir** or **être** plus the past participle).

> Jean est arrivé **après le départ** de Marianne.

> Tu pourras sortir **après avoir fait** la vaisselle.

> **Après être retournée** en Chine, Li-yang nous a envoyé un e-mail.

If the verb following **après** is pronominal (reflexive), the pronoun accompanying the past infinitive agrees with the subject of the sentence.

> Nous avons déjeuné **après nous être habillés**.

5. Est-ce qu'Audrey a fait du shopping avant de quitter New York ou après avoir quitté New York?
6. A Washington, est-ce qu'Audrey, Danielle et leurs amies se sont couchées avant ou après l'heure habituelle du coucher?
7. Est-ce que les jeunes filles ont visité la Maison Blanche avant d'aller au monument de Washington ou après être allées au monument de Washington?
8. Est-ce qu'Audrey a visité Minneapolis avant d'aller à Washington ou après avoir visité Washington?

Lisez!

Un article

De retour en France, Audrey a rédigé pour le journal de son école un article sur son voyage aux Etats-Unis. Dans cet article, elle offre encore des détails sur ses activités et particulièrement sur ses impressions.

15 JOURS DE L'AUTRE CÔTÉ DE L'ATLANTIQUE

Audrey Gagnaire

Après un long vol (environ 8 heures), nous arrivons enfin dans ce pays qui fait tant rêver. Dans le bus qui nous amène au lycée où nous attendent les familles d'accueil, toutes les têtes sont tournées vers les gratte-ciel, ces gigantesques bâtiments qui ne laissent entrevoir qu'un minuscule coin de ciel bleu. Le lycée se situe en dehors de la ville, et nous traversons un pont enjambant un lac entièrement gelé. L'hiver sur la côte est plutôt froid, et nous, pauvres petits Français habitués à des températures plus élevées même en plein cœur de l'hiver, nous nous trouvons complètement frigorifiés. Mais ce sentiment est vite estompé par tout ce qui nous entoure. C'est un véritable choc culturel: tout est différent, tout est disproportionné, les immeubles, les distances, tellement d'autres choses inexplicables que l'on ne peut décrire.

New York est une ville où tout se déroule très vite: les gens courent partout, les embouteillages sont affolants, personne ne prend le temps de faire une pause, de souffler. Comme on dit: le temps, c'est de l'argent, mais ici on comprend vraiment le sens de ce proverbe. Cette ville immense, où tant de personnes se croisent, semble anonyme. Personne ne s'arrête pour parler à son voisin, ou simplement pour dire bonjour à un passant. Seulement des individus, solitaires, qui ne font que courir d'un endroit à l'autre. Mais cette ville est pleine d'énergie, et quand vous posez un pied au centre-ville, vous ne pouvez que vous étonner de ce sentiment qui vous pénètre, un sentiment de pure énergie et d'excitation qui vous fait suivre le reste de la foule, et vous vous retrouvez quelques minutes plus tard en train de courir comme tous les gens autour de vous. Mais New York n'est pas seulement un damier de rues et de gratte-ciel. C'est aussi un centre de richesses culturelles avec des musées de grande renommée, Wall Street, Chinatown, Central Park. On trouve une telle multitude de cultures et de traditions, et quand on change de quartier, on peut se retrouver complètement dépaysé.

Alors que l'on commençait à peine à s'habituer au train de vie de nos familles d'accueil, nous voilà déjà repartis pour une autre destination: Washington, D.C., capitale des Etats-Unis et lieu de résidence du président. Washington est vraiment différent de New York: on y ressent moins d'énergie, de trépidation. Cela semble plus calme. La Maison Blanche ressemble étrangement à une collection de salles de châteaux européens. Et malgré la longue et douloureuse attente pour y entrer (4 heures dans un froid mordant), c'est l'un des endroits les plus intéressants de la capitale. Le monument de Lincoln et l'Obélisque ont un air solennel. Le monument des Vétérans, quant à lui, est toujours visité par des familles qui ont perdu l'un de leurs membres pendant la

entrevoir to glimpse
estompé softened, blurred
se déroule happens, unfolds
courent run
affolants alarming
souffler to breathe
se croisent pass each other
damier checkerboard
dépaysé disoriented
trépidation flurrying about
douloureuse painful
mordant biting
pleurent cry
ressentir to feel
étape stage (of the trip)
jumelle twin
porte-monnaie wallet

guerre au Vietnam. On peut voir des fleurs au pied du mur où sont inscrits tous les noms des soldats morts ou disparus lors de cette terrible guerre. Certaines personnes pleurent. On peut ressentir la tristesse et la douleur des personnes autour de nous.

Dernière étape: Minneapolis. Minneapolis est une ville encore plus calme, tranquille. Les gens prennent leur temps et ne courent pas comme des fous. Cette ville est au milieu de nulle part: la majorité de la population de l'état du Minnesota est regroupée dans Minneapolis et sa ville jumelle, Saint Paul (qui est aussi la capitale) et autour, on ne voit que des champs et de la verdure. Minneapolis est la ville du shopping avec le Mall of America, l'un des plus grands centres commerciaux du monde.

Il nous a fallu toute une journée pour en faire le tour, et encore sans avoir tout vu! Attention au porte-monnaie... Il y a aussi plusieurs musées et galeries d'art. Par exemple, un jardin de sculpture dont l'attraction principale est une cuillère gigantesque au milieu d'une fontaine avec une cerise dessus. C'est l'art moderne, à approcher avec un esprit ouvert. La caractéristique des habitants du Minnesota, c'est le «Minnesota Nice»: c'est-à-dire que les gens sont très sympathiques et souriants la majorité du temps.

Ce voyage a été une expérience formidable pour tous les participants, français et américains. Nous avons découvert un aspect différent de ce que l'on voit dans les films américains: la vraie vie américaine.

Q. Qu'est-ce que vous avez compris? Après avoir lu l'article d'Audrey, résumez ce qu'elle a dit sur les sujets suivants.

1. Les premières impressions des lycéens français en arrivant aux Etats-Unis
2. Ses impressions de New York
3. Ses impressions de Washington
4. Ses impressions de Minneapolis
5. Sa réaction générale au voyage

R. L'expression *ne... que.* Dans son article, Audrey utilise plusieurs fois l'expression **ne... que** *(only)*. Donnez l'équivalent anglais des phrases suivantes.

1. «... ces gigantesques bâtiments qui ne laissent entrevoir qu'un minuscule coin de ciel bleu.»
2. «... des individus, solitaires, qui ne font que courir d'un endroit à l'autre.»
3. «... quand vous posez un pied au centre-ville, vous ne pouvez que vous étonner de ce sentiment... »
4. «... et autour, on ne voit que des champs et de la verdure.»

Discutez!

S. Mes impressions de voyage. Parlez avec quelques camarades de classe au sujet d'un voyage que vous avez fait. (Si vous voulez, vous pouvez utiliser le voyage dont vous avez donné l'itinéraire et au sujet duquel vous avez envoyé l'e-mail dans le **Manuel de préparation**; si vous préférez, vous pouvez choisir un autre voyage.) Indiquez où et quand vous avez fait ce voyage, décrivez brièvement ce que vous avez fait au cours de ce voyage, puis discutez de vos impressions des différents endroits que vous avez visités.

Do *A faire! (6-4)* on page 223 of the **Manuel de préparation**.

Lecture

Ecrivez!

T. Mon article (suite). En lisant l'article par un(e) camarade de classe (Exercice XVII dans votre **Manuel de préparation**), examinez les aspects suivants:

1. Vérifiez qu'il y ait une introduction, une partie centrale et une conclusion.
2. L'introduction, situe-t-elle bien le voyage dans le temps et dans l'espace?
3. Est-il possible d'identifier clairement les différentes parties de la partie centrale?
4. Y a-t-il assez de détails?
5. Après avoir lu l'article, a-t-on une idée claire des réactions et des opinions de l'auteur?

Réseau aérien

Michel Butor

 Audio: CD3, Tracks 13–16

Michel Butor (1926–) est un écrivain français connu pour ses romans, ses poèmes, ses œuvres critiques et ses textes expérimentaux. Voyageur intrépide, il introduit dans ses textes les fruits de ses voyages—en Egypte *(Passage de Milan)*, en Angleterre *(L'Emploi du temps)*, en Italie *(La Modification)*, aux Etats-Unis *(Mobile, 6 810 000 litres d'eau par seconde)*, en Orient et en Australie *(Boomerang)*. Parmi ses textes peu orthodoxes se trouve *Votre Faust*, opéra à multiples voies (les spectateurs votent à différents moments pour déterminer ce qui va se passer ensuite) et *Réseau aérien*, texte «stéréophonique à multiples voix» (dix acteurs—cinq hommes, cinq femmes—se parlent par combinaisons variées).

A tout moment du jour et de la nuit, invisibles pour la plupart, des avions sillonnent (criss-cross) *le ciel, reliant des endroits lointains et réduisant la taille* (size) *de notre globe. Dans* Réseau aérien, *texte radiophonique diffusé* (broadcast) *pour la première fois en juin 1962 et publié la même année, Michel Butor essaie de suggérer au moyen de la littérature la simultanéité de voyages et la multiplicité de préoccupations des voyageurs. En voici un extrait, qui représente le début du texte.*

[Deux couples] partent en voyage. Ils prennent deux avions différents: l'un vole vers l'est, l'autre vers l'ouest. A chaque escale un couple descend et un nouvel avion repart. A l'intérieur des avions les couples se parlent et leurs conversations se mêlent à (mix with) *celles des autres voyageurs.*

Imaginons que nous écoutons ce texte à la radio.

Le signe ✈ indique un bruit *(noise)* d'avion.

Le signe ⓨ indique un bruit de foule *(crowd of people).*

Le signe ◉ indique une percussion sourde.

Les chiffres qui suivent ✈ ou ⓨ indiquent le numéro de l'avion (il y en a 5).

Aéroport d'Orly. Aéroport d'Orly.

🙂 ◉ 1

A   Nouméa.
       C'est notre premier grand voyage.
    La moitié° de la tour de la terre.   *half*
       Sans presque rien voir.
    Pas trop émue°?   *nervous, excited*
       Si, très émue.
B   Peur?
       Non.
    Extraordinaire, on est comme arraché du sol°.   *pulled out of (off from) the ground*
       Il paraît que le plus désagréable...
    Ne t'inquiète° pas.   *worry*
       Je ne m'inquiète pas.
C   Détends-toi°.   *Relax*
       Ça va.
    Prends ma main.
       Je ne m'y habituerai jamais.
    Tu es ridicule.
       Je n'y puis rien°.   *I can't help it*
D   On voit encore Paris?
       Disparu°.   *Gone (Disappeared)*
    A quoi ton bonbon?
       Menthe. Et le tien?
    Citron. Je n'ai pas encore fini.
       Moi non plus.
E   Le signal s'est éteint°.   *has been turned off*
       On peut enlever° sa ceinture°.   *to take off; seat belt*
    Baisser le dossier°.   *To put the seat back*
       C'est assez confortable.
    Pas de place pour les jambes.
       Tu n'es jamais content.
F   Bientôt la Bourgogne°.   *province in the east of France*
       Ce doit être la Bourgogne.
    Les vignes°.   *vineyards*
       La Saône°.   *river in Burgundy*
    Tu es sûre que c'est la Saône?
       Je ne sais pas.

U. Qu'est-ce que vous avez compris? Répondez aux questions suivantes à propos du premier extrait de *Réseau aérien*.

  1. L'avion numéro 1, quelle est sa destination? D'où part-il?
  2. A quel moment ont lieu ces petites conversations—au décollage *(take-off)* ou à l'atterrissage *(landing)*? Comment le savez-vous?
  3. Distinguez entre les différents voyageurs:
     a. Qui a peur de voyager en avion?
     b. Qui mange des bonbons?
     c. Qui est à la fois un peu nerveux(se) et un peu excité(e)?
     d. Qui semble avoir l'habitude de prendre l'avion?
     e. Qui regarde par la fenêtre (le hublot)?
     f. Qui n'est pas très confortable? Pourquoi pas?
  4. Où se trouve l'avion à la fin de ce morceau de texte?

◉ Do *A faire! (6-5)* on page 224 of the **Manuel de préparation**.

Fonction
Comment exprimer la négation

Les expressions négatives

ne... rien

> Je **ne** vois **rien.**
> Nous **n'**avons **rien** acheté.
> Je **n'**ai besoin de **rien.**
> Que voulez-vous? **Rien.**

ne... personne

> Elle **ne** connaît **personne** à Lyon.
> Je **n'**ai rencontré **personne.**
> Ils **n'**ont parlé à **personne.**
> Qui a téléphoné? **Personne.**

ne... jamais

> Je **n'**y vais **jamais.**
> Tu **ne** vas **jamais** comprendre!
> Il **n'**est **jamais** allé en Orient.

ne... plus

> Elle **n'**est **plus** là.
> Je **ne** peux **plus** supporter le stress.

ne... pas encore

> Je **n'**ai **pas encore** mangé.
> Ils **ne** sont **pas encore** rentrés.

V. Toujours non. Répondez négativement aux questions suivantes.

1. Est-ce que quelqu'un a téléphoné ce matin? Non,...
2. Est-ce que tu as besoin de quelque chose? Non,...
3. Est-ce qu'il neige encore? Non,...
4. Tu as déjà dîné? Non,...
5. Il lui faut quelque chose? Non,...
6. Quelqu'un veut voir ce film? Non,...
7. Tu as vu quelqu'un dans la rue? Non,...
8. Elle a acheté quelque chose au magasin de musique? Non,...
9. Quelqu'un connaît le numéro de téléphone de Jean-Jacques? Non,...
10. Elles sont déjà parties pour l'Afrique? Non,...
11. Vous allez souvent au musée? Non,...
12. Ils sont toujours au restaurant? Non,...
13. Tu vas envoyer un e-mail à quelqu'un? Non,...
14. Elle a peur de quelque chose? Non,...
15. Quelqu'un t'a accompagné? Non,...

W. Deux sœurs qui ne se ressemblent pas. En utilisant des expressions négatives, expliquez en quoi Jacqueline diffère de sa sœur Myriam.

Modèle: Myriam aime tout le monde.
            Jacqueline n'aime personne.

1. Myriam aide toujours ses parents à la maison.
2. Myriam dit bonjour à beaucoup de gens en allant à l'école.
3. Myriam a déjà trouvé un job d'été.
4. Myriam embrasse encore ses parents avant de se coucher.
5. Myriam a donné des CD et un bijou à Jacqueline pour son anniversaire.
6. Myriam téléphone à sa meilleure copine tous les soirs.
7. Myriam connaît beaucoup de gens en dehors de l'école.
8. Myriam a envoyé une carte de Noël à ses grands-parents.
9. Myriam porte souvent une jupe.
10. Myriam fait beaucoup de choses le week-end.

X. Des caricatures. Avec l'aide des expressions négatives, caricaturez les personnages suivants. Utilisez l'expression **C'est quelqu'un qui…**

1. le (la) timide
   C'est quelqu'un qui ne parle à personne. Il (Elle) …

2. le (la) pessimiste
3. le (la) distrait(e)
4. l'avare *(miser)*
5. le (la) paresseux(se)
6. le (la) misanthrope
7. l'hypocondriaque

Lecture

Réseau aérien (suite)

 2

G Nouméa.
  Par Los Angeles.
  L'autre moitié du tour de la terre.
  Pour une fois.
  Pour la première fois.
  Dans le même temps.
H L'avion est plein.
  Toujours plein.
  Je ne pensais pas qu'il y avait un tel trafic entre Paris et Los Angeles.
  La moitié des gens descendent à Montréal.
  Vous connaissez Montréal?
  L'aérodrome, seulement.
I Voit encore Paris?
  Fini.
  Quoi?
  Les boucles de la Seine°.
  Et puis?
  Des prés°.
J Je suis heureux d'être à côté de vous.
  Vous êtes français?
  Oui, pourquoi? J'ai vraiment l'air° très français.
  Vous vous conduisez comme° un Français.
  Et vous, vous êtes canadienne?
  J'ai vraiment l'air canadienne?

loops formed by the Seine as it passes through Paris

meadows

look

act like

 1

A L'avion ne bouge vraiment plus.
  A peine° ce petit tremblement.
  On pourrait faire des châteaux de cartes°.
  Comme dans les films publicitaires.
  Il y a longtemps que j'ai vu ça.
  Moi aussi, je ne t'avais pas encore rencontré.
B Où sommes-nous?
  Au-dessus de° la Suisse.
  Déjà?
  Quelle heure as-tu?
  Trois heures.
  Voici les Alpes.
C Regarde.
  Non.
  Ça vaut la peine°.
  Je sais.
  Un orage sur les pics bleus.
  Je préfère ne pas…

Barely, scarcely
house of (playing) cards

Above

It's worthwhile

D Un journal?

    Tu as fini *le Monde*?

  A peu près°.

    Quoi de neuf?

  Pas grand-chose.

    Tiens, prends *Elle*.

Almost

E Je n'ai pas bien compris ce que c'est
exactement que cette histoire avec ta tante
Eugénie.

    Bah, c'est sordide, c'est absolument sordide…

  Encore une affaire de testament?

    Oui. Julien…

  Celui qui a les lunettes noires?

    Non, les lunettes noires, c'est Edmond.

F Isabelle.

    Denis.

  Les glaciers.

    Et de l'autre côté l'Italie.

  Aller en Italie.

    Moi, mais, n'est-ce pas, c'est mieux de commencer par la Grèce.

 2

G Encore la Seine?

    Oh non, depuis longtemps!

  Nous avons quitté la France?

    La Manche°. Un bateau passe.

  Il va peut-être vers New York ou Montréal?

    Il lui faudra une semaine.

English Channel

H Vous avez dû visiter tous les Etats-Unis.

    J'ai fait les grandes excursions classiques: les chutes du Niagara, le
canyon du Colorado.

  Et ça vaut la peine?

    Oh oui, ça vaut la peine. Nous allons passer sur le canyon.

  On voit quelque chose d'avion?

    Pourvu qu'°il y ait de la lune.

Provided that

I Et maintenant?

    La mer.

  Agitée°?

    Je ne sais pas. Il y a un petit
quadrillage° dessus. Nous approchons d'une côte°.

  La Cornouaille°.

    Le temps devient gris.

Rough

grid
coast
Cornwall (area of southwestern England)

J Vous habitez Montréal?

    Non, je suis de Québec.

  Et vous êtes restée longtemps en France?

    Un peu plus d'un an.

  C'est loin Québec de Montréal?

    Vous, vous restez à Montréal?

 1

A De quoi aura l'air Nouméa?

    On s'arrangera°.

  Et nos élèves?

    On s'habituera.

  Nous avons pris un énorme risque, mais il y avait tant d'avantages!

    Tout se passera très bien, tu verras.

will manage

	B	Gilberte.
		Oui?
get rid of		Il faudra que je me débarrasse de° ce Lucien.
		Tu as bien le temps d'y penser. Veux-tu la fenêtre?
		Tu en as déjà assez?
		La mer.
Adriatic Sea (off east coast of Italy)	C	L'Adriatique°.
		Bernard.
		Toute verte.
		Bernard, écoute-moi.
		Qu'est-ce qu'il y a encore?
		Tu as entendu parler de cet accident?
advice column	D	J'ai fini le courrier du cœur°.
here, serialized novel		Tu pourrais lire le roman°.
Beyond		Au-dessus de° mes forces.
detective novel		Pourquoi n'achètes-tu pas un bon policier°?
		Un peu tard.
		Chaque fois c'est la même chose.
	E	Edmond...
		Tu n'as jamais aimé Edmond.
		Je n'ai jamais beaucoup mis le nez dans les affaires de ta famille.
		Mais il y a des choses qu'il vaut mieux que tu saches.
		Il y a des choses que j'aimerais mieux ne pas trop savoir.
		Oh, tout n'est pas joli joli.
a Greek island	F	Corfou°.
		Et cette montagne?
mountain chain in western Greece		La chaîne du Pinde°.
glimpse; Greek mountain		On doit apercevoir° le Parnasse°.
Gulf of Corinth (Greece)		Le golfe de Corinthe°.
isthmus (narrow strip of land connecting two land masses)		L'isthme°.

Y. Vrai ou faux? Indiquez si c'est vrai ou faux en justifiant votre réponse.

1. Au cours de leur vol, les deux avions s'approchent l'un de l'autre.
2. La plupart des passagers du deuxième avion vont à Los Angeles.
3. Dans le deuxième avion il y a un Français qui flirte avec une jeune Canadienne.
4. La femme qui était très nerveuse au début du vol n'a plus peur.
5. Dans le premier avion il y a un couple marié qui parle de la famille du mari.
6. Dans le premier avion il y a un couple qui se prépare à changer sa façon de vivre.
7. Dans le premier avion il y a un couple dont le mari commence à s'ennuyer.
8. Les voyageurs du deuxième avion verront le Grand Canyon parce qu'ils le survoleront pendant qu'il fera jour.
9 Le premier avion survole la Grèce.
10. Le deuxième avion s'approche de l'Angleterre.

Z. Les voyageurs. Qu'est-ce que vous pouvez deviner au sujet des voyageurs suivants? Suggestion: relisez séparément les dialogues de chaque couple.

Le premier avion
1. le couple A
2. le couple D
3. le couple E

Le deuxième avion
4. le couple H
5. le couple J

Do *A faire!* *(6-6)* on page 229 of the **Manuel de préparation.**

Lecture

Audio: CD3, Track 15

Réseau aérien (suite)

Athènes

 3

K S'enfonce°.
     Salamine° à gauche.
  Le soleil juste en face de nous.
     Le golfe de Corinthe brillant° comme une plaque de cuivre°.
  J'aurais tellement voulu voir Olympie°.
     Nous reviendrons dès que nous pourrons.

Plunges in or ahead
city on the island of Cyprus

shining; sheet of copper
Greek city, site of the first Olympic games

  1

A De nouveau nous montons, nous sommes arrachés du sol.
     Le ciel a changé de couleur.
  Toutes les maisons font de longues ombres°.
     Laissons le soleil derrière nous.
  De longues traînées° de soleil cuivré° sur les montagnes.
     A la rencontre de la nuit.
B Bientôt les îles.
     Egée°.
  L'Eubée°.
     Les îles font des ombres sur la mer.
  Le cap Sounion° juste au-dessous.
     Montons.
C Ne montons plus.
     Tu veux fumer?
  Passons au-dessus des Cyclades°.
     Très haut.
  Des petites maisons comme des diamants enflammés°.
     Toutes ces voiles° minuscules.
D Tu te souviens? Il y a combien de temps maintenant?
     Vingt ans au moins, c'était avant la guerre°.
  Il doit y avoir vingt-cinq ans.
     Nous avions dit que nous reviendrions.
  Et cela fait combien de fois que nous passons au-dessus sans nous arrêter.
     Henri, tu me promets depuis si longtemps que nous prendrons un jour
     des vacances.
E Seulement, ce que je ne peux pas comprendre, ce que je n'admets pas de la
  part de Lucien…
     Julien, tu dis toujours Lucien et c'est Julien.
  Il s'est toujours conduit° à ton égard avec une parfaite muflerie°!
     Mais non, Léon, il a des côtés extrêmement gentils, souviens-toi°, lorsque
     ton cousin Adrien s'était montré, excuse-moi, tellement insupportable°…
  Je ne vais pas me mettre à° défendre Adrien!
     Je reconnais Mykonos°, Délos°.

shadows

streaks, trails; copper-colored

Aegean Sea (between Greece and Turkey)
island in the Aegean

southeastern point of Greece

Greek islands

brilliant, shining
sails

here, World War II

acted, conducted himself; boorishness
remember
unbearable
to begin to
Greek island northeast of the Cyclades;
the smallest of the Cyclades

2

G Depuis plus d'une heure dans les nuages.
   Cet itinéraire passe beaucoup plus au nord.
   J'ai l'impression que nous montons encore.
   Le pilote doit essayer de trouver le soleil.
dotted; drops   La vitre toujours piquée° de gouttes° d'eau qui tremble.
   S'éclaircit.
trip H Vous faites le trajet° combien de fois par an?
   Au moins quatre fois.
   Et Honolulu, vous y êtes déjà allée?
was extravagant   Oui, j'ai fait la folie° une fois de me
   payer là des vacances.
   Et alors?
   Vous verrez.

I Sortir des nuages.
patch   Un pan° de bleu.
dries   La vitre sèche°.
   Encore du bleu.
infinity; dazzling   Voici la plaine des nuages qui s'étend à l'infini° éblouissante°.
   Et le ciel parfaitement bleu.
J Et quel temps fait-il à Québec?
rainy   Le printemps est assez pluvieux°.
   L'été?
   Assez chaud. De très belles journées; mais c'est surtout l'hiver.
   L'hiver?
   Quand la neige est tombée le ciel est clair, bleu comme celui-ci.

Italics in the text indicate that the conversations are taking place at night.

 1

A *La moyenne de température, vingt-cinq degrés, c'est très supportable.*
   Et ça ne doit pas être tellement humide, Nouméa.
   Seize mille habitants.
will know our way around   *Nous nous y retrouverons° très vite.*
to hold out, last   *Il faut tenir le coup° trois ans.*
savings   *Quand nous reviendrons, nous aurons des économies°.*
B *Complètement nuit.*
   Les lumières d'une île, des lumières qui se doublent dans l'eau.
   Tu es sûre que c'est une île?
Greek island in the Aegean near Turkey   *Ce doit être Rhodes°.*
   Oh nous avons sûrement déjà dépassé Rhodes.
   Ou Chypre°.
Cyprus, small island state in the eastern Mediterranean C *L'hôtesse apporte le dîner.*
   Je n'ai pas faim.
   Essaie.
   Je te donnerai presque tout.
Nibble   *Grignote°.*
tray   *C'est très joli, ce petit plateau°.*
D *Quel vin?*
   Choisis.
dry   *Un vin blanc sec°?*
   Sec si tu veux.
   Avec le poulet froid, je vais me payer un petit Bordeaux.
   Si tu me passes ton gâteau, je te donnerai ma pomme.

E *Où maintenant?*
   L'eau.
   Etoiles°?   Stars
      En mettant mes mains autour de mes yeux j'en aperçois quelques-unes.
      Nous approchons des côtes de la Syrie°, et nous mangeons la même chose   Syria
      que si nous survolions la France.
         Tu sais, en bateau, ce serait pareil°.   the same thing, similar

✈ 3

K Du thé?
      Bien sûr, du thé.
      Le crépuscule°.   twilight
         A la poursuite° du soleil.   pursuit
      Le ciel vert.
         Sur la mer vert sombre°.   dark

✈ 2

G Le ciel éclatant°.   bright
      Le soleil éclatant.
      Les heures passent mais le jour ne passe pas.
         Des fondrières° dans la plaine des nuages.   holes
      On les dirait remplies° d'épaisse° boue° tumultueuse.   filled; thick; mud
         Un autre avion comme une aiguille de glace.
H Directement à Los Angeles?
      Je n'ai pas un jour de plus.
      J'aurais presque envie, vous savez…
         De retarder votre retour? Mais oui!
      J'enverrai un télégramme.
         Je vous ferai faire quelques promenades.
I Nuages.
      S'effilochent°.   Fray, break apart
      Environs de Terre-Neuve°?   Newfoundland
         Rien que la mer sombre.
      Peut-être apercevrez-vous un iceberg?
         Une tache° de soleil qui vient d'atteindre° la mer.   spot; to reach
J Et qu'est-ce que vous étiez venue faire en France? Je ne voudrais pas être
   indiscret. Vous étiez étudiante?
      Oui, j'étais étudiante.
      A Paris?
         Non, à Poitiers°; j'avais une bourse.   city in France, southwest of Paris
      Je ne connais pas Poitiers; ça vous a plu°?   did you like it
         Oui, ça m'a plu.

AA. Le troisième avion. Répondez aux questions au sujet du troisième avion.

1. D'où part-il? Se dirige-t-il vers l'est ou vers l'ouest? Comment le savez-vous?
2. A votre avis, qu'est-ce que le couple K a fait à Athènes? Qu'est-ce qui vous donne cette idée?

BB. Les deux autres avions. Répondez aux questions au sujet des avions dont vous avez déjà parlé.

1. *Le premier avion:* Dans quelle direction se dirige-t-il? Comment le savez-vous (plusieurs raisons)? Où se trouve-t-il au moment où les couples parlent?

2. *Le deuxième avion:* Dans quelle direction se dirige-t-il? Comment le savez-vous (plusieurs raisons)? Où se trouve-t-il au moment où les couples parlent?

3. Toutes les phrases suivantes sont correctes. Expliquez pourquoi.

   a. Le couple qui change de vie continue à parler de sa nouvelle vie.
   b. Le couple marié continue à parler de la famille de la femme.
   c. La femme qui n'aime pas prendre l'avion continue à ne pas être à son aise.
   d. Le Français continue à flirter avec la jeune Canadienne.
   e. Il y a un monsieur qui pense modifier son itinéraire.
   f. Il y a un couple marié qui a visité la Grèce il y a assez longtemps.

Do *A faire! (6-7)* on page 229 of the **Manuel de préparation.**

Lecture

Réseau aérien (suite)

 1

A *Beaucoup d'autres dans cet avion qui vont à*
  Nouméa comme nous?
    Il y en a déjà qui sont descendus à
      Athènes.
  D'autres sont montés, l'avion est plein,
  mais je ne saurais dire lesquels°.   I couldn't say which ones (got on)
    D'autres qui descendront à Téhéran°.   capital of Iran
  Je n'aurais jamais accepté d'aller à
  Nouméa si l'on ne m'avait assuré qu'il y a
  un excellent hôpital.
    Mais oui, mon chéri.
B *Plus je pense à ce Lucien.*
    Il est vraiment si mal que ça? Passe-moi une cigarette.
  Je n'ai que des gauloises°, mais on peut demander à l'hôtesse.   French brand of cigarettes
    Non, une gauloise.
  Tu vois quelque chose?
    Rien.
C *Tu devrais t'étendre°.*   stretch out
    Je vais prendre mon tricot°.   knitting
  Tu serais mieux.
    Je t'assure que ça va très bien.
  Encore au moins deux heures avant Téhéran.
    Je vais pouvoir faire une manche°.   sleeve
D *J'ai terminé les mots croisés°.*   crossword puzzle
    Il y en a peut-être sur le Monde.
  Repasse-moi le Monde.
    On pourra descendre à Téhéran.
  Pour se dégourdir les jambes°.   To stretch one's legs
    La nuit de Téhéran!
E *Mais tu comprends, lorsque ta tante Eugénie a commencé sa petite enquête°.*   investigation
    La pauvre femme, elle s'est trouvée soudain tellement seule!
  Elle avait bien fait ce qu'il fallait pour ça!
    Ses fils partis, toute sa famille lui faisant la tête°...   sulking
  Elle n'a pas su les élever°.   to raise, bring up (children)
    Ce n'est pas la peine de lui jeter la pierre°. Elle en a tant° vu!   to cast stones; so many

 3

K *Encore une bande un peu plus claire à l'horizon.*
    Toutes les maisons de la vallée sont allumées°.   lit up
  En France?
    Approchons de Paris.
  Bientôt descendre.
    Phares° minuscules sur les routes.   Headlights

2

G   Ciel toujours éclatant.
    Seedbed   Semis° de nuages.
   Bientôt apercevoir Terre-Neuve.
     Ce doit être couvert de nuages.
   Quelle heure?
     Où ça?

H   Et Hollywood, de quoi ça a l'air, Hollywood?
     Cela n'existe presque plus.
   Mais les stars, il y a encore des stars.

close themselves up   Elles s'enferment° dans leurs villas.
   Vous en connaissez?
     J'ai autre chose à faire!

I   La première fois que vous allez à Los Angeles?
     La première fois.
   Mais vous connaissez les Etats-Unis?
     J'y suis allée plus de vingt fois.
   Et Montréal?
     Je passais toujours par New York.

training course J   C'est pour un stage°.
     Vous resterez combien de temps?
in theory   Six mois, en principe°.
     Six mois à Montréal?
   Je viendrai vous voir à Québec. Vous parlez anglais? Il faut que je fasse de l'anglais.
     Avec vous, j'aimerais mieux parler français.

 1

mail A   *Combien de temps va mettre le courrier° jusqu'à Nouméa?*
     Il ne pourra aller plus vite que nous.
   Et si on oublie de l'envoyer par avion, un mois au moins.
     Personne n'oubliera.
   J'espère que nous aurons un jardin.
     Et qu'il y aura quelqu'un pour m'aider lorsque…

Stretch out B   *Allonge-toï°.*
     La lune se lève.
Persia (former name of Iran)   *Lune de Perse°.*
     Le sol brille.
to stop over   *Une fois il faudra faire escale° à Téhéran, y rester deux jours.*
     Quinze jours! Voir un peu le pays.

C   *Alors cette manche?*
   Elle avance.
     C'est pour qui?
   Gisèle. Je l'avais promis avant de partir.
     Et tu crois que tu auras fini avant d'arriver?
   Si je ne suis pas malade, ça ira.

Tablecloth D   *Nappe° de lune.*
Puddles   *Flaques° de lune.*
   Quelle heure as-tu?
     L'heure de Paris.
   Il faudra ajouter trois heures, non, deux heures et demie pour Téhéran.
     Quand je pense que je ne connais rien, absolument rien entre la France et le Pakistan.

E *Quand je pense que lorsque j'étais enfant le mot Perse...*
      Et maintenant?
   Depuis des années que j'y vis, je n'ai même pas réussi à parler la langue
   vulgaire°.   common, popular
      Nous n'avons même pas réussi.
   Nous ne sommes allés qu'une seule fois à Ispahan°.   city in Iran, site of the Great Mosque
      La première fois que je t'ai vu, lorsque tu m'as dit: je vais repartir pour
      la Perse.

✈ 2

G L'avion que nous prenions d'habitude, où est-il maintenant?
      Il y a combien de temps que nous sommes partis?
   Je ne sais plus, avec ce jour qui n'en finit pas, ce soleil qui n'en finit pas, il y
   a des heures.
      Ils ont dû quitter l'Europe.
   Quitter la Méditerranée.
      Volent en pleine nuit°.   in the middle of the night
H Vous ne trouvez pas ça fatigant, ce changement d'heure?
      Il me faut toujours à peu près une journée pour m'y retrouver.
   Et vous avez de la famille à Paris?
      Des frères, des cousins, et puis, bien sûr, mes deux enfants.
   Je ne savais pas que vous aviez des enfants.
      Je les ai gardés° avec moi tant que° j'ai pu et puis...   kept; as long as
I Terre-Neuve°?   Newfoundland
      Nous avons dépassé Terre-Neuve.
   Alors, c'est l'Amérique?
      Oui, mon cher, c'est l'Amérique!
   Vous, vous y êtes habituée.
      Ça me fait toujours un petit quelque chose.
J Je ne vous dérange° pas?   bother
      Mais non, penchez-vous°!   lean over (here, in order to see out the
   Qu'est-ce que c'est que cette falaise°?   window); cliff
      La Gaspésie°; il faudra que vous alliez voir, c'est très fameux; la Roche   peninsula in eastern Canada
      Percée.
   Est-ce que c'est très loin de Québec? Nous pourrions y aller ensemble.
      Nous allons commencer à descendre; bientôt vous pourrez voir Québec.

Montréal

✈ 4

L Fonçons° vers un plafond° de nuages.   We're plunging ahead; ceiling
      Arrachés du sol.
   Adieu, Montréal!
      Bientôt Québec à notre gauche.
   Finalement, je ne suis jamais allé à Québec.
      Ça viendra, je te ferai visiter tout ça.

✈ 2

G Arrachés du sol.
      Fonçons vers un plafond de nuages.
   La prochaine fois que nous reviendrons à Paris.
      Passant par Sidney, Darwin°, Saïgon°.   cities in Australia; city in Vietnam
   Nous aurons fait le tour du monde.
      Sans connaître rien de ce monde que Paris d'un côté, les mines de Nickel
      et Nouméa.

H Et vos enfants, vous les faites venir à Los Angeles pendant les vacances?

expense Je les faisais venir, mais c'est une si terrible dépense°.

You don't miss them too much? Ils ne vous manquent pas trop°?

Je n'en ai plus que pour deux ans, après je m'installe en France.

Sans trop de regrets, j'imagine.

I'll miss Je regretterai° le climat, le Pacifique.

I Nous ne verrons pas New York?

Nous passons beaucoup plus au nord.

C'est toujours le Canada pour l'instant?

Forêts, lacs.

Vous resterez combien de temps à Los Angeles?

Un mois en principe.

 1

A *Lune.*

Plus tout à fait la même lune.

Tout doucement gagnant le sud.

Nous traverserons l'équateur?

Oh, dans très longtemps; après Saïgon.

Monts lavés de lune.

B *Passent.*

Colored, tinted *Teints° de lune.*

Après Téhéran, j'espère que nous allons dormir!

A combien l'escale suivante?

port and largest city in Pakistan *Karachi°, avec cet avion...*

Approchons doucement du sol.

C *Fini cette manche avec Téhéran?*

Presque. Vois!

Lorsque tu tricotes, toutes tes appréhensions disparaissent.

J'oublie que je suis en avion.

Tu vois assez clair?

Je vais mettre mes lunettes.

D *Mais des journaux à Téhéran?*

Il sera tard.

Et même si le kiosque est ouvert...

Nous verrons bien.

Vaut-il la peine...

Il serait peut-être aussi sage...

E *Moment de boucler les ceintures.*

Pourvu que la voiture ne soit pas en retard!

Rien à craindre; il aime cet aérodrome, lui!

sparkling *Tous ces avions étincelants° dans le clair de lune, les lumières de la*
runway *piste°, les gens qui partent.*

Tu te souviens, lorsque tu m'as mené pour la première fois chez tes cousins,
tu voulais absolument me les présenter...

Et la tête qu'ils ont faite lorsque tu leur as dit: en Perse; eux qui se
croyaient de grands voyageurs!

Téhéran

 5

M *Lune.*

Inconnue à Paris.

Springs (small streams) *Sources° de lune.*

Adieu Iran.

city in Iran, famous for its gardens; ruins of *La prochaine fois, il faudra essayer d'aller voir Chiraz° et Persépolis°.*
one of the capitals of the Persian empire *Pour l'instant je pense à Paris.*

1

A   *Bien attachée?*
        Scellée° à toi.
    Cale-toi bien sur le dossier°.
        Pas le moindre malaise°.
    Il paraît que pour rentrer on peut traverser tout le Pacifique et changer à Los Angeles.
        Nous aurons fait le tour du monde.
B   *Disparaît Téhéran.*
        Jamais vu.
    Aperçu plusieurs fois d'en haut.
        Sans jamais sortir de l'avion.
    Une fois, mais je suis resté dans l'aérodrome.
        Un jour il faudra…
C   *La manche est finie?*
        Je vais commencer l'autre.
    Tu peux baisser ton dossier.
        Je préfère être bien assise.
    Vraiment pas essayer de dormir.
        Je n'arriverai sûrement pas à dormir.
D   *Tu dors?*
        Presque.
    Dors.
        Veux quelque chose?
    Nous avons bien fait de ne pas descendre à Téhéran.
        Il y a peut-être un mots-croisés sur…

Sealed

Settle yourself comfortably against the back of the seat; Not the slightest discomfort

 2

G   Je commence à avoir faim.
        Goûter.
    Et le soleil brille toujours.
        Il a un peu baissé.
    Mais nous sommes sur une mer!
        Le lac Huron.
H   Ce devait être merveilleux pour eux de venir, de traverser tous les Etats-Unis.
        J'allais les chercher à New York; nous y passions une semaine.
    Et puis l'avion?
        Non, ma voiture, ils la conduisaient; nous passions par Chicago.
    De quoi ça a l'air Chicago?
        On va l'apercevoir.
I   Nous pourrons repartir ensemble?
        Vous avez retenu votre place?
    Déjà?
        A cette époque de l'année c'est indispensable.
    Vous savez où sera votre hôtel?
        Vous pourrez toujours me joindre par l'intermédiaire de Gordon.

 4

L   Les nuages, impossible de voir la Gaspésie.
        Ni Terre-Neuve.
    Tu connais Terre-Neuve?
        Pas du tout. Je connais à peine le Canada.
    Je connais à peine la France.
        Je te la ferai visiter.

1

A *Quel effet me feront les arbres?*
    Pourquoi les arbres?
  Il paraît que la flore est tout à fait originale.
    Je ne connaissais pas les noms des arbres en France.
  Tu sentiras bien la différence.
    Tu me chercheras les noms de ces arbres.

stages (of a trip) B *Ces étapes° sur notre route.*
    Stable lune.
  Il a fallu que je fasse le voyage avec toi pour avoir envie de m'y arrêter.
make younger   *Je te rajeunis°.*
  En bateau, ce n'est pas pareil, les escales…
port in South Yemen   *On se promène dans les rues: Aden°, le canal de Suez, on allait au Caire, Naples…*

C *Avance?*
    Avance.
  Cigarette?
    Oui.
sit up *Attends, je me redresse°.*
row (of knitting)   *Voilà, j'ai terminé mon rang°.*

D *Pourquoi ne dors-tu pas?*
    Je suis énervée.
  Nous n'en avons plus pour longtemps.
    Chaque fois que j'approche de ce pays…
  Ne sois pas ridicule; tu y vis depuis des années…
    Je sais, je sais, je suis ridicule, c'est plus fort que moi.

 5

M *Quitté l'Iran.*
    Plus de montagnes.
river in Iraq; city in Iraq, on the *La vallée du Tigre°, Mossoul°?*
Tigris River   *Je vois bien un fleuve briller…*
  Toute la Syrie à traverser.
    Je ne pense plus à Paris.

 2

G Le jour qui dure toujours.
    Les toits de Chicago.
  C'est la banlieue de Chicago.
    Quel état déjà?
  Illinois.
    Du thé.

H Combien de temps mettiez-vous pour traverser?
    Une semaine environ, avec le séjour à New York, le voyage d'aller, ça me faisait la moitié de mes vacances.
  La moitié?
    Il fallait bien l'autre moitié pour le retour.
  Vous changiez d'itinéraire?
    Ça aurait apporté de telles complications!

I C'est la première fois que je rencontre une actrice comme vous.
    Ce n'est pas la première fois que je rencontre un étudiant comme vous.
  Je suis assez intimidé.
    Pas de quoi.
was showing off Je faisais le malin° tout à l'heure.
    Continuez, ça vous allait bien.

CC. Les nouveaux avions. Répondez aux questions au sujet des deux nouveaux avions.

1. D'où part le quatrième avion? Se dirige-t-il vers l'est ou vers l'ouest? Comment le savez-vous?
2. Qu'est-ce que vous pouvez deviner au sujet du couple L? Pourquoi?
3. Quel autre couple dans quel autre avion le couple L rappelle-t-il?
4. D'où part le cinquième avion? Se dirige-t-il vers l'est ou vers l'ouest? Comment le savez-vous?
5. A votre avis, d'où vient le couple M? Pourquoi?

DD. Le(s)quel(s)… Répondez aux questions au sujet des trois autres avions. Justifiez toujours votre réponse. **Attention aux questions 4–14:** la réponse peut être un (seul) voyageur ou un couple de voyageurs.

Le(s)quel(s) des avions…?

1. … semble(nt) être arrivé(s) à sa (leur) destination?
2. … vole(nt) dans le noir?
3. … se dirige(nt) vers le soleil?

Lequel des voyageurs…

4. … est peut-être mère ou grand-mère?
5. … habite en Iran depuis un certain temps?
6. … est peut-être enceinte *(pregnant)*?
7. … prend normalement l'avion qui passe par Athènes et par Téhéran plutôt que l'avion se dirigeant vers Los Angeles?
8. … habite aux Etats-Unis depuis un certain temps?
9. … voyage pour son travail et ne voit pas très souvent ses enfants?
10. … travaille pour une société qui l'envoie au Canada pour se préparer pour son travail?
11. … a du mal à dormir dans les avions?
12. … a traversé les Etats-Unis en voiture?
13. … visite des endroits pour la première fois grâce à l'influence de sa compagne?
14. … a peut-être l'habitude d'établir des liaisons avec des gens rencontrés dans un avion?

Discutez!

EE. Qu'est-ce que vous en pensez? Discutez des questions suivantes avec des camarades de classe.

1. Normalement un écrivain choisirait un seul couple et il raconterait leur histoire en donnant beaucoup de détails. A votre avis, pourquoi Michel Butor a-t-il choisi de présenter les histoires de plusieurs couples en donnant très peu de détails?
2. Quels sont les éléments réalistes de ce texte? Quels en sont les éléments poétiques?
3. Voudriez-vous lire le reste du texte? Pourquoi (pas)?

Do *A faire! (6-8)* on page 230 of the **Manuel de préparation.**

FF. Petits poèmes en prose: Sur la route / Dans le train. Dans son texte, Michel Butor crée des petits passages poétiques pour suggérer ce que c'est que de voyager en avion. Par exemple:

> Fonçons vers un plafond de nuages.
>> Arrachés du sol.
>
> Sortir des nuages.
>> Un pan de bleu.
> La vitre sèche.
>> Encore du bleu.
>
> Encore une bande un peu plus claire à l'horizon.
>> Toutes les maisons de la vallée sont allumées.
> En France?
>> Approchons de Paris.
> Bientôt descendre.
>> Phares minuscules sur les routes.

Utilisez le vocabulaire suggéré pour créer vous-même de petits poèmes en prose qui suggèrent ce que c'est que de voyager en voiture ou en train.

Vocabulaire utile

En voiture

l'autoroute *(f.)*
> une sortie *(exit)*
> un péage *(tollbooth)*
> une aire de repos *(rest area)*
> une aire de service *(service area)*
> la vitesse maximale *(speed limit)*
> un panneau d'affichage *(billboard)*

la rue
> un carrefour *(intersection)*
> un feu rouge (vert) *(red [green] light)*
> des phares *(m.)* *(headlights)*
> un embouteillage *(traffic jam)*
> aux heures d'affluence *(during rush hour)*

un véhicule
> une voiture (une auto)
> un camion *(truck)*
> une caravane *(trailer)*
> un camping-car *(motor home)*
> un taxi
> une ambulance
> un car *(bus [with routes outside the city])*
> un dépanneur *(towtruck)*

les bruits *(m.)* *(noises)*
    un klaxon *(horn)*
    klaxonner *(to blow the horn)*
    une sirène *(siren)*
    le bruit des freins *(the sound of brakes)*

un accident
    heurter *(to run into)*

une voiture en panne *(car that has broken down)*
    tomber en panne *(to have a breakdown)*
    un pneu crevé *(flat tire)*
    avoir une panne d'essence *(to be out of gas)*

En train

    la gare *(station)*
    un quai *(platform)*
    une voie *(track)*
    l'horaire *(m.)* des trains *(train schedule)*
    l'arrivée *(f.)* *(arrival)*
    en provenance de *(coming from)*
    le départ *(departure)*
    à destination de *(going to)*

un train
    une voiture de première (deuxième) classe
    une voiture-restaurant
    une voiture-bar *(snack bar)*
    le contrôleur *(ticket inspector)*
    contrôler les billets *(to check the tickets)*
    (s')accélérer *(to pick up speed)*
    ralentir *(to slow down)*
    s'arrêter *(to stop)*

l'arrêt *(m.)* *(stop)*
    descendre (de) *(to get off)*
    monter (dans) *(to get on)*

les bruits du train
    le sifflet *(whistle [of conductor])*
    le sifflement *(whistle [of train])*
    le bruit des freins *(sound of braking)*

C'est à vous maintenant!

Discutez!

GG. Réseau routier / Réseau ferroviaire (suite). Avec l'aide de vos réponses à l'exercice XXVIII dans le **Manuel de préparation,** parlez avec vos camarades de classe de vos idées pour un texte inspiré de celui de Butor.

⊙ Do *A faire! (6-9)* on page 232 of the **Manuel de préparation.**

Appendices

Appendice A
Les temps littéraires

There are four literary verb tenses in French. Their use is usually limited to a written context; they are almost never heard in conversation.

It is unlikely that you will be called upon to produce these tenses, but you should be able to recognize them. They appear in classical and much of the contemporary literature that you will read, especially in the **je** and **il** forms. Passive recognition of these tenses is not difficult since the verb endings are usually easy to identify.

The **passé simple** and the **passé antérieur** belong to the indicative mood; the two other tenses, also presented below, are the imperfect subjunctive and the pluperfect subjunctive.

The *passé simple*

As its name indicates, this is a simple past tense, involving no auxiliary verb. It will be easier for you to recognize it if you become familiar with the endings of the three regular conjugations and certain irregular forms.

A. Regular Forms

To form the **passé simple** of regular -er verbs, take the stem of the infinitive and add the appropriate endings: -ai, -as, -a, âmes, âtes, -èrent.

parler	
je parlai	nous parlâmes
tu parlas	vous parlâtes
il/elle/on parla	ils/elles parlèrent

To form the **passé simple** of regular -ir and -re verbs, take the stem of the infinitive and add the appropriate endings: -is, -is, -it, îmes, îtes, -irent.

réfléchir	
je réfléchis	nous réfléchîmes
tu réfléchis	vous réfléchîtes
il/elle/on réfléchit	ils/elles réfléchirent

rendre	
je rendis	nous rendîmes
tu rendis	vous rendîtes
il/elle/on rendit	ils/elles rendirent

B. Irregular Forms

Most verbs that have an irregularly formed **passé simple** have an irregular stem to which you add one of the following groups of endings:

-is	-îmes		-us	-ûmes
-is	-îtes		-us	-ûtes
-it	-irent		-ut	-urent

Below is a partial list of the most common verbs in each category.

-is		-us	
faire	je fis	boire	je bus
mettre	je mis	croire	je crus
prendre	je pris	devoir	je dus
rire	je ris	plaire	je plus
voir	je vis	pleuvoir	il plut
écrire	j'écrivis	pouvoir	je pus
conduire	je conduisis	savoir	je sus
craindre	je craignis	falloir	il fallut
peindre	je peignis	valoir	je valus
vaincre	je vainquis	vouloir	je voulus
		vivre	je vécus
		connaître	je connus
		mourir	il mourut

Avoir and **être,** which are frequently seen in the **passé simple,** have completely irregular forms.

avoir	
j'eus	nous eûmes
tu eus	vous eûtes
il/elle/on eut	ils/elles eurent

être	
je fus	nous fûmes
tu fus	vous fûtes
il/elle/on fut	ils/elles furent

Two additional common verbs with irregular forms in the **passé simple** are **venir** and **tenir**.

venir	
je **vins**	nous **vînmes**
tu **vins**	vous **vîntes**
il/elle/on **vint**	ils/elles **vinrent**

tenir	
je **tins**	nous **tînmes**
tu **tins**	vous **tîntes**
il/elle/on **tint**	ils/elles **tinrent**

C. Use of the *passé simple*

The **passé simple** is often thought of as the literary equivalent of the **passé composé**. To an extent this is true. Both tenses are used to refer to specific past actions that are limited in time.

> Victor Hugo **est né** en 1802.   (passé composé)
> Victor Hugo **naquit** en 1802.   (passé simple)

The fundamental difference between these two tenses is that the **passé simple** can never be used in referring to a time frame that has not yet come to an end. There is no such limitation placed on the **passé composé**.

Look at this sentence: **J'ai écrit deux lettres aujourd'hui.** This thought can only be expressed by the **passé composé**, since **aujourd'hui** is a time frame that is not yet terminated. **Robert Burns a écrit des lettres célèbres à sa femme** could also be expressed in the **passé simple**: **Robert Burns écrivit des lettres célèbres à sa femme.** The time frame has come to an end.

Descriptions in the past that are normally expressed by the imperfect indicative are still expressed in the imperfect, even in a literary context.

The passé antérieur

A. Formation

The **passé antérieur** is a literary compound tense that is the **passé simple** of the auxiliary verb **avoir** or **être** and a past participle.

parler	j'eus parlé, etc.
sortir	je fus sorti(e), etc.
se lever	je me fus levé(e), etc.

B. Use of the *passé antérieur*

The **passé antérieur** is used to refer to a past action that occurred prior to another past action. It is most fre-quently found in a subordinate clause following a con-junction such as **quand, lorsque, après que, dès que, aussitôt que.** The conjunction indicates that the action in question immediately preceded another action in the past. The latter action will generally be expressed in the **passé simple** or the imperfect.

> Hier soir, après qu'il **eut fini** de manger, il **sortit.**
> Le soir, après qu'il **eut fini** de manger, il **sortait.**

The imperfect subjunctive

A. Formation

The imperfect subjunctive is most often encountered in the third-person singular. The imperfect subjunctive is formed by taking the **tu** form of the **passé simple**, doubling its final consonant, and adding the endings of the present subjunctive. The third-person singular (**il/elle/on**) does not follow the regular formation. To form it, drop the consonant, place a circumflex accent (ˆ) over the final vowel, and add a **t.**

aller (tu allas → allass-)	
que j'**allasse**	que nous **allassions**
que tu **allasses**	que vous **allassiez**
qu'il/elle/on **allât**	qu'ils/elles **allassent**

B. Use of the imperfect subjunctive

Like the other tenses of the subjunctive, the imperfect subjunctive is most often found in a subordinate clause governed by a verb in the main clause that requires the use of the subjunctive. The verb of the main clause is either in a past tense or in the conditional. In order for the imperfect subjunctive to be used in the subordi-nate clause, the action expressed in this clause must occur at the same time as the action of the main verb or later on.

> Je **voulais** qu'elle me **répondît.**
> Elle **voudrait** qu'on l'**écoutât.**

The pluperfect subjunctive

A. Formation

The pluperfect subjunctive is formed with the imperfect subjunctive of the auxiliary verb **avoir** or **être** and a past participle. Like the imperfect subjunctive, this tense is mostly used in the third-person singular.

> **que j'eusse parlé, qu'il eût parlé,** etc.
> **que je fusse sorti(e), qu'il fût sorti,** etc.
> **que je me fusse lavé(e), qu'elle se fût lavée,** etc.

B. Use of the pluperfect subjunctive

The pluperfect subjunctive, like the imperfect subjunctive, is usually found in a subordinate clause. It is used when the main verb is either in a past tense or in the conditional and the action expressed in the subordinate clause has occurred prior to the action of the main clause.

Il déplora qu'elle fût déjà **partie.**

In reading, you may occasionally encounter a verb form identical to the pluperfect subjunctive that does not follow the usage outlined above. In such cases, you will be dealing with an alternate literary form of the past conditional, and you should interpret it as such.

J'eusse voulu qu'elle m'accompagnât.
(J'aurais voulu qu'elle m'accompagne.)

In lighter prose and conversation, the imperfect subjunctive is replaced by the present subjunctive, and the pluperfect subjunctive is replaced by the past subjunctive.

Les verbes réguliers

INFINITIF	PRÉSENT	IMPÉRATIF	PASSÉ COMPOSÉ	IMPARFAIT
parler *(to talk, speak)*	je **parle** tu **parles** il **parle** nous **parlons** vous **parlez** ils **parlent**	**parle** **parlons** **parlez**	j'ai **parlé** tu as **parlé** il a **parlé** nous avons **parlé** vous avez **parlé** ils ont **parlé**	je **parlais** tu **parlais** il **parlait** nous **parlions** vous **parliez** ils **parlaient**
finir *(to finish)*	je **finis** tu **finis** il **finit** nous **finissons** vous **finissez** ils **finissent**	**finis** **finissons** **finissez**	j'ai **fini** tu as **fini** il a **fini** nous avons **fini** vous avez **fini** ils ont **fini**	je **finissais** tu **finissais** il **finissait** nous **finissions** vous **finissiez** ils **finissaient**
rendre *(to give back)*	je **rends** tu **rends** il **rend** nous **rendons** vous **rendez** ils **rendent**	**rends** **rendons** **rendez**	j'ai **rendu** tu as **rendu** il a **rendu** nous avons **rendu** vous avez **rendu** ils ont **rendu**	je **rendais** tu **rendais** il **rendait** nous **rendions** vous **rendiez** ils **rendaient**
se laver *(to wash oneself)*	je **me lave** tu **te laves** il **se lave** nous **nous lavons** vous **vous lavez** ils **se lavent**	**lave-toi** **lavons-nous** **lavez-vous**	je **me suis lavé(e)** tu **t'es lavé(e)** il/elle **s'est lavé(e)** nous **nous sommes lavé(e)s** vous **vous êtes lavé(e)(s)** ils/elles **se sont lavé(e)s**	je **me lavais** tu **te lavais** il **se lavait** nous **nous lavions** vous **vous laviez** ils **se lavaient**

PASSÉ SIMPLE	FUTUR	CONDITIONNEL	SUBJONCTIF	PARTICIPE PRÉSENT
je parlai	je parlerai	je parlerais	que je parle	parlant
tu parlas	tu parleras	tu parlerais	que tu parles	
il parla	il parlera	il parlerait	qu'il parle	
nous parlâmes	nous parlerons	nous parlerions	que nous parlions	
vous parlâtes	vous parlerez	vous parleriez	que vous parliez	
ils parlèrent	ils parleront	ils parleraient	qu'ils parlent	
je finis	je finirai	je finirais	que je finisse	finissant
tu finis	tu finiras	tu finirais	que tu finisses	
il finit	il finira	il finirait	qu'il finisse	
nous finîmes	nous finirons	nous finirions	que nous finissions	
vous finîtes	vous finirez	vous finiriez	que vous finissiez	
ils finirent	ils finiront	ils finiraient	qu'ils finissent	
je rendis	je rendrai	je rendrais	que je rende	rendant
tu rendis	tu rendras	tu rendrais	que tu rendes	
il rendit	il rendra	il rendrait	qu'il rende	
nous rendîmes	nous rendrons	nous rendrions	que nous rendions	
vous rendîtes	vous rendrez	vous rendriez	que vous rendiez	
ils rendirent	ils rendront	ils rendraient	qu'ils rendent	
je me lavai	je me laverai	je me laverais	que je me lave	se lavant
tu te lavas	tu te laveras	tu te laverais	que tu te laves	
il se lava	il se lavera	il se laverait	qu'il se lave	
nous nous lavâmes	nous nous laverons	nous nous laverions	que nous nous lavions	
vous vous lavâtes	vous vous laverez	vous vous laveriez	que vous vous laviez	
ils se lavèrent	ils se laveront	ils se laveraient	qu'ils se lavent	

Les verbes en -er avec changement d'orthographe

INFINITIF	PRÉSENT	IMPÉRATIF	PASSÉ COMPOSÉ	IMPARFAIT
acheter *(to buy)*	j'**achète** tu **achètes** il **achète** nous **achetons** vous **achetez** ils **achètent**	**achète** **achetons** **achetez**	j'ai **acheté** tu as **acheté** il a **acheté** nous avons **acheté** vous avez **acheté** ils ont **acheté**	j'**achetais** tu **achetais** il **achetait** nous **achetions** vous **achetiez** ils **achetaient**
Verbs like **acheter**:	**amener** *(to bring [someone])*, **élever** *(to raise)*, **emmener** *(to take away [someone])*, **enlever** *(to take off, remove)*, **peser** *(to weigh)*			
appeler *(to call)*	j'**appelle** tu **appelles** il **appelle** nous **appelons** vous **appelez** ils **appellent**	**appelle** **appelons** **appelez**	j'ai **appelé** tu as **appelé** il a **appelé** nous avons **appelé** vous avez **appelé** ils ont **appelé**	j'**appelais** tu **appelais** il **appelait** nous **appelions** vous **appeliez** ils **appelaient**
Verbs like **appeler**:	**épeler** *(to spell)*, **jeter** *(to throw)*, **rappeler** *(to recall, call back)*, **rejeter** *(to reject)*			
préférer *(to prefer)*	je **préfère** tu **préfères** il **préfère** nous **préférons** vous **préférez** ils **préfèrent**	**préfère** **préférons** **préférez**	j'ai **préféré** tu as **préféré** il a **préféré** nous avons **préféré** vous avez **préféré** ils ont **préféré**	je **préférais** tu **préférais** il **préférait** nous **préférions** vous **préfériez** ils **préféraient**
Verbs like **préférer**:	**célébrer** *(to celebrate)*, **espérer** *(to hope)*, **inquiéter** *(to worry)*, **posséder** *(to own)*, **protéger** *(to protect)*, **répéter** *(to repeat)*, **sécher** *(to dry)*, **suggérer** *(to suggest)*			
manger *(to eat)*	je **mange** tu **manges** il **mange** nous **mangeons** vous **mangez** ils **mangent**	**mange** **mangeons** **mangez**	j'ai **mangé** tu as **mangé** il a **mangé** nous avons **mangé** vous avez **mangé** ils ont **mangé**	je **mangeais** tu **mangeais** il **mangeait** nous **mangions** vous **mangiez** ils **mangeaient**
Verbs like **manger**:	**arranger** *(to fix, arrange)*, **changer** *(to change)*, **corriger** *(to correct)*, **déménager** *(to move one's residence)*, **déranger** *(to disturb)*, **diriger** *(to manage, run)*, **nager** *(to swim)*, **négliger** *(to neglect)*, **obliger** *(to oblige)*, **partager** *(to share)*, **plonger** *(to dive)*, **protéger** *(to protect)*, **ranger** *(to put in order, put away)*, **songer à** *(to think of)*, **voyager** *(to travel)*			
commencer *(to start, begin)*	je **commence** tu **commences** il **commence** nous **commençons** vous **commencez** ils **commencent**	**commence** **commençons** **commencez**	j'ai **commencé** tu as **commencé** il a **commencé** nous avons **commencé** vous avez **commencé** ils ont **commencé**	je **commençais** tu **commençais** il **commençait** nous **commencions** vous **commenciez** ils **commençaient**
Verbs like **commencer**:	**annoncer** *(to announce)*, **avancer** *(to move forward)*, **effacer** *(to erase)*, **lancer** *(to throw, launch)*, **menacer** *(to threaten)*, **placer** *(to put, set, place)*, **remplacer** *(to replace)*, **renoncer** *(to give up, renounce)*			
payer *(to pay, pay for)*	je **paie** tu **paies** il **paie** nous **payons** vous **payez** ils **paient**	**paie** **payons** **payez**	j'ai **payé** tu as **payé** il a **payé** nous avons **payé** vous avez **payé** ils ont **payé**	je **payais** tu **payais** il **payait** nous **payions** vous **payiez** ils **payaient**
Verbs like **payer**:	**employer** *(to use, employ)*, **ennuyer** *(to bore, annoy)*, **envoyer** *(to send)* (except in future and conditional), **essayer** *(to try)*, **essuyer** *(to wipe)*, **nettoyer** *(to clean)*			

PASSÉ SIMPLE	FUTUR	CONDITIONNEL	SUBJONCTIF	PARTICIPE PRÉSENT
j'achetai	j'achèterai	j'achèterais	que j'achète	achetant
tu achetas	tu achèteras	tu achèterais	que tu achètes	
il acheta	il achètera	il achèterait	qu'il achète	
nous achetâmes	nous achèterons	nous achèterions	que nous achetions	
vous achetâtes	vous achèterez	vous achèteriez	que vous achetiez	
ils achetèrent	ils achèteront	ils achèteraient	qu'ils achètent	
j'appelai	j'appellerai	j'appellerais	que j'appelle	appelant
tu appelas	tu appelleras	tu appellerais	que tu appelles	
il appela	il appellera	il appellerait	qu'il appelle	
nous appelâmes	nous appellerons	nous appellerions	que nous appelions	
vous appelâtes	vous appellerez	vous appelleriez	que vous appeliez	
ils appelèrent	ils appelleront	ils appelleraient	qu'ils appellent	
je préférai	je préférerai	je préférerais	que je préfère	préférant
tu préféras	tu préféreras	tu préférerais	que tu préfères	
il préféra	il préférera	il préférerait	qu'il préfère	
nous préférâmes	nous préférerons	nous préférerions	que nous préférions	
vous préférâtes	vous préférerez	vous préféreriez	que vous préfériez	
ils préférèrent	ils préféreront	ils préféreraient	qu'ils préfèrent	
je mangeai	je mangerai	je mangerais	que je mange	mangeant
tu mangeas	tu mangeras	tu mangerais	que tu manges	
il mangea	il mangera	il mangerait	qu'il mange	
nous mangeâmes	nous mangerons	nous mangerions	que nous mangions	
vous mangeâtes	vous mangerez	vous mangeriez	que vous mangiez	
ils mangèrent	ils mangeront	ils mangeraient	qu'ils mangent	
je commençai	je commencerai	je commencerais	que je commence	commençant
tu commenças	tu commenceras	tu commencerais	que tu commences	
il commença	il commencera	il commencerait	qu'il commence	
nous commençâmes	nous commencerons	nous commencerions	que nous commencions	
vous commençâtes	vous commencerez	vous commenceriez	que vous commenciez	
ils commencèrent	ils commenceront	ils commenceraient	qu'ils commencent	
je payai	je paierai	je paierais	que je paie	payant
tu payas	tu paieras	tu paierais	que tu paies	
il paya	il paiera	il paierait	qu'il paie	
nous payâmes	nous paierons	nous paierions	que nous payions	
vous payâtes	vous paierez	vous paieriez	que vous payiez	
ils payèrent	ils paieront	ils paieraient	qu'ils paient	

Les verbes irréguliers

In the list below, the number at the right of each irregular verb corresponds to the number of the verb, or of a similarly conjugated verb, in the tables that follow. Verbs conjugated with **être** as an auxiliary verb in the compound tenses are marked with an asterisk (*). All other verbs are conjugated with **avoir.**

absoudre *(to forgive)* 1
accueillir *(to receive, welcome)* 15
acquérir *(to acquire, get)* 2
admettre *(to admit)* 26
***aller** *(to go)* 3
***s'en aller** *(to go away)* 3
apercevoir *(to catch a glimpse of)* 34
***apparaître** *(to appear)* 10
appartenir *(to belong)* 43
apprendre *(to learn)* 33
***s'asseoir** *(to sit down)* 4
atteindre *(to attain)* 13
avoir *(to have)* 5
battre *(to beat)* 6
***se battre** *(to fight)* 6
boire *(to drink)* 7
combattre *(to combat)* 6
comprendre *(to understand)* 33
conclure *(to conclude)* 8
conduire *(to drive; to conduct)* 9

connaître *(to know)* 10
conquérir *(to conquer)* 2
construire *(to construct)* 9
contenir *(to contain)* 43
convaincre *(to convince)* 41
convenir *(to agree)* 43
coudre *(to sew)* 11
courir *(to run)* 12
couvrir *(to cover)* 29
craindre *(to fear)* 13
croire *(to believe)* 14
cueillir *(to pick, gather)* 15
cuire *(to cook)* 9
décevoir *(to deceive)* 34
découvrir *(to discover)* 29
décrire *(to describe)* 19
déplaire *(to displease)* 30
détruire *(to destroy)* 9
***devenir** *(to become)* 43
devoir *(must, to have to; to owe)* 16

dire *(to say, tell)* 17
disparaître *(to disappear)* 10
dormir *(to sleep)* 18
écrire *(to write)* 19
élire *(to elect)* 25
***s'endormir** *(to fall asleep)* 18
envoyer *(to send)* 20
éteindre *(to turn off)* 13
être *(to be)* 21
faire *(to do, make)* 22
falloir *(to be necessary)* 23
fuir *(to flee)* 24
***s'inscrire** *(to join, sign up)* 19
interdire *(to forbid, prohibit)* 17
joindre *(to join)* 13
lire *(to read)* 25
maintenir *(to maintain)* 43
mentir *(to lie)* 38
mettre *(to put, place)* 26
***mourir** *(to die)* 27

INFINITIF	PRÉSENT	IMPÉRATIF	PASSÉ COMPOSÉ	IMPARFAIT
1. absoudre *(to forgive)*	j'absous tu absous il absout nous absolvons vous absolvez ils absolvent	absous absolvons absolvez	j'ai absous tu as absous il a absous nous avons absous vous avez absous ils ont absous	j'absolvais tu absolvais il absolvait nous absolvions vous absolviez ils absolvaient
2. acquérir *(to acquire, get)*	j'acquiers tu acquiers il acquiert nous acquérons vous acquérez ils acquièrent	acquiers acquérons acquérez	j'ai acquis tu as acquis il a acquis nous avons acquis vous avez acquis ils ont acquis	j'acquérais tu acquérais il acquérait nous acquérions vous acquériez ils acquéraient
3. aller *(to go)*	je vais tu vas il va nous allons vous allez ils vont	va allons allez	je suis allé(e) tu es allé(e) il/elle est allé(e) nous sommes allé(e)s vous êtes allé(e)(s) ils/elles sont allé(e)s	j'allais tu allais il allait nous allions vous alliez ils allaient
4. s'asseoir *(to sit down)*	je m'assieds tu t'assieds il s'assied nous nous asseyons vous vous asseyez ils s'asseyent	assieds-toi asseyons-nous asseyez-vous	je me suis assis(e) tu t'es assis(e) il/elle s'est assis(e) nous nous sommes assis(es) vous vous êtes assis(e)(s) ils/elles se sont assis(es)	je m'asseyais tu t'asseyais il s'asseyait nous nous asseyions vous vous asseyiez ils s'asseyaient

naître (to be born) 28
obtenir (to obtain, get) 43
offrir (to offer) 29
ouvrir (to open) 29
paraître (to appear) 10
parcourir (to travel over) 12
partir (to leave) 38
parvenir (to arrive; to succeed) 43
peindre (to paint) 13
permettre (to permit) 26
se plaindre (to complain) 13
plaire (to please) 30
pleuvoir (to rain) 31
poursuivre (to pursue) 39
pouvoir (can, to be able) 32
prédire (to predict) 17
prendre (to take) 33
prévoir (to foresee) 45
produire (to produce) 9
promettre (to promise) 26

recevoir (to receive, get) 34
reconnaître (to recognize) 10
reconstruire (to reconstruct) 9
recouvrir (to recover) 29
redevenir (to become again) 43
réduire (to reduce) 9
remettre (to postpone) 26
reprendre (to take back) 33
résoudre (to resolve, solve) 35
retenir (to reserve) 43
revenir (to come back) 43
revoir (to see again) 45
rire (to laugh) 36
rompre (to break) 6
savoir (to know) 37
sentir (to smell) 38
se sentir (to feel) 38
servir (to serve) 38
se servir de (to use) 38
sortir (to go out) 38

souffrir (to suffer) 29
soumettre (to submit) 26
sourire (to smile) 36
soutenir (to support) 43
se souvenir (to remember) 43
suivre (to follow) 39
surprendre (to surprise) 33
survivre (to survive) 44
se taire (to be quiet) 40
tenir (to hold) 43
traduire (to translate) 9
transmettre (to transmit) 26
vaincre (to conquer) 41
valoir (to be worth; to deserve, merit) 42
venir (to come) 43
vivre (to live) 44
voir (to see) 45
vouloir (to wish, want) 46

PASSÉ SIMPLE	FUTUR	CONDITIONNEL	SUBJONCTIF	PARTICIPE PRÉSENT
n'existe pas	j'**absoudrai** tu **absoudras** il **absoudra** nous **absoudrons** vous **absoudrez** ils **absoudront**	j'**absoudrais** tu **absoudrais** il **absoudrait** nous **absoudrions** vous **absoudriez** ils **absoudraient**	que j'**absolve** que tu **absolves** qu'il **absolve** que nous **absolvions** que vous **absolviez** qu'ils **absolvent**	**absolvant**
j'**acquis** tu **acquis** il **acquit** nous **acquîmes** vous **acquîtes** ils **acquirent**	j'**acquerrai** tu **acquerras** il **acquerra** nous **acquerrons** vous **acquerrez** ils **acquerront**	j'**acquerrais** tu **acquerrais** il **acquerrait** nous **acquerrions** vous **acquerriez** ils **acquerraient**	que j'**acquière** que tu **acquières** qu'il **acquière** que nous **acquérions** que vous **acquériez** qu'ils **acquièrent**	**acquérant**
j'**allai** tu **allas** il **alla** nous **allâmes** vous **allâtes** ils **allèrent**	j'**irai** tu **iras** il **ira** nous **irons** vous **irez** ils **iront**	j'**irais** tu **irais** il **irait** nous **irions** vous **iriez** ils **iraient**	que j'**aille** que tu **ailles** qu'il **aille** que nous **allions** que vous **alliez** qu'ils **aillent**	**allant**
je m'**assis** tu t'**assis** il s'**assit** nous nous **assîmes** vous vous **assîtes** ils s'**assirent**	je m'**assiérai** tu t'**assiéras** il s'**assiéra** nous nous **assiérons** vous vous **assiérez** ils s'**assiéront**	je m'**assiérais** tu t'**assiérais** il s'**assiérait** nous nous **assiérions** vous vous **assiériez** ils s'**assiéraient**	que je m'**asseye** que tu t'**asseyes** qu'il s'**asseye** que nous nous **asseyions** que vous vous **asseyiez** qu'ils s'**asseyent**	**s'asseyant**

INFINITIF	PRÉSENT	IMPÉRATIF	PASSÉ COMPOSÉ	IMPARFAIT
5. avoir (to have)	j'ai tu as il a nous avons vous avez ils ont	aie ayons ayez	j'ai eu tu as eu il a eu nous avons eu vous avez eu ils ont eu	j'avais tu avais il avait nous avions vous aviez ils avaient
6. battre (to beat)	je bats tu bats il bat nous battons vous battez ils battent	bats battons battez	j'ai battu tu as battu il a battu nous avons battu vous avez battu ils ont battu	je battais tu battais il battait nous battions vous battiez ils battaient
7. boire (to drink)	je bois tu bois il boit nous buvons vous buvez ils boivent	bois buvons buvez	j'ai bu tu as bu il a bu nous avons bu vous avez bu ils ont bu	je buvais tu buvais il buvait nous buvions vous buviez ils buvaient
8. conclure (to conclude)	je conclus tu conclus il conclut nous concluons vous concluez ils concluent	conclus concluons concluez	j'ai conclu tu as conclu il a conclu nous avons conclu vous avez conclu ils ont conclu	je concluais tu concluais il concluait nous concluions vous concluiez ils concluaient
9. conduire (to drive; to conduct)	je conduis tu conduis il conduit nous conduisons vous conduisez ils conduisent	conduis conduisons conduisez	j'ai conduit tu as conduit il a conduit nous avons conduit vous avez conduit ils ont conduit	je conduisais tu conduisais il conduisait nous conduisions vous conduisiez ils conduisaient
10. connaître (to know)	je connais tu connais il connaît nous connaissons vous connaissez ils connaissent	connais connaissons connaissez	j'ai connu tu as connu il a connu nous avons connu vous avez connu ils ont connu	je connaissais tu connaissais il connaissait nous connaissions vous connaissiez ils connaissaient
11. coudre (to sew)	je couds tu couds il coud nous cousons vous cousez ils cousent	couds cousons cousez	j'ai cousu tu as cousu il a cousu nous avons cousu vous avez cousu ils ont cousu	je cousais tu cousais il cousait nous cousions vous cousiez ils cousaient
12. courir (to run)	je cours tu cours il court nous courons vous courez ils courent	cours courons courez	j'ai couru tu as couru il a couru nous avons couru vous avez couru ils ont couru	je courais tu courais il courait nous courions vous couriez ils couraient
13. craindre (to fear)	je crains tu crains il craint nous craignons vous craignez ils craignent	crains craignons craignez	j'ai craint tu as craint il a craint nous avons craint vous avez craint ils ont craint	je craignais tu craignais il craignait nous craignions vous craigniez ils craignaient

PASSÉ SIMPLE	FUTUR	CONDITIONNEL	SUBJONCTIF	PARTICIPE PRÉSENT
j'eus tu eus il eut nous eûmes vous eûtes ils eurent	j'aurai tu auras il aura nous aurons vous aurez ils auront	j'aurais tu aurais il aurait nous aurions vous auriez ils auraient	que j'aie que tu aies qu'il ait que nous ayons que vous ayez qu'ils aient	ayant
je battis tu battis il battit nous battîmes vous battîtes ils battirent	je battrai tu battras il battra nous battrons vous battrez ils battront	je battrais tu battrais il battrait nous battrions vous battriez ils battraient	que je batte que tu battes qu'il batte que nous battions que vous battiez qu'ils battent	battant
je bus tu bus il but nous bûmes vous bûtes ils burent	je boirai tu boiras il boira nous boirons vous boirez ils boiront	je boirais tu boirais il boirait nous boirions vous boiriez ils boiraient	que je boive que tu boives qu'il boive que nous buvions que vous buviez qu'ils boivent	buvant
je conclus tu conclus il conclut nous conclûmes vous conclûtes ils conclurent	je conclurai tu concluras il conclura nous conclurons vous conclurez ils concluront	je conclurais tu conclurais il conclurait nous conclurions vous concluriez ils concluraient	que je conclue que tu conclues qu'il conclue que nous concluions que vous concluiez qu'ils concluent	concluant
je conduisis tu conduisis il conduisit nous conduisîmes vous conduisîtes ils conduisirent	je conduirai tu conduiras il conduira nous conduirons vous conduirez ils conduiront	je conduirais tu conduirais il conduirait nous conduirions vous conduiriez ils conduiraient	que je conduise que tu conduises qu'il conduise que nous conduisions que vous conduisiez qu'ils conduisent	conduisant
je connus tu connus il connut nous connûmes vous connûtes ils connurent	je connaîtrai tu connaîtras il connaîtra nous connaîtrons vous connaîtrez ils connaîtront	je connaîtrais tu connaîtrais il connaîtrait nous connaîtrions vous connaîtriez ils connaîtraient	que je connaisse que tu connaisses qu'il connaisse que nous connaissions que vous connaissiez qu'ils connaissent	connaissant
je cousis tu cousis il cousit nous cousîmes vous cousîtes ils cousirent	je coudrai tu coudras il coudra nous coudrons vous coudrez ils coudront	je coudrais tu coudrais il coudrait nous coudrions vous coudriez ils coudraient	que je couse que tu couses qu'il couse que nous cousions que vous cousiez qu'ils cousent	cousant
je courus tu courus il courut nous courûmes vous courûtes ils coururent	je courrai tu courras il courra nous courrons vous courrez ils courront	je courrais tu courrais il courrait nous courrions vous courriez ils courraient	que je coure que tu coures qu'il coure que nous courions que vous couriez qu'ils courent	courant
je craignis tu craignis il craignit nous craignîmes vous craignîtes ils craignirent	je craindrai tu craindras il craindra nous craindrons vous craindrez ils craindront	je craindrais tu craindrais il craindrait nous craindrions vous craindriez ils craindraient	que je craigne que tu craignes qu'il craigne que nous craignions que vous craigniez qu'ils craignent	craignant

INFINITIF	PRÉSENT	IMPÉRATIF	PASSÉ COMPOSÉ	IMPARFAIT
14. croire *(to believe)*	je **crois** tu **crois** il **croit** nous **croyons** vous **croyez** ils **croient**	**crois** **croyons** **croyez**	j'ai **cru** tu as **cru** il a **cru** nous avons **cru** vous avez **cru** ils ont **cru**	je **croyais** tu **croyais** il **croyait** nous **croyions** vous **croyiez** ils **croyaient**
15. cueillir *(to pick, gather)*	je **cueille** tu **cueilles** il **cueille** nous **cueillons** vous **cueillez** ils **cueillent**	**cueille** **cueillons** **cueillez**	j'ai **cueilli** tu as **cueilli** il a **cueilli** nous avons **cueilli** vous avez **cueilli** ils ont **cueilli**	je **cueillais** tu **cueillais** il **cueillait** nous **cueillions** vous **cueilliez** ils **cueillaient**
16. devoir *(must, to have to; to owe)*	je **dois** tu **dois** il **doit** nous **devons** vous **devez** ils **doivent**	**dois** **devons** **devez**	j'ai **dû** tu as **dû** il a **dû** nous avons **dû** vous avez **dû** ils ont **dû**	je **devais** tu **devais** il **devait** nous **devions** vous **deviez** ils **devaient**
17. dire *(to say, tell)*	je **dis** tu **dis** il **dit** nous **disons** vous **dites** ils **disent**	**dis** **disons** **dites**	j'ai **dit** tu as **dit** il a **dit** nous avons **dit** vous avez **dit** ils ont **dit**	je **disais** tu **disais** il **disait** nous **disions** vous **disiez** ils **disaient**
18. dormir *(to sleep)*	je **dors** tu **dors** il **dort** nous **dormons** vous **dormez** ils **dorment**	**dors** **dormons** **dormez**	j'ai **dormi** tu as **dormi** il a **dormi** nous avons **dormi** vous avez **dormi** ils ont **dormi**	je **dormais** tu **dormais** il **dormait** nous **dormions** vous **dormiez** ils **dormaient**
19. écrire *(to write)*	j'**écris** tu **écris** il **écrit** nous **écrivons** vous **écrivez** ils **écrivent**	**écris** **écrivons** **écrivez**	j'ai **écrit** tu as **écrit** il a **écrit** nous avons **écrit** vous avez **écrit** ils ont **écrit**	j'**écrivais** tu **écrivais** il **écrivait** nous **écrivions** vous **écriviez** ils **écrivaient**
20. envoyer *(to send)*	j'**envoie** tu **envoies** il **envoie** nous **envoyons** vous **envoyez** ils **envoient**	**envoie** **envoyons** **envoyez**	j'ai **envoyé** tu as **envoyé** il a **envoyé** nous avons **envoyé** vous avez **envoyé** ils ont **envoyé**	j'**envoyais** tu **envoyais** il **envoyait** nous **envoyions** vous **envoyiez** ils **envoyaient**
21. être *(to be)*	je **suis** tu **es** il **est** nous **sommes** vous **êtes** ils **sont**	**sois** **soyons** **soyez**	j'ai **été** tu as **été** il a **été** nous avons **été** vous avez **été** ils ont **été**	j'**étais** tu **étais** il **était** nous **étions** vous **étiez** ils **étaient**
22. faire *(to do, make)*	je **fais** tu **fais** il **fait** nous **faisons** vous **faites** ils **font**	**fais** **faisons** **faites**	j'ai **fait** tu as **fait** il a **fait** nous avons **fait** vous avez **fait** ils ont **fait**	je **faisais** tu **faisais** il **faisait** nous **faisions** vous **faisiez** ils **faisaient**
23. falloir *(to be necessary)*	il **faut**	*n'existe pas*	il a **fallu**	il **fallait**

PASSÉ SIMPLE	FUTUR	CONDITIONNEL	SUBJONCTIF	PARTICIPE PRÉSENT
je **crus** tu **crus** il **crut** nous **crûmes** vous **crûtes** ils **crurent**	je **croirai** tu **croiras** il **croira** nous **croirons** vous **croirez** ils **croiront**	je **croirais** tu **croirais** il **croirait** nous **croirions** vous **croiriez** ils **croiraient**	que je **croie** que tu **croies** qu'il **croie** que nous **croyions** que vous **croyiez** qu'ils **croient**	**croyant**
je **cueillis** tu **cueillis** il **cueillit** nous **cueillîmes** vous **cueillîtes** ils **cueillirent**	je **cueillerai** tu **cueilleras** il **cueillera** nous **cueillerons** vous **cueillerez** ils **cueilleront**	je **cueillerais** tu **cueillerais** il **cueillerait** nous **cueillerions** vous **cueilleriez** ils **cueilleraient**	que je **cueille** que tu **cueilles** qu'il **cueille** que nous **cueillions** que vous **cueilliez** qu'ils **cueillent**	**cueillant**
je **dus** tu **dus** il **dut** nous **dûmes** vous **dûtes** ils **durent**	je **devrai** tu **devras** il **devra** nous **devrons** vous **devrez** ils **devront**	je **devrais** tu **devrais** il **devrait** nous **devrions** vous **devriez** ils **devraient**	que je **doive** que tu **doives** qu'il **doive** que nous **devions** que vous **deviez** qu'ils **doivent**	**devant**
je **dis** tu **dis** il **dit** nous **dîmes** vous **dîtes** ils **dirent**	je **dirai** tu **diras** il **dira** nous **dirons** vous **direz** ils **diront**	je **dirais** tu **dirais** il **dirait** nous **dirions** vous **diriez** ils **diraient**	que je **dise** que tu **dises** qu'il **dise** que nous **disions** que vous **disiez** qu'ils **disent**	**disant**
je **dormis** tu **dormis** il **dormit** nous **dormîmes** vous **dormîtes** ils **dormirent**	je **dormirai** tu **dormiras** il **dormira** nous **dormirons** vous **dormirez** ils **dormiront**	je **dormirais** tu **dormirais** il **dormirait** nous **dormirions** vous **dormiriez** ils **dormiraient**	que je **dorme** que tu **dormes** qu'il **dorme** que nous **dormions** que vous **dormiez** qu'ils **dorment**	**dormant**
j'**écrivis** tu **écrivis** il **écrivit** nous **écrivîmes** vous **écrivîtes** ils **écrivirent**	j'**écrirai** tu **écriras** il **écrira** nous **écrirons** vous **écrirez** ils **écriront**	j'**écrirais** tu **écrirais** il **écrirait** nous **écririons** vous **écririez** ils **écriraient**	que j'**écrive** que tu **écrives** qu'il **écrive** que nous **écrivions** que vous **écriviez** qu'ils **écrivent**	**écrivant**
j'**envoyai** tu **envoyas** il **envoya** nous **envoyâmes** vous **envoyâtes** ils **envoyèrent**	j'**enverrai** tu **enverras** il **enverra** nous **enverrons** vous **enverrez** ils **enverront**	j'**enverrais** tu **enverrais** il **enverrait** nous **enverrions** vous **enverriez** ils **enverraient**	que j'**envoie** que tu **envoies** qu'il **envoie** que nous **envoyions** que vous **envoyiez** qu'ils **envoient**	**envoyant**
je **fus** tu **fus** il **fut** nous **fûmes** vous **fûtes** ils **furent**	je **serai** tu **seras** il **sera** nous **serons** vous **serez** ils **seront**	je **serais** tu **serais** il **serait** nous **serions** vous **seriez** ils **seraient**	que je **sois** que tu **sois** qu'il **soit** que nous **soyons** que vous **soyez** qu'ils **soient**	**étant**
je **fis** tu **fis** il **fit** nous **fîmes** vous **fîtes** ils **firent**	je **ferai** tu **feras** il **fera** nous **ferons** vous **ferez** ils **feront**	je **ferais** tu **ferais** il **ferait** nous **ferions** vous **feriez** ils **feraient**	que je **fasse** que tu **fasses** qu'il **fasse** que nous **fassions** que vous **fassiez** qu'ils **fassent**	**faisant**
il **fallut**	il **faudra**	il **faudrait**	qu'il **faille**	*n'existe pas*

24. **fuir** *(to flee)*	je **fuis** tu **fuis** il **fuit** nous **fuyons** vous **fuyez** ils **fuient**	**fuis** **fuyons** **fuyez**	j'ai **fui** tu as **fui** il a **fui** nous avons **fui** vous avez **fui** ils ont **fui**	je **fuyais** tu **fuyais** il **fuyait** nous **fuyions** vous **fuyiez** ils **fuyaient**
25. **lire** *(to read)*	je **lis** tu **lis** il **lit** nous **lisons** vous **lisez** ils **lisent**	**lis** **lisons** **lisez**	j'ai **lu** tu as **lu** il a **lu** nous avons **lu** vous avez **lu** ils ont **lu**	je **lisais** tu **lisais** il **lisait** nous **lisions** vous **lisiez** ils **lisaient**
26. **mettre** *(to put, place)*	je **mets** tu **mets** il **met** nous **mettons** vous **mettez** ils **mettent**	**mets** **mettons** **mettez**	j'ai **mis** tu as **mis** il a **mis** nous avons **mis** vous avez **mis** ils ont **mis**	je **mettais** tu **mettais** il **mettait** nous **mettions** vous **mettiez** ils **mettaient**
27. **mourir** *(to die)*	je **meurs** tu **meurs** il **meurt** nous **mourons** vous **mourez** ils **meurent**	**meurs** **mourons** **mourez**	je suis **mort(e)** tu es **mort(e)** il/elle est **mort(e)** nous sommes **mort(e)s** vous êtes **mort(e)(s)** ils/elles sont **mort(e)s**	je **mourais** tu **mourais** il **mourait** nous **mourions** vous **mouriez** ils **mouraient**
28. **naître** *(to be born)*	je **nais** tu **nais** il **naît** nous **naissons** vous **naissez** ils **naissent**	**nais** **naissons** **naissez**	je suis **né(e)** tu es **né(e)** il/elle est **né(e)** nous sommes **né(e)s** vous êtes **né(e)(s)** ils/elles sont **né(e)s**	je **naissais** tu **naissais** il **naissait** nous **naissions** vous **naissiez** ils **naissaient**
29. **ouvrir** *(to open)*	j'**ouvre** tu **ouvres** il **ouvre** nous **ouvrons** vous **ouvrez** ils **ouvrent**	**ouvre** **ouvrons** **ouvrez**	j'ai **ouvert** tu as **ouvert** il a **ouvert** nous avons **ouvert** vous avez **ouvert** ils ont **ouvert**	j'**ouvrais** tu **ouvrais** il **ouvrait** nous **ouvrions** vous **ouvriez** ils **ouvraient**
30. **plaire** *(to please)*	je **plais** tu **plais** il **plaît** nous **plaisons** vous **plaisez** ils **plaisent**	**plais** **plaisons** **plaisez**	j'ai **plu** tu as **plu** il a **plu** nous avons **plu** vous avez **plu** ils ont **plu**	je **plaisais** tu **plaisais** il **plaisait** nous **plaisions** vous **plaisiez** ils **plaisaient**
31. **pleuvoir** *(to rain)*	il **pleut**	*n'existe pas*	il a **plu**	il **pleuvait**
32. **pouvoir** *(can, to be able)*	je **peux** tu **peux** il **peut** nous **pouvons** vous **pouvez** ils **peuvent**	*n'existe pas*	j'ai **pu** tu as **pu** il a **pu** nous avons **pu** vous avez **pu** ils ont **pu**	je **pouvais** tu **pouvais** il **pouvait** nous **pouvions** vous **pouviez** ils **pouvaient**
33. **prendre** *(to take)*	je **prends** tu **prends** il **prend** nous **prenons** vous **prenez** ils **prennent**	**prends** **prenons** **prenez**	j'ai **pris** tu as **pris** il a **pris** nous avons **pris** vous avez **pris** ils ont **pris**	je **prenais** tu **prenais** il **prenait** nous **prenions** vous **preniez** ils **prenaient**

PASSÉ SIMPLE	FUTUR	CONDITIONNEL	SUBJONCTIF	PARTICIPE PRÉSENT
je **fuis** tu **fuis** il **fuit** nous **fuîmes** vous **fuîtes** ils **fuirent**	je **fuirai** tu **fuiras** il **fuira** nous **fuirons** vous **fuirez** ils **fuiront**	je **fuirais** tu **fuirais** il **fuirait** nous **fuirions** vous **fuiriez** ils **fuiraient**	que je **fuie** que tu **fuies** qu'il **fuie** que nous **fuyions** que vous **fuyiez** qu'ils **fuient**	fuyant
je **lus** tu **lus** il **lut** nous **lûmes** vous **lûtes** ils **lurent**	je **lirai** tu **liras** il **lira** nous **lirons** vous **lirez** ils **liront**	je **lirais** tu **lirais** il **lirait** nous **lirions** vous **liriez** ils **liraient**	que je **lise** que tu **lises** qu'il **lise** que nous **lisions** que vous **lisiez** qu'ils **lisent**	lisant
je **mis** tu **mis** il **mit** nous **mîmes** vous **mîtes** ils **mirent**	je **mettrai** tu **mettras** il **mettra** nous **mettrons** vous **mettrez** ils **mettront**	je **mettrais** tu **mettrais** il **mettrait** nous **mettrions** vous **mettriez** ils **mettraient**	que je **mette** que tu **mettes** qu'il **mette** que nous **mettions** que vous **mettiez** qu'ils **mettent**	mettant
je **mourus** tu **mourus** il **mourut** nous **mourûmes** vous **mourûtes** ils **moururent**	je **mourrai** tu **mourras** il **mourra** nous **mourrons** vous **mourrez** ils **mourront**	je **mourrais** tu **mourrais** il **mourrait** nous **mourrions** vous **mourriez** ils **mourraient**	que je **meure** que tu **meures** qu'il **meure** que nous **mourions** que vous **mouriez** qu'ils **meurent**	mourant
je **naquis** tu **naquis** il **naquit** nous **naquîmes** vous **naquîtes** ils **naquirent**	je **naîtrai** tu **naîtras** il **naîtra** nous **naîtrons** vous **naîtrez** ils **naîtront**	je **naîtrais** tu **naîtrais** il **naîtrait** nous **naîtrions** vous **naîtriez** ils **naîtraient**	que je **naisse** que tu **naisses** qu'il **naisse** que nous **naissions** que vous **naissiez** qu'ils **naissent**	naissant
j'**ouvris** tu **ouvris** il **ouvrit** nous **ouvrîmes** vous **ouvrîtes** ils **ouvrirent**	j'**ouvrirai** tu **ouvriras** il **ouvrira** nous **ouvrirons** vous **ouvrirez** ils **ouvriront**	j'**ouvrirais** tu **ouvrirais** il **ouvrirait** nous **ouvririons** vous **ouvririez** ils **ouvriraient**	que j'**ouvre** que tu **ouvres** qu'il **ouvre** que nous **ouvrions** que vous **ouvriez** qu'ils **ouvrent**	ouvrant
je **plus** tu **plus** il **plut** nous **plûmes** vous **plûtes** ils **plurent**	je **plairai** tu **plairas** il **plaira** nous **plairons** vous **plairez** ils **plairont**	je **plairais** tu **plairais** il **plairait** nous **plairions** vous **plairiez** ils **plairaient**	que je **plaise** que tu **plaises** qu'il **plaise** que nous **plaisions** que vous **plaisiez** qu'ils **plaisent**	plaisant
il **plut**	il **pleuvra**	il **pleuvrait**	qu'il **pleuve**	pleuvant
je **pus** tu **pus** il **put** nous **pûmes** vous **pûtes** ils **purent**	je **pourrai** tu **pourras** il **pourra** nous **pourrons** vous **pourrez** ils **pourront**	je **pourrais** tu **pourrais** il **pourrait** nous **pourrions** vous **pourriez** ils **pourraient**	que je **puisse** que tu **puisses** qu'il **puisse** que nous **puissions** que vous **puissiez** qu'ils **puissent**	pouvant
je **pris** tu **pris** il **prit** nous **prîmes** vous **prîtes** ils **prirent**	je **prendrai** tu **prendras** il **prendra** nous **prendrons** vous **prendrez** ils **prendront**	je **prendrais** tu **prendrais** il **prendrait** nous **prendrions** vous **prendriez** ils **prendraient**	que je **prenne** que tu **prennes** qu'il **prenne** que nous **prenions** que vous **preniez** qu'ils **prennent**	prenant

INFINITIF	PRÉSENT	IMPÉRATIF	PASSÉ COMPOSÉ	IMPARFAIT
34. recevoir *(to receive, get)*	je **reçois** tu **reçois** il **reçoit** nous **recevons** vous **recevez** ils **reçoivent**	**reçois** **recevons** **recevez**	j'ai **reçu** tu as **reçu** il a **reçu** nous avons **reçu** vous avez **reçu** ils ont **reçu**	je **recevais** tu **recevais** il **recevait** nous **recevions** vous **receviez** ils **recevaient**
35. résoudre *(to resolve, solve)*	je **résous** tu **résous** il **résout** nous **résolvons** vous **résolvez** ils **résolvent**	**résous** **résolvons** **résolvez**	j'ai **résolu** tu as **résolu** il a **résolu** nous avons **résolu** vous avez **résolu** ils ont **résolu**	je **résolvais** tu **résolvais** il **résolvait** nous **résolvions** vous **résolviez** ils **résolvaient**
36. rire *(to laugh)*	je **ris** tu **ris** il **rit** nous **rions** vous **riez** ils **rient**	**ris** **rions** **riez**	j'ai **ri** tu as **ri** il a **ri** nous avons **ri** vous avez **ri** ils ont **ri**	je **riais** tu **riais** il **riait** nous **riions** vous **riiez** ils **riaient**
37. savoir *(to know)*	je **sais** tu **sais** il **sait** nous **savons** vous **savez** ils **savent**	**sache** **sachons** **sachez**	j'ai **su** tu as **su** il a **su** nous avons **su** vous avez **su** ils ont **su**	je **savais** tu **savais** il **savait** nous **savions** vous **saviez** ils **savaient**
38. sortir *(to go out)*	je **sors** tu **sors** il **sort** nous **sortons** vous **sortez** ils **sortent**	**sors** **sortons** **sortez**	je suis **sorti(e)** tu es **sorti(e)** il/elle est **sorti(e)** nous sommes **sorti(e)s** vous êtes **sorti(e)(s)** ils/elles sont **sorti(e)s**	je **sortais** tu **sortais** il **sortait** nous **sortions** vous **sortiez** ils **sortaient**
39. suivre *(to follow)*	je **suis** tu **suis** il **suit** nous **suivons** vous **suivez** ils **suivent**	**suis** **suivons** **suivez**	j'ai **suivi** tu as **suivi** il a **suivi** nous avons **suivi** vous avez **suivi** ils ont **suivi**	je **suivais** tu **suivais** il **suivait** nous **suivions** vous **suiviez** ils **suivaient**
40. se taire *(to be quiet)*	je **me tais** tu **te tais** il **se tait** nous **nous taisons** vous **vous taisez** ils **se taisent**	**tais-toi** **taisons-nous** **taisez-vous**	je **me suis tu(e)** tu **t'es tu(e)** il/elle **s'est tu(e)** nous **nous sommes tu(e)s** vous **vous êtes tu(e)(s)** ils/elles **se sont tu(e)s**	je **me taisais** tu **tu taisais** il **se taisait** nous **nous taisions** vous **vous taisiez** ils **se taisaient**
41. vaincre *(to conquer)*	je **vaincs** tu **vaincs** il **vainc** nous **vainquons** vous **vainquez** ils **vainquent**	**vaincs** **vainquons** **vainquez**	j'ai **vaincu** tu as **vaincu** il a **vaincu** nous avons **vaincu** vous avez **vaincu** ils ont **vaincu**	je **vainquais** tu **vainquais** il **vainquait** nous **vainquions** vous **vainquiez** ils **vainquaient**
42. valoir *(to be worth; to deserve, merit)*	je **vaux** tu **vaux** il **vaut** nous **valons** vous **valez** ils **valent**	**vaux** **valons** **valez**	j'ai **valu** tu as **valu** il a **valu** nous avons **valu** vous avez **valu** ils ont **valu**	je **valais** tu **valais** il **valait** nous **valions** vous **valiez** ils **valaient**

PASSÉ SIMPLE	FUTUR	CONDITIONNEL	SUBJONCTIF	PARTICIPE PRÉSENT
je **reçus** tu **reçus** il **reçut** nous **reçûmes** vous **reçûtes** ils **reçurent**	je **recevrai** tu **recevras** il **recevra** nous **recevrons** vous **recevrez** ils **recevront**	je **recevrais** tu **recevrais** il **recevrait** nous **recevrions** vous **recevriez** ils **recevraient**	que je **reçoive** que tu **reçoives** qu'il **reçoive** que nous **recevions** que vous **receviez** qu'ils **reçoivent**	recevant
je **résolus** tu **résolus** il **résolut** nous **résolûmes** vous **résolûtes** ils **résolurent**	je **résoudrai** tu **résoudras** il **résoudra** nous **résoudrons** vous **résoudrez** ils **résoudront**	je **résoudrais** tu **résoudrais** il **résoudrait** nous **résoudrions** vous **résoudriez** ils **résoudraient**	que je **résolve** que tu **résolves** qu'il **résolve** que nous **résolvions** que vous **résolviez** qu'ils **résolvent**	résolvant
je **ris** tu **ris** il **rit** nous **rîmes** vous **rîtes** ils **rirent**	je **rirai** tu **riras** il **rira** nous **rirons** vous **rirez** ils **riront**	je **rirais** tu **rirais** il **rirait** nous **ririons** vous **ririez** ils **riraient**	que je **rie** que tu **ries** qu'il **rie** que nous **riions** que vous **riiez** qu'ils **rient**	riant
je **sus** tu **sus** il **sut** nous **sûmes** vous **sûtes** ils **surent**	je **saurai** tu **sauras** il **saura** nous **saurons** vous **saurez** ils **sauront**	je **saurais** tu **saurais** il **saurait** nous **saurions** vous **sauriez** ils **sauraient**	que je **sache** que tu **saches** qu'il **sache** que nous **sachions** que vous **sachiez** qu'ils **sachent**	sachant
je **sortis** tu **sortis** il **sortit** nous **sortîmes** vous **sortîtes** ils **sortirent**	je **sortirai** tu **sortiras** il **sortira** nous **sortirons** vous **sortirez** ils **sortiront**	je **sortirais** tu **sortirais** il **sortirait** nous **sortirions** vous **sortiriez** ils **sortiraient**	que je **sorte** que tu **sortes** qu'il **sorte** que nous **sortions** que vous **sortiez** qu'ils **sortent**	sortant
je **suivis** tu **suivis** il **suivit** nous **suivîmes** vous **suivîtes** ils **suivirent**	je **suivrai** tu **suivras** il **suivra** nous **suivrons** vous **suivrez** ils **suivront**	je **suivrais** tu **suivrais** il **suivrait** nous **suivrions** vous **suivriez** ils **suivraient**	que je **suive** que tu **suives** qu'il **suive** que nous **suivions** que vous **suiviez** qu'ils **suivent**	suivant
je **me tus** tu **te tus** il **se tut** nous **nous tûmes** vous **vous tûtes** ils **se turent**	je **me tairai** tu **te tairas** il **se taira** nous **nous tairons** vous **vous tairez** ils **se tairont**	je **me tairais** tu **te tairais** il **se tairait** nous **nous tairions** vous **vous tairiez** ils **se tairaient**	que je **me taise** que tu **te taises** qu'il **se taise** que nous **nous taisions** que vous **vous taisiez** qu'ils **se taisent**	se taisant
je **vainquis** tu **vainquis** il **vainquit** nous **vainquîmes** vous **vainquîtes** ils **vainquirent**	je **vaincrai** tu **vaincras** il **vaincra** nous **vaincrons** vous **vaincrez** ils **vaincront**	je **vaincrais** tu **vaincrais** il **vaincrait** nous **vaincrions** vous **vaincriez** ils **vaincraient**	que je **vainque** que tu **vainques** qu'il **vainque** que nous **vainquions** que vous **vainquiez** qu'ils **vainquent**	vainquant
je **valus** tu **valus** il **valut** nous **valûmes** vous **valûtes** ils **valurent**	je **vaudrai** tu **vaudras** il **vaudra** nous **vaudrons** vous **vaudrez** ils **vaudront**	je **vaudrais** tu **vaudrais** il **vaudrait** nous **vaudrions** vous **vaudriez** ils **vaudraient**	que je **vaille** que tu **vailles** qu'il **vaille** que nous **valions** que vous **valiez** qu'ils **vaillent**	valant

INFINITIF	PRÉSENT	IMPÉRATIF	PASSÉ COMPOSÉ	IMPARFAIT
43. venir *(to come)*	je **viens** tu **viens** il **vient** nous **venons** vous **venez** ils **viennent**	**viens** **venons** **venez**	je **suis venu(e)** tu **es venu(e)** il/elle **est venu(e)** nous **sommes venu(e)s** vous **êtes venu(e)(s)** ils/elles **sont venu(e)s**	je **venais** tu **venais** il **venait** nous **venions** vous **veniez** ils **venaient**
44. vivre *(to live)*	je **vis** tu **vis** il **vit** nous **vivons** vous **vivez** ils **vivent**	**vis** **vivons** **vivez**	j'**ai vécu** tu **as vécu** il **a vécu** nous **avons vécu** vous **avez vécu** ils **ont vécu**	je **vivais** tu **vivais** il **vivait** nous **vivions** vous **viviez** ils **vivaient**
45. voir *(to see)*	je **vois** tu **vois** il **voit** nous **voyons** vous **voyez** ils **voient**	**vois** **voyons** **voyez**	j'**ai vu** tu **as vu** il **a vu** nous **avons vu** vous **avez vu** ils **ont vu**	je **voyais** tu **voyais** il **voyait** nous **voyions** vous **voyiez** ils **voyaient**
46. vouloir *(to wish, want)*	je **veux** tu **veux** il **veut** nous **voulons** vous **voulez** ils **veulent**	**veuille** **veuillons** **veuillez**	j'**ai voulu** tu **as voulu** il **a voulu** nous **avons voulu** vous **avez voulu** ils **ont voulu**	je **voulais** tu **voulais** il **voulait** nous **voulions** vous **vouliez** ils **voulaient**

PASSÉ SIMPLE	FUTUR	CONDITIONNEL	SUBJONCTIF	PARTICIPE PRÉSENT
je **vins**	je **viendrai**	je **viendrais**	que je **vienne**	**venant**
tu **vins**	tu **viendras**	tu **viendrais**	que tu **viennes**	
il **vint**	il **viendra**	il **viendrait**	qu'il **vienne**	
nous **vînmes**	nous **viendrons**	nous **viendrions**	que nous **venions**	
vous **vîntes**	vous **viendrez**	vous **viendriez**	que vous **veniez**	
ils **vinrent**	ils **viendront**	ils **viendraient**	qu'ils **viennent**	
je **vécus**	je **vivrai**	je **vivrais**	que je **vive**	**vivant**
tu **vécus**	tu **vivras**	tu **vivrais**	que tu **vives**	
il **vécut**	il **vivra**	il **vivrait**	qu'il **vive**	
nous **vécûmes**	nous **vivrons**	nous **vivrions**	que nous **vivions**	
vous **vécûtes**	vous **vivrez**	vous **vivriez**	que vous **viviez**	
ils **vécurent**	ils **vivront**	ils **vivraient**	qu'ils **vivent**	
je **vis**	je **verrai**	je **verrais**	que je **voie**	**voyant**
tu **vis**	tu **verras**	tu **verrais**	que tu **voies**	
il **vit**	il **verra**	il **verrait**	qu'il **voie**	
nous **vîmes**	nous **verrons**	nous **verrions**	que nous **voyions**	
vous **vîtes**	vous **verrez**	vous **verriez**	que vous **voyiez**	
ils **virent**	ils **verront**	ils **verraient**	qu'ils **voient**	
je **voulus**	je **voudrai**	je **voudrais**	que je **veuille**	**voulant**
tu **voulus**	tu **voudras**	tu **voudrais**	que tu **veuilles**	
il **voulut**	il **voudra**	il **voudrait**	qu'il **veuille**	
nous **voulûmes**	nous **voudrons**	nous **voudrions**	que nous **voulions**	
vous **voulûtes**	vous **voudrez**	vous **voudriez**	que vous **vouliez**	
ils **voulurent**	ils **voudront**	ils **voudraient**	qu'ils **veuillent**	

Lexique

A

à at, in, on, to
à bientôt see you soon
à bord de aboard
à cause de because of
à côté near; **l'un — de l'autre** side by side
à égalité equally
à la traîne to lag behind
à l'égard de towards, concerning
à long terme in the long run
à mesure que as
à moins que unless
à part ça besides that
à partir de (du) from . . . on
à propos de concerning
à quelle heure (at) what time
à tout à l'heure see you soon
à toute allure quickly
abandonner to give up
abattre to gun down
abattu(e) shot down
abîmer to damage, harm
aboiement *m* barking
abonnement *m* subscription
abords *m pl* outskirts, surroundings; **d'abord** first
aboutir to result in
abri *m* shelter; **sans-abri** *m pl* homeless; **à l'—** sheltered
abricot *m* apricot
abriter to shelter
absolument absolutely
accélérer: s'— to speed up
accentuer to stress; **pronoms** *m pl* **accentués** stress pronouns
accidenté(e) an injured person
accord *m* agreement; **d'—** okay, all right; **être d'—** to agree
accorder to grant; **— l'asile aux terroristes** to grant asylum to terrorists; **s'—** to give oneself
accoucher to give birth
accouder: s'— to lean
accrocher to hang; **s'— à** to hold on to
accroissant(e) increasing
accroissement *m* increase, soaring
accroître (*pp* **accru**) to increase
accroupir: s'— to crouch down
accueillant(e) welcoming
accueillir to welcome, receive
achat *m* purchase; **pouvoir d'—** purchasing power

acheminer to transport
acheter to buy
achever to complete, finish
acier *m* steel
acquérir (*pp* **acquis**) to acquire
acte *m* act; **— de guerre** act of war
acteur (actrice) actor
action: — *f* en faveur des minorités affirmative action
actualités *f pl* news
actuel(le) current
actuellement actually, currently
adepte *m f* follower
adhérent(e) member of a group
adieu *m* good-bye, farewell
adolescent(e) teenager
adonner: s'— à to devote oneself to
adoucir to sweeten, soften
adresser: s'— à to talk to
adversaire *m f* **des armes à feu** gun control activist
affaiblir to weaken
affaires *f pl* business; **homme (femme) d'—** businessman(woman)
affamer: être affamé(e) to starve
affecter to assign
affinage *m* maturing
affirmer to assert
affligeant(e) distressing, painful
affolant(e) alarming
affranchir: s'— to free oneself
affreux(se) terrible, hideous
afin: — de in order to; **— que** so that
agacer (*fam*) to annoy; **ça m'agace** it irritates me
âge *m* age; **du troisième —** senior citizens
agent *m* agent; **— de change** stockbroker; **— de conduite** train conductor; **— de voyage** travel agent; **— immobilier** real estate agent
aggraver to make worse; **s'—** to get worse
agir to act; **s'— de** to be about
agiter to shake
agneau *m* lamb
agrandir to enlarge, make bigger
agréable pleasant
agresser to assault, mug
agression assault, mugging
agricole agricultural
agronomie *f* study of agriculture
agrumes *m pl* citrus fruits
aider to help

aigu(ë) acute
aiguille *f* needle
ail *m* garlic
ailleurs elsewhere; **d'—** besides; **par —** moreover
aimable lovely, friendly
aimer (bien) to love, to like
aîné(e) oldest, eldest
ainsi in this manner, thus; **c'est — que** that's the way
air *m* air; **— conditionné** air-conditioning; **au grand —** outdoors; **avoir l'—** to look like
aire *f* area; **— de repos** rest area; **— de service** service area
aisé(e) financially well-off
ajouter to add
ajuster to adjust
ajusteur *m* worker who sands wood
aléatoire risky
alentours: aux — de around, about
alerte agile, nimble
alerte *f* scare; **— à la bombe** bomb scare
algue *f* seaweed
aliment *m* food
alimentation *f* food, feeding
allégé(e) light, low calorie
allégement *m* lightening
Allemagne *f* Germany
aller to go, walk
allocation *f* allowance, compensation; **— familiale** family allowance
allonger: s'— to lie down
allophone *m* who doesn't speak the language of the community
allouer to grant, allocate
allumer to light; **— (la télé, le chauffage)** to turn on
alors then, so
ambiance *f* atmosphere, environment
âme *f* soul
amélioration *f* improvement
aménagé(e) set up
aménageable ready to be finished
aménagement *m* planning, management
amener to bring, take along; **— à (au)** to take out
amer(ère) bitter
ami(e) friend
amicalement friendly, with friendship
amitié *f* friendship
amorce *f* beginning
amphithéâtre *m* large lecture hall

ampleur f importance

amusant(e) amusing, funny

amuse-gueule m *(fam)* snack

amuser: s'— to have fun/a good time, to enjoy oneself

an m year; **Nouvel —** New Year

ananas m pineapple

ancien(ne) old, ancient; former

ancre f anchor; **jeter l'—** to anchor

anecdote f plot, story

anglais(e) English

angoisse f anguish

année f year; **—s trente** thirties

anniversaire m birthday; anniversary

Antarctique m Antarctic

août m August

apanage m privilege

apercevoir *(pp* **aperçu)** to notice, see; **s'—** to become aware

apéro m *(fam)* for **apéritif**

aplatir to flatten

appareil m **ménager** appliance

apparition f appearance

appartenance belonging to

appartenir *(pp* **appartenu)** to belong

appât m bait

appeler to call, phone; **s'—** to be named

appétissant(e) tasty

apporter to bring

apprécier to appreciate

apprendre *(pp* **appris)** to learn, teach

apprenti(e) apprentice

apprentissage m learning

approbation f approval

approcher: s' — **(de)** to come close (to)

approfondi(e) thorough

appuyer to lean; **— sur** to push (the button)

après after; **d'—** according to; **—-midi** m afternoon

aptitude f ability

aquaculture f cultivation of fish

aquilin curved (nose)

arachide f peanut

arbre m tree; **— fruitier** fruit tree

arc-en-ciel m rainbow

argent m money; silver

argenterie f silverware

argile f clay

arme f weapon

armer: s'— to arm oneself

armoire f free-standing closet; cabinet; **— de toilette** medicine cabinet

aromatisé(e) seasoned, flavored

arracher to pull up, uproot

arrestation f arrest; **mettre (être) en état d'—** to put (to be) under arrest

arrêt m stop; stop; **sans —** increasingly

arrêter to stop; to arrest, to bust

arrière back; **—-plan** m background; **en —** to the past

arrivée f arrival

arriver to arrive; **— à** to succeed; **y —** to manage it

arroser to water; to wash down

artichaut m artichoke

artisanal(e) artisan, craft

artisanat m (arts) craft industry

ascenseur m elevator

asile m shelter; asylum; **accorder l'— aux terroristes** to grant asylum to terrorists

asphyxier: s'— to suffocate

aspirateur m vacuum cleaner

assainissement m stabilization

assaisonnement m seasoning

assassinat m (first degree) murder

assemblage m assembling

asseoir to sit down (somebody); **s'—** to sit down (at the table)

asservi(e) enslaved

assez (de) enough

assiduité f attendance

assiette f plate

assistance f help; **— sociale** welfare

assister to help; **— à** to attend, witness

association f organization; **— écologiste** environmental organization

assortir to match (up)

assouplir to soften

assourdir to lower, deafen

assouvir to satisfy

assurance f insurance; **— santé** health insurance

assuré(e) certain, assured

atelier m workshop

athée m f atheist

attaque f **à main armée** assault with a deadly weapon

attardé(e) behind the times

attarder to make late/behind the time; **s'—** to linger; stay late

atteindre *(pp* **atteint)** to reach

attenant(e) adjoining

attendre *(pp* **attendu)** to wait (for); **— avec impatience** to anticipate eagerly, to look forward to; **s'— à** to expect

attentat m (terroriste) (terrorist) attack; **— aveugle** random, indiscriminate bombing

attention f attention; care; **faire —** to be careful

atterrir to land

attiser to stir; **— le feu** to stir the fire

attitude f behavior

attraper to catch

attribuer (à) to attribute (to)

au-delà de beyond

au-dessus de beyond

au fur et à mesure as

au revoir m good-bye

aubaine f godsend

aube f dawn

auberge f hostel, inn

aubergine f eggplant

aubergiste m f innkeeper

aucun(e) no, none; no one; **aucune idée** no idea

audacieux(se) daring

augmentation f surge, increase

augmenter to increase

aujourd'hui today

aumône f handout

aumônier m chaplain

auparavant earlier, before

auprès de close to, next to

auquel (à laquelle) to which

aussi too, also; **— ... que** as . . . as

aussitôt que as soon as

autant as much; **d'— plus que** especially

autel m altar

auteur m perpetrator, author; **— d'une bombe** bomb maker

automne m autumn, fall

autonome independent

autoritaire authoritarian

autoroute f *freeway*

autour around; **— de nous** around us

autre other

autrefois in the old days, before

autrement otherwise

Autriche f Austria

autrui m other people, peer; **pression f d'—** peer pressure

avaler to swallow up

avance f advance

avant before

avare m f miser

avec with

avènement m coming (advent) [event]

avenir m future; **— proche** near future

avérer to recognize, to know

avertir to warn, inform

aveu m confession

aveugle blind; **attentat** m **—** random, indiscriminate bombing

avion m airplane; **— détourné** hijacked plane

avis m opinion; **à (ton/votre) —** in your opinion

aviser to notice

avocat(e) lawyer

avoine f oat

avoir *(pp* **eu)** to have; **— besoin (de)** to need; **— faim** to be hungry; **— l'air de** to look like; **— lieu** to happen; **— soif** to be thirsty; **n'— que** to only have; **qu'est-ce que tu as (vous avez)** what's the matter

avoisinant(e) nearby

avoisiner to come close to

avortement m abortion; **droit** m **à l'—** abortion right

avouer to admit, confess

avril m April

B

bagarre f brawl, fight; **— d'ivrognes** drunken brawl

bac (baccalauréat) m competitive exams, with diploma, at the end of secondary school

bagage *m* luggage; — **à main** hand luggage; **fouiller les —s à main** to search hand luggage

bagnole *f* (fam) car

baie *f* bay

baignoire *f* bathtub

bâiller to yawn

bain *m* bath

baisse *f* drop

baisser to lower

balai *m* broom; —-**éponge** *m* sponge mop

balance *f* scale

balayer to sweep

balayeur(se) sweeper; — **de quais** platform sweeper

bananeraie *f* banana plantation

bande *f* group; **en —** in a group; — **dessinée** cartoon

banlieue *f* suburbs, outskirts

banlieusard(e) suburbanite

banquier(ère) banker

baptême *m* baptism

baraque *f* hut

barrage *m* dam

barre *f* lock

barrière *f* border; rail

bas *m* stocking

bas(se) low

basse-cour *f* farm yard

bassin *m* pond

bateau *m* boat

bâtiment *m* building

bâtir to build

battre (*pp* **battu**) to beat; **se —** to fight

battu(e) battered; **femme —** battered wife/woman

bavard(e) talkative, (fam) chatterbox

baver to drool

beau (belle) beautiful; **il fait —** it's beautiful weather

beau-père *m* stepfather, father-in-law

beaucoup (de) a lot (of)

beauté *f* beauty

belle-mère *f* stepmother, mother-in-law

bénévolement voluntarily

benne *f* trucks

berceau *m* baby crib

besogne *f* task

besoin *m* need; **avoir — de** to need; **vivre dans le —** to live in poverty, be in need

bétail *m* livestock

bête *f* beast

bêtise *f* stupid thing

béton *m* concrete, cement

betteraves *f pl* beets

beurre *m* butter; **faux-—** butter substitute; **petit-—** butter cookie

bibliothécaire *m f* librarian

bibliothèque *f* library; bookcase

bien well, good; — **entendu** of course

bienfait *m* godsend, kindness

biens *m pl* property, goods

bienséant(e) proper

bientôt soon; **à —** see you soon

bienvenu(e) welcome

bijou *m* (*pl* **bijoux**) jewel

bilan *m* list

bilboquet *m* cup-and-ball toy

billet *m* ticket

blague *f* joke

blanc(he) white

blé *m* wheat

blesser to wound, injure

bleu very rare (beefsteak)

blottir: se — to huddle

bobine *f* spool

bœuf *m* beef

boire (*pp* **bu**) to drink; — **un pot** to go out for a drink

bois *m* wood; **charbon** *m* **de —** charcoal

boisson *f* beverage, drink

boîte *f* box; (fam) office, shop; — (**de nuit**) nightclub; **en —** canned

boiter to limp

bombe *f* bomb; — **à retardement** time bomb; **alerte** *f* **à la —** bomb scare; **auteur** *m* **d'une —** bomb maker; **faire sauter une —** to detonate, explode, set off a bomb

bon *m* coupon

bon(ne) good, nice; **bon gré mal gré** whether they liked it or not

bonbons *m pl* candy

bondé(e) crowded

bonheur *m* happiness

boniche *f* (pejorative) maid

bonne *f* housekeeper, maid

bonsoir *m* good evening

bord *m* edge; **à — de** aboard; **au — de** on the banks of

bordelais(e) from Bordeaux

borné(e) narrow-minded, limited

bossu(e) hunchbacked

botte *f* boot; — **au cul** (fam) kick in the butt

bouc *m* **émissaire** scapegoat

bouche *f* mouth

boucher(ère) butcher

boucherie *f* butcher shop; — **au détail** non-prepackaged meat

boue *f* mud

bouffe *f* (slang) food

bouffon(ne) clowning

bouger to move

bougnoul(e) (pejorative) North African

bouillie: en — mashed

boulanger(ère) baker

bouleversement *m* disruption

bouleverser to turn upside down

boulot *m* (fam) job, work

bouquin *m* (fam) book

bouquiner (fam) to browse for books; to read

bourg *m* village

bourgeois(e[s]) middle-class people

bourse *f* **d'études** scholarship

bout *m* end; **au — de son rouleau** at the end of one's rope

bouteille *f* bottle

braillard(e) people howling

branchement *m* (**pirate**) (illegal) connection

brancher to plug in

braquer to aim

brassage *m* mixing

brave courageous

brebis *f* sheep

Bretagne *f* Brittany

bref(ève) short, concise

brevet *m* certificate, diploma

bricoler (faire du bricolage) to putter, do home repairs, do handiwork

brièvement briefly

briser: se — to break

bronzé(e) tanned

brosse *f* brush; **en —** crewcut (hair)

brosser to brush

brouhaha *m* hubbub

brouillon *m* first draft

brousse *f* bush

broyer to grind

bruit *m* noise

brûler to burn

brun(e) brown; dark

brut(e) abrupt, rough

BTS (brevet de technicien supérieur) *m* French technical certificate

bruyant(e) noisy

bûche *f* log

bureau *m* office; desk; **chaise** *f* **de —** typing chair; **employé(e) de —** office clerk

burlesque comic

but *m* goal, aim

C

ça/cela that

c'est/ce sont it is; **c'est vrai** that's true; **c'est impossible** that's impossible

cabine *f* **de douche** shower stall

cabinet *m* **d'affaires** business agency

câbleur *m* worker who lays wires

cacahuète *f* peanut

cacher to hide, put out; — **à la vue** to put out of sight; **se —** to hide

cadeau *m* gift, present

cadenassé(e) padlocked

cadre *m* executive; — **supérieur** high-level executive

cafard *m* cockroach

cahier *m* notebook

caille *f* quail

caillé(e) curds

cailler: faire — to curdle

caissier(ère) cashier, teller

calciné(e) burnt

calcul *m* calculation, arithmetic

calendrier *m* agenda, calendar

calme quiet

camarade *m f* friend; — **de chambre** roommate

caméscope *m* camcorder

camion *m* truck

campagne *f* suburb; countryside; campaign

camping car *m* motor home

canapé *m* sofa

canard *m* duck

candidature *f* application (for a job)

caneton *m* duckling

caniculaire scorching

canne *f* stick; — à sucre sugar cane; — à pêche fishing pole

canot *m* boat

cantine *f* cafeteria

canular *m* hoax, false alarm

caoutchouc *m* rubber

CAP *m* (certificat d'aptitude professionnelle) technical degree for students who do not continue their studies in high school

car because

car *m* bus (with routes outside the city); — de ramassage school bus

carafe *f* pitcher

caravane *f* trailer

cardiologue *m f* cardiologist

Carême *m* Lent

carnet *m* booklet

carré *m* square; patch

carreau *m* tile; à —x checked

carrefour *m* crossroads, intersection

carrément straight out

cas *m* case; dans ce — in this case

casanier(ère) homebody

case *f* box, compartment

casier *m* judiciaire criminal record

casse-croûte *m* snack

casser to break

cauchemar *m* nightmare; vivre un — to live through a nightmare

cause *f* reason; à — (de) because (of)

causer to chat, talk

cavalier(ère) trooper

cave *f* (wine) cellar; — à disques discotheque

ce, cet(te) this; ce que what; ce dont about which

céder to give in; to cave in

ceinture *f* belt

cela that

célèbre famous

célibataire unmarried

cellule *f* unit; prison cell; — familiale family unit

celui (celle) that; -ci the latter

cendre(s) *f (pl)* ash(es)

Cendrillon Cinderella

centaine *f* hundred

centrale *f* power plant; — nucléaire nuclear plant

centre *m* d'accueil shelter; —-ville *m* downtown

cependant therefore, however

cerise *f* cherry

cerne *m* shadow, ring (eye)

certain(e)s some

cerveau *m* brain

cervelle *f* brain(s)

chacun(e) each, every (one)

chagrin *m* distress, —s sorrows

chahut *m (fam)* noise

chaise *f* chair; — de bureau typing chair

chambre *f* room; — de bonne small room (literally, maid's room)

champ *m* field

champignon *m* mushroom

chance *f* luck

changer to exchange; to change

chanson *f* song; — et variété referring to popular music

chanter to sing

chanteur(se) singer

chantier *m* construction site

chapeau *m* hat; — melon bowler hat

chapelet *m* rosary beads

chaque each

char *m* float; tank

charbon *m* de bois charcoal

charcuterie *f* butcher's shop; cold cuts

charge *f* burden; freight

chargé(e) busy, full; — de in charge of

charger to load; se — de to take care of

charges *f pl* utilities; — comprises utilities included

chargeur *m* shipper

charmant(e) nice

chasse *f* hunting; aller à la — to go hunting

chasseur *m* hunter

chat *m* cat

châtain chestnut

château *m* castle

chaud(e) hot, warm; avoir — to be warm/hot; il fait — it's hot/warm

chauffage *m* heating

chauffer: se — to get warm

chauffeur *m* driver

chaume *m* thatch

chaussette *f* sock

chaussure *f* shoe

chaux *f* lime

chavirer to capsize

chef d'entreprise *m* business owner, company head

chef-d'œuvre *m* masterpiece

chemin *m* way; — faisant en route; — de fer railroad

cheminée *f* chimney, fireplace

cheminement *m* advance

cher(ère) expensive; dear, well-loved

chercher à to look for

chercheur *m* researcher; —-enseignant teacher-researcher

cheval *m (pl* chevaux) horse; faire du — to go horseback riding; queue *f* de — pony tail

cheveux *m pl* hair

cheville *f* ankle

chèvre *f* goat

chevreuil *m* deer

chez at; — moi at my place; — soi one's home

chic fashionable; dernier — last fad

chien(ne) dog

chiffon *m* rag

chirurgical(e) surgical

choc *m* shock

chœur *m* backup singer

choisir to choose, select

choix *m (pl)* choice(s)

chômage *m* unemployment; être au — to be unemployed; taux de — unemployment rate

chose *f* thing; quelque — something

chou *m (pl* choux) cabbage

chou-fleur *m* cauliflower

chuchoter to whisper; — des paroles to whisper words

chute *f* fall; — de cheval fallen off a horse

chuter to fall

cible *f* target; — civile civilian target

ciblé(e) targeted

ci-dessous following, below

ci-dessus above(-mentioned)

ciel *m* sky

cimenté(e) covered in asphalt

cimetière *m* cemetery

ciné *m* cinema

cinéaste *m f* film producer, film-maker

circulation *f* traffic

circuler to get around

citadin(e) city-dweller

citoyen(ne) citizen

citron *m* lemon

citronnelle *f* citronella (lemon bush)

citrouille *f* pumpkin

clandestin(e) underground

clapier *m* rabbit hutch

claquer: faire — to slam

classe *f* grade; salle *f* de — classroom

classer to classify

clavier *m* keyboard

clé *f* key

client(e) customer

clientèle *f* customers, clientele

clignotant(e) blinking

climatisation *f* air-conditioning

climatisé(e) air-conditioned

climatiseur *m* air conditioner

clochard(e) tramp

cloche *f* bell

clou *m* nail

co-propriétaire *m f* co-owner

coaltar *m* tar

cocher to check (off)

cochon *m* pig; — d'Inde guinea pig

cocon *m* cocoon

cœur *m* heart

coiffeur(se) barber, hairdresser

coin *m* corner

collectionner to collect

collège *m* junior high school

coller to stick, to attach

colline *f* hill

colloque *m* discussion

colon *m* settler

colonisé(e) colonized

colonne *f* column

combat *m* fight, battle

combattant(e) *m* fighter; ancien(ne) — veteran

combustible *m* fuel

combien how much; — de how many; — de temps how long

combler to satisfy

comédien(ne) stage actor (actress)

commande *f* order; —s controls; — d'ouvrages book order

comme as, like; — toujours as always

commencer to begin, start

comment how

commerçant(e) merchant, shopkeeper

commerce *m* business, trade; petit — small store

commissariat *m* police station

commode *f* dresser

compagnie *f* house, company; companionship

compagnon *m* friend, fellow

compétence *f* authority, ability

complaisance *f* self-satisfaction

complexe *m* residential subdivision

complice *m* partner in crime

comportement *m* behavior, conduct

comporter: se — to behave

composé(e) mixed

compote *f* fruit sauce

comprendre (*pp* compris) to understand; to include; faire — to make understand

comptabilisation *f* posting (accounting)

comptabilité *f* accounting

comptable *m f* accountant

compte *m* account; à bon — with accomplishment; — rendu *m* summary, report; tenir — de to take into account

compter to count; to expect; — sur to rely on

concasser to crush, grind

concessionnaire *m f* car dealer

concevoir (*pp* conçu) to conceive, imagine

conclure to conclude, end

concombre *m* cucumber

concours *m (pl)* contest(s), competitive exam(s)

concurrent(e) competitor

condamné(e) (pour) convicted (of)

conducteur (conductrice) driver

conduire (*pp* conduit) to drive; lead; se — to behave

conduite *f* conduct; — de vie lifestyle

conférence *f* lecture

confier to share, tell about

confiserie(s) *f (pl)* sweets, candies

congé *m* leave (of absence); — payé paid leave (of absence)

congélateur *m* freezer

connaissance *f* knowledge

connu(e) known

conquistador *m* Spanish invader

consacrer to devote

conseil *m* advice

conseiller to advise; —(ère) advisor

conserve(s) *f (pl)* canned food

consommation *f* consumption

consommer to consume (to buy and use)

constater to notice

construire (*pp* construit) to build

conte *m* tale; — de fée fairy tale

contenir (*pp* contenu) to contain, include

contenu *m* contents

content(e) happy

contenter to please; se — de to make do with

conteneur *m* container

conteur *m* storyteller

contestation *f* dispute, protest

contraindre (*pp* contraint) to force

contrainte *f* constraint, restriction

contraire opposite; au — on the contrary

contre against; par — on the other hand

contrefaçon *f* forgery

contremaître *m* foreman

contrepartie: en — in exchange

contrôler to control, check

contrôleur *m* ticket inspector

convaincre (*pp* convaincu) to convince

convenable appropriate

convenir (*pp* convenu) to agree, to suit

convive *m f* guest

copain (copine) boyfriend (girlfriend), pal

copeau *m* wood shaving

copieux(se) hearty, rich

coq *m* rooster

corbeau *m* crow, raven

corniche *f* coast road

corps *m* body

corvée *f* chore

costaud big (person)

cote: avoir la — to be very popular

côté *m* side; à — beside, next to; — montagne on the mountain side

côtier(ière) coastal

cou *m* neck

couche *f* diaper; layer; — d'ozone ozone layer; —s de la société levels of society

coucher: se — to go to bed

coude *m* elbow; — à — close together

couffin *m* baby basket

couleur *f* color; — de la peau skin color

couloir *m* hallway, passage

coup *m* hit; — de feu shot; — de soleil sunburn; — de téléphone (phone)

call; du — as a result; tout à — all of a sudden; tout d'un — suddenly

coupable *m f* guilty person

couper to cut

coupeur(se) cutter

cour *f* courtyard; (school)yard

couramment fluently

courant(e) commune; every-day; c'est très courant it's very common

courgette *f* zucchini

courir (*pp* couru) to run

courrier *m* mail; — du cœur advice column; — électronique e-mail

cours *m (pl)* class(es)

course *f* running; au pas de — on the run; — à pied running; —s *f pl* errands; faire les —s to go shopping

court(e) short; (à) court/long terme short/long term, in the short/long run

courtier(ière) stockbroker

coussin *m* cushion

coût *m* price, cost

couteau *m* knife

coûter to cost

coutume *f* habit

couturier(ère) fashion designer

couvert *m* serving; —(e) covered

couverture *f* blanket

couvre-lit *m* bedspread

cracher to spit

craindre (*pp* craint) to fear, be scared of

crainte *f* fear

craquer *(fam)* to go wild, freak out

crèche *f* day care center

créer to create

crémeux(se) creamy

crêpe *f* pancake

crépitement *m* crackling, rattling

crépu(e) frizzy

crépuscule *m* twilight

creuser to hollow out, to dig

creux *m* hollow

crevettes *f pl* shrimp

cri *m* scream

crier to shout

crime *m* crime; — d'émulation copycat crime; — gratuit gratuitous crime; — irréfléchi unpremeditated, impulse crime

criminalité *f* crime

criminel(le) felon

crise *f* crisis; attack; — cardiaque heart attack

croire (*pp* cru) to believe

croiser: se — to pass each other

croissance *f* growth

croissant(e) increasing

croître to grow

croquer to bite into; — la vie à pleines dents to approach life with gusto

croûte *f* rind

croyance *f* belief

croyant(e) believer

crustacés *m pl* shellfish

cueillir to pick/gather (flowers)
cuiller/cuillère *f* spoon
cuire (*pp* cuit) to cook
cuisine *f* kitchen
cuisiner to cook
cuisinière *f* stove
cuisson *f* cooking; à quel degré de cuisson how well cooked
cuit(e) cooked
cultivé(e) cultured
cuivre *m* copper, brass
cuivré(e) copper-colored
cul-de-sac *m* dead-end (street)
culotte *f* short pants
culpabilité *f* guilt
culture *f* cultivation
curé *m* priest
cuve *f* tank, vat
cyclable: piste — bicycle trail

D

d'abord first (of all), at first
dactylo *f* typist
dames *f pl* ladies; checkers; jeu *m* de — checkers game
damier *m* checkerboard
dans in
davantage more
débarbouiller: se — to wash up, to take a sponge bath
débarquer to unload, to land
débarrasser to clear; se — de to get rid of
débile mentally deficient
déborder to overflow
débouché *m* outlet
déboussolé(e) disoriented
debout standing
débraillé(e) (people) dressed sloppily
débrancher to unplug
débrouillard(e) smart, resourceful person
débrouiller: se — to manage
début *m* beginning; au — at the beginning
décalage *m* staggering
décennie *f* decade
décevoir (*pp* déçu) to disappoint
décharges *f pl* discharges
déchéance *f* downward mobility
déchets *m pl* garbage, waste, trash
déchirer: se — to be tearing
déclencher to set in motion, start; — une bagarre to start a fight
décoller to take off
décolleté(e) with low-cut neckline
décombres *m pl* rubble
déconnecter to disconnect
déconseiller to advise against
décontracté(e) relaxed
décor *m* setting
découper to cut (up)
décourager to deter

décrire (*pp* décrit) to describe
décrocher to get; to pick up (telephone)
décroissant(e) decreasing
déculpabiliser to make feel less guilty
dédaigner to be averse to
dedans inside
défaut *m* flaw; defect
défavorisé(e) underprivileged
défendre (*pp* défendu) to forbid; — ses biens contre to protect one's property from
défenseur *m* de l'environnement environmentalist
défi *m* challenge
défilé *m* parade
dégager to free, clear
dégourdir: se — les jambes to stretch one's legs
dégoût *m* dislike
dégraissage *m* cleaning out
déguster to taste, savor
dehors outside; en — de outside of, beyond
déjà already
déjeuner *m* lunch; petit — breakfast
délabré(e) run-down
délaisser to abandon
délice *m* delight
délinquance *f* delinquency; — juvénile juvenile crime
délinquant(e) law breaker, offender, delinquent
délit *m* crime; misdemeanor; en flagrant — in the act
demain tomorrow; après-— the day after tomorrow
demander to ask
démarrer to start; faire — to get started
déménager to move (change lodging)
demeure *f* résidence, home
demeurer to remain, stay
demi(e) half
démissionner to resign
démolition *f* crushing, pulling down
dénoter to show
denrée *f* foodstuff
dent *f* tooth; brosse *f* à —s toothbrush
dentifrice *m* toothpaste
dénuement *m* destitution
dépanner to help out
dépanneur *m* towtruck
départ *m* departure
dépasser to go beyond
dépaysé(e) uprooted; disoriented
dépêcher: se — to hurry
dépense *f* expenditure, spending
déplacement: en — traveling
déplacer to move; se — to be displaced
déplier to unfold
déposer to put, lay down
déprimant(e) depressing
déprime *f* depression
déprimer to get depressed

depuis since, for; — combien de temps since when, how long; — quand since when; — que since
déranger to disrupt, upset, trouble, bother
déraper to slip
dernier(ère) last (before this one); last (in a series)
dérober: se — to run away
dérouler: se — to happen, unfold
derrière behind
dés *m pl* dice
désaccord *m* disagreement
désaffection *f* loss of interest
désagréger: se — to break up
désarroi *m* confusion
descendre (*pp* descendu) to get off; to go down; — (dans) to stay (in); — de to get out of
désertique desert (*adjective*)
désespéré(e) discouraged
désigner to name, point out
désolé(e) sorry, distress
désormais from now on
desservi(e) served
dessin *m* drawing; — animé cartoon
dessus above, on top; au-— (de) on top (of); ci-— above (mentioned)
destin *m* fate
destination: à — de going to
détaillant(e) retailer
détendre (*pp* détendu): se — to relax
détenir to hold
détente *f* relaxation
détenu(e) detainee, prisoner
détonner to explode
détourné(e) hijacked; avion *m* — détourné hijacked plane
détournement: — *m* d'avion hijacking; — de fonds embezzlement, misappropriation of funds
DEUG *m* (diplôme d'études universitaires générales) degree received after two years of college
deuxième second
devant in front of
développement *m* developing; pays en voie de — developing countries
déverser to pour out
deviner to guess
devinette *f* riddle
devoir (*pp* dû) to intend to; se — de to have the obligation to devote oneself
devoir *m* duty; —(s) homework
dévoué(e) devoted
diable *m* devil
diablotin *m* little devil
Dieu *m* God
difficile difficult
dimanche *m* Sunday
diminuer to reduce, decrease
dinde *f* turkey
dindon *m* turkey
dîner *m* dinner

diplôme *m* degree, diploma

dire *(pp* **dit)** to say, tell; **à vrai —** to tell the truth, in other words; **c'est-à-—** that is to say; **entendre — que** to hear that; **on dit que** it's said that

diriger: se — (vers) to head (for)

discipline *f* field (of study)

disco: aller en — to go to a nightclub

discrimination: discrimination *f* **à l'envers** reverse discrimination; **être l'objet de —** to be discriminated against

dissoudre *(pp* **dissous)** to dissolve

disparaître *(pp* **disparu)** to disappear

disparition *f* extinction

disponible available; usable

disposer to set; fit; **— de** to have at one's disposal

disputer: se — to fight

distrayant(e) entertaining

dit(e) called

divers(es) various, miscellaneous

dizaine *f* ten

doigt *m* finger

domaine *m* field

dominical(e) (of) Sunday

donner to give; **étant donné** given; **— sur** to look out on, overlook

donc then, therefore

donnée(s) *f (pl)* data, information

dont of whom, which, with which

doré(e) golden

d'ores et déjà already

dortoir *m* dormitory; **cité** *f* **—** bedroom community

dos *m* back; **en avoir plein le —** *(fam)* to have enough

dossier *m* back (of a seat)

doucement slowly, softly

douceur *f* sweet

douche *f* shower; **cabine** *f* **de —** shower stall

doué(e) talented; **sur —** gifted

douloureux(se) painful

doux(ce) sweet

douzaine *f* dozen; **demi-—** half a dozen

doyen(ne) dean; oldest resident

drap *m* sheet

drapeau *m* flag

dresser to stand up; **être dressé(e)** to be well-trained

drogue(s) *f (pl)* drugs

droguer: se — to take drugs

droit *m* law, right; **—s d'inscription** tuition; **avoir — à** to be entitle/eligible to; **égalité** *f* **des —s** equal rights; **revendiquer ses —s** to demand one's rights

droit(e) straight; **à droite** to the right

drôle funny

duquel/de laquelle of which/whom

dur(e) hard, difficult; **vie** *f* **dure** hard life

durée *f* length, duration, period of time; **longue —** extended

duvet *m* down (feathers)

E

eau *f* water; **—x-fortes** engravings; **sale** *f* **d'—** shower room, bathroom

éblouissant(e) dazzling

éblouissement *m* bedazzlement

éboueur *m* garbage collector

écart *m* distance, gap, extreme

échappement *m* exhaust; **tuyau** *f* **d'—** exhaust pipe

échec *m* failure; **—s** *m pl* chess

échelle *f* scale; **à grande —** on a large scale

échouer to fail

éclairer to light on

éclat *m* bit, fragment

éclatant(e) glaring

éclatement *m* break-up

écloserie *f* hatchery [of shrimp]

écœurer to make one fell sick

école *f* school; **— primaire** primary school

écolo *m f (fam)* for **écologiste**

écologiste: association *f* **—** environmental organization

économies *f pl* savings

économiser to save (money)

écorcher to skin

écouler to move (sell)

écouter to listen

écran *m* screen; **crever l'—** to break into film

écraser to crash

écrire *(pp* **écrit)** to write

écriture *f* writing

écrivain *m* writer; **une femme —** *f* writer

écrouler: s'— to collapse

éculé(e) worn

écureuil *m* squirrel

éducation *f* upbringing; **sur —** overeducating

édulcorant *m* **de synthèse** artificial sweetener

effet *m* **de serre** greenhouse effect

efficace efficient, in working order

efficacement efficiently

effigie *f* model, representation

effilocher: s'— to fray, break apart

effluent *m* contaminated waste

effondrer: s'— to collapse

efforcer: s'— to make an effort

effrayant(e) frightening, traumatic, horrible

effrayer: s'— to be frightened

effriter to crumble (away)

égal(e) same, equal; **ça me serait égal** it shouldn't matter to me

également equally, evenly

égalité *f* equality; **— des droits** *m pl* equal rights

égard: à l'— de towards, concerning; **sans —** without regard

égarer: s'— to get lost

église *f* church

égoïsme *m* selfishness

égorger to slit

égouts *m pl* sewers

égoutter to drip, strain, sieve

élaborer to work out carefully

élargir to widen

élevé: bien (mal) — well (badly) raised

élever to raise

éloignement *m* distance

élu(e) elected, chosen

émaner to come from

emballage *m* wrapping

emballeur *m* packer

embaucher to hire

embêter to bother, bug someone

emboîter le pas to follow

embouteillage *m* traffic jam

embrasser *to* kiss

embrasure *f* doorway

émerveillé(e) amazed

émeute *f* riot

emmener to take

émouvant(e) moving

empêche: n'— que all the same, unless

empêchement *m* obstacle

empêcher (de) to prevent (from); **n'empêche que** all the same, unless

empirer to get worse

emplacement *m* place, site

emploi *m* work, job; **— du temps** schedule

employé(e) worker; **— de bureau** office worker, clerical personnel; **— de maison** housekeeper

emporter to take; **se laisser —** to be carried away

empreinte *f* imprint; fingerprint; **prise** *f* **d'—s** fingerprinting

emprunter to borrow

ému(e) nervous, excited

émulation *f* copycat

en in; **— plus** extra, surplus; moreover; **— bas** down below

enchaîner to link

encore again; **pas —** not yet

encre *f* ink

endettement *m* debt

endormir to put to sleep; **s'—** to fall asleep

endroit *m* spot, place

endurci(e) hardened

énerver: s'— to get angry, be upset

enfermer: s'— to close oneself up

énergique energetic

enfance *f* childhood

enfant *m f* child

enfer *m* hell

enfermement *m* locking

enfin at last, finally

enflammé(e) brilliant, shining

enfuir: s'— to flee, run away

engager to hire

engendrer to generate, create

engin *m* aircraft; **— au plastic** plastic explosive; **— incendiaire** incendiary device

engloutir to swallow

engouement *m* craze, fancy

engrais *m* fertilizer

enivrer: s'— to get drunk

enlever de to get out of

enneigement *m* snow cover

ennui *m* boredom

ennuyeux(se) boring

enquête *f* inquiry, investigation

enrayer to control, remedy; **— la vente d'armes** to control the sale of guns

enrôler: s'— to join

enseignant(e) instructor

enseignement *m* teaching; **— supérieur** higher education

ensembles: grands —s *m pl* large apartment buildings (projects)

ensoleillé(e) sunny, light

ensuite then, next

entasser to pile up, hoard

entendre (*pp* **entendu**) to hear; **— dire que** to hear that; **s' — bien (mal) avec** to get along well (not well) with

enterrer to bury

entier(ère) whole

entorse *f* stretching (of the law)

entourage *m* (family) circle

entraînement *m* training, practice

entraîner to bring (with it); **— (dans)** to drag (into); **s'—** to work out

entre between

entrebâillé(e) ajar, half-open

entrechoquer: s'— to clash

entrée *f* entrance; entrée, first course

entreprise *f* company, business

entre-temps meanwhile

entretenir (*pp* **entretenu**) to keep up, to maintain; **facile à —** easy to maintain

entretien *m* interview, discussion; maintenance

entrevoir to glimpse

envahir to invade

envahissant(e) intrusive

envergure *f* scale, level

envers: à l'— reverse

envie: avoir — (de) to feel like

environ about; **aux —s** in the vicinity

environnement *m* **planétaire** global environment

envoyer to send

épais(se) thick

épanouir: s'— to bloom

épanouissement *m* blooming

épargner to save (money, time); to spare

éparpiller to scatter

épater to show off

épaule *f* shoulder

épée *f* sword

épeler to spell

épicé(e) spiced

épinards *m pl* spinach

épouvantable terrible

éprouver to feel

époux(se) husband (wife)

éprendre (*pp* **épris**): **s'— de** to fall in love with

épuisé(e) exhausted, worn out

épuisement *m* exhaustion, depletion, using up

épuiser to wear out

équilibré(e) balanced

équipage *m* crew

équipe *f* team

équitation *f* horseback riding

errer to wander aimlessly

escale *f* stop

escalier(s) *m (pl)* stair(s)

escamoter to skip

escargot *m* snail

esclave *m f* slave

escompté(e) anticipated

escroc *m* swindler, con artist

Espagne *f* Spain

espagnol(e) Spanish

espèce *f* sort, type; **— en voie de disparition** endangered species

espérer to hope

espion(ne) spy

esprit *m* spirit; mind; **étroit d'—** narrow-minded; **avoir un — ouvert** to be open-minded; **mots** *m pl* **d'—** witty remarks

essai *m* test; **— nucléaire** nuclear test

essayer to try

essence *f* gas; **avoir une panne d'—** to be out of gas

essor *m* expansion; rise; **en plein —** in full expansion

essuyer: s'— to dry oneself off

est *m* East

esthéticien(ne) beautician

établi *m* workbench

étage *m* floor

étagère *f* shelf

étalement *m* display(ing), spreading

étaler to spread

étape *f* stage

état *m* government, State; **— de santé** state of health; **— d'esprit** state of mind

étatique state run

Etats-Unis *m pl* United States

été *m* summer

éteindre (*pp* **éteint**): **— (le gaz, la télé, le chauffage)** to turn off; **s'—** to become dark; to die

étendre (*pp* **étendu**) to hang out; **— le linge** to hang out the laundry

ethnie *f* ethnicity; ethnic group

étincelant(e) sparkling

étincelle *f* spark

étirer to stretch

étoile *f* star

étonnant(e) surprising

étourdiment *m* carelessly

étranger(ère) foreign, stranger

être (*pp* **été**) to be; **— à l'heure** to be on time; **— en panne** to be out of order; **— en train de faire** to be (in the process of) doing; **— m** being (person)

étroit(e) narrow

étude(s) *f (pl)* study(ies); **étude du milieu** environmental studies; **—s générales** general education

étudiant(e) student

évanouir: s'— to faint; to fade away

éveiller to awake

événement *m* event

évertuer: s'— to struggle

évidemment evidently

évier *m* sink

éviter to avoid

examen *m* test, exam; **— de rattrapage** make-up exam

exécuter to carry out, execute

exiger to require

expérience *f* experiment

expliquer to explain

exploitation *f* project

exploser to explode

explosif *m* explosive; **— télécommandé** remote-controlled explosive

exposer to exhibit, show

exprimer to express

expulser: se faire — de to be displaced from

extraterrestres *m pl* aliens from space

F

fabricant(e) manufacturer

fabrication *f* manufacturing

fac *f* short for **faculté**

face à facing; **en face de** in front of

fâché(e) angry

fâcheux(se) unfortunate

facile easy; **c'est —** it's easy

façon *f* way, manner; **d'une — ou d'une autre** one way or the other; **de — que** so that

facteur (factrice) mail carrier

faction *f* station

facture *f* bill, invoice

facturier(ère) billing clerk

fade bland

faible weak, low; **— revenu** *m* low income

faiblesse *f* weakness

faillite *f* bankruptcy; **être en —** to be bankrupt

faim *f* hunger; **avoir —** to be hungry

faire (*pp* **fait**) to do, to make; **— attention** to be careful; **— bien de** would do well; **— connaissance** to meet; **— de son mieux** to do one's best; **— des études à l'étranger** to study abroad; **— face à** to handle; **— la grasse matinée** to stay late in bed; **— la tête** to sulk; **— le malin** to show off; **— pipi** to pee *(used with chil-*

dren); — **sienne** to take as its own; — **une folie** to be extravagant; **s'y** — to get used to it; — **une partie de** to play a game of; **fait avec du (de)** made of; **il fait (beau, mauvais...)** it's nice, bad (weather)

falaise *f* cliff

falloir *(pp **fallu**)* to be necessary; have to; **il faut** it's necessary; **il me faut** I need

falsifier to forge; **document** *m* **falsifié** forgery

familial(e) family

famille *f* family; — **nombreuse** big family

faner: se — to be fading

fanfare *f* brass band

fantôme *m* ghost

farce *f* joke

fatigué(e) tired

fauteuil *m* armchair

faux (fausse) false

faveur *f* favor; **en** — **de** in favor of

fécond(e) fruitful, fertile

féculent *m* starchy food

fée *f* fairy; **gentille** — good fairy

féérie *f* enchantment

femme *f* woman; wife; — **de ménage** housemaid; — **politique** (female) politician

fenêtre *f* window

fer *m* iron; **main de** — iron hand; — **à repasser** iron

ferme *f* farm house

fermer to close

fermeté *f* firmness, confidence

fermier(ère) farmer

ferroviaire related to railroad

fête *f* feast, holiday; — **foraine** county fair

feu *m* fire; —**x d'artifice** fireworks; — **rouge/vert** red/green light; **être en** — to be on fire

feuille *f* leaf; sheet; — **de papier** sheet of paper

feuilleton *m* soap opera

février *m* February

ficeler to tie up

fiche *f* card

fichier *m* filing cabinet

fichu(e) *(fam)* gone; **c'est** — it's over; **mal** — *(fam)* terrible

fidèle faithful

fidélité *f* faithfulness

fier: se — **à** to trust, rely on

fier(ère) proud

fil *m* wire; thread

file *f* line, queue

filer to go off

filet *m* net; string bag

filiale *f* subsidiary

filière: — *f* **de formation** major (studies)

fille *f* girl, daughter

film *m* movie; — **doublé** dubbed; — **en version originale (v.o.)** with subti-tles; — **d'épouvante** horror film; — **policier** detective film

fils *m (pl)* son(s)

filtrer to filter; to screen; — **les appels** *m pl* to screen the calls

fin *f* end; conclusion

fin(e) thin

finalité *f* aim

financement *m* financing

finir to end, finish; — **par** to end up with

fissure *f* tear; — **de la couche d'ozone** tear in the ozone layer

fixe permanent

fixer to set

flacon *m* small bottle, flask

flagrant: pris(e) en — **délit** be caught in the act

flambée *f* quick blaze

flâner to go for a stroll

flaque *f* puddle

fléau *m* plague, epidemic

flèche *f* arrow; steeple

fleuve *m* river

flic *m (slang)* cop

floraison *f* flowering

florissant(e) flourishing

foi *f* faith

foin *m* hay

fois *f* time; **à la** — at the same time; **une** — **(par jour)** once (a day)

folie *f* craziness

foncer to plunge ahead

fonceur(se) go getter

fonctionnaire *m f* civil servant

fond *m* bottom; **au** — **de** at the back (bottom) of; **fonds** *m pl* fund(s); **détournement de** — embezzlement, misappropriation of funds

fonder to set up

fonderie *f* foundery, smelting works

fondre *(pp **fondu**)* to melt

fondrière *f* hole

fondu(e) melted

football *m* soccer

forain(e) fair, of a fairground

force *f* strength

forcément by necessity

forcené(e) maniac researcher

forme *f* shape; **sous** — in form of, as

fort loudly; —**(e)** strong

fortement strongly

fossé *m* rift

fouiller to search, rummage; — **dans** to go through; — **les bagages** *m pl* **à main** to search hand luggage

fou (folle) mad, crazy

foule *f* crowd

four *m* oven; — **à micro-ondes** micro-wave oven; — **grille-pain** toaster oven

fourchette *f* fork

fourneau *m* stove

fournir to supply, provide

fournisseur *m* supplier

fourrure *f* fur

foutre *(pp **foutu**):* — **tout par terre** *(fam)* to destroy all the plans

foyer *m* entrance way; home; shelter

fraîcheur *f* freshness

frais (fraîche) fresh

frais *m pl* expense, cost; — **de scolarité** tuition; **à de moindres** — at a lower cost

fraise *f* strawberry

fraiseur *m* worker who mills wood

framboise *f* raspberry

franchir to cross over; to go through

frapper to hit, strike

frappé(e) cooled

freiner to curb

freins *m pl* brakes; **le bruit des** —**s** the sound of brakes

fréquentation *f* popularity

fréquenter to come regularly to

frère *m* brother

friand(e) fond of

fric *m (slang)* money

frigidaire *m* **(frigo** *[fam]*) refrigerator

frisé(e) curly

frites *f pl* (French) fries

frivole shallow

froid(e) cold; **il fait froid** it's cold

front *m* forehead

fructueux(se) lucrative

fuir to avoid; to run away

fuite *f* escape

fumée *f* smoke; **nuage** *m* **de** — cloud of smoke

fumer to smoke

funèbre funereal

fusil *m* rifle

fût *m* container

G

gadget *m (fam)* thingamajig

gage *m* guarantee

gager to wager

gagner to win; to earn (money)

gant *m* glove

garagiste mécanicien(ne) mechanic

garantie *f* guarantee

garçon *m* boy

garde: être de — to be on call; **être en** — **à vue** to be in police custody; **prendre** — to be careful

garder to keep, guard

gare *f* station; — **routière** bus station

garer to park; to put to bed *(fig)*

gars *m (fam)* guy

gasoil *m* diesel oil

gaspillage *m* waste

gaspiller to waste

gâteau *m* cake

gâter to spoil

gâterie *f* treat

gauche left; **à** — to the left

gauchement awkwardly

gaver: se — to stuff oneself

gazon *m* lawn

géant(e) giant

gêne: sans — without consideration

gêner to bother, embarrass

gens *m f pl* people; **— du voyage** people who travel in campers

gentil(le) good, nice; **je les trouve très gentils** I think they're very nice

gentillesse *f* kindness

gérant(e) manager

gérer to manage, administer

géreur *m* manager

gestion *f* management

gestionnaire administrative

gibier *m* game (meat)

gifler to slap (on the face); **— à toute volée** to slap as hard as one can

gingembre *m* ginger

girofle, clou de *m* clove

glace *f* ice cream

glisser: se — dans la peau to slip into the skin

golfe *m* gulf

gonfler to inflate

gosse *m f (slang)* child

goût *m* taste; **arrière-—** after-taste; **sans —** tasteless

goûter to taste

goutte *f* drop

grâce à thanks to

grain(s) *m (pl)* bead(s)

graisse *f* fat

grand(e) big, tall, large; great; **grande surface** *f* hypermarket; **grand standing** luxurious

grand-mère *f* grandmother

grandir to grow (up)

grand-père *m* grandfather

gras(se) fat; **corps gras** *pl* fats

gratiner to sprinkle with bread crumbs and bake

gratte-ciel *m* skyscraper

gratuit(e) free; **crime** *m* **gratuit** gratuitous crime; **destruction** *f* **gratuite** wanton, gratuitous destruction

gravé(e) imprinted

greffe *m* clerk's office (justice)

greffer: se — to crop up (in connection with each other)

grève *f* strike

grignotage *m* nibbling, snacking

grignoter to nibble

grille *f* gate, railings

grille-pain *m* toaster; **four —** toaster-oven

grimace: faire la — to make a face

grimper to climb up

grincer to grate; to creak

grincheux(se) grumpy

gris(e) gray

grisaille *f* grayness

gros(se) thick

grossir to fatten, get fat

grossiste *m f* wholesaler

guère: ne — hardly, scarcely

guérir to cure

guérison *f* healing, recovery

guerre *f* war; **après-—** *m* post-war years

guetter to be watching

gui *m* mistletoe

guise: en — de (used) as; by the way of

gustatif(ve) involving taste (of food)

H

habillé(e) dressed (up)

habiller: s'— to get dressed

habitant(e) inhabitant

habiter to live

habitude *f* habit; **d'—** in general, usually

haine *f* hatred

harcèlement *m* harassment

haricot *m* (string) bean; **—s verts** green beans

hasard *m* chance; **au —** by chance; **par —** by accident, without thinking

hâte *f* haste

hausse *f* rise; **en —** on the rise; **— du niveau de vie** rise of standard of living

haut(e) high, elevated, tall; **en haut** up; **des hauts et des bas** ups and downs

hauteur *f* height

hériter to inherit

héritier(ère) heir

heure *f* hour, time; **à l'— actuelle** at this point [in time]; **à quelle —** (at) what time; **aux — d'affluence** during rush hour; **être à l'—** to be on time; **—s supplémentaires** overtime; **quelle — est-il** what is the time

heureusement fortunately

heureux(se) happy

heurter to hit; **se —** to bump, collide

hier yesterday; **avant-—** the day before yesterday

hisser to raise

hiver *m* winter

HLM *f* **(habitation à loyer modéré)** low-income housing

homard *m* lobster

homicide *m* **involontaire/non prémédité** manslaughter

hommage: rendre — à to pay homage/tribute to

homme *m* man; **— politique** politician; **honnête —** gentleman

homophobie *f* homophobia

honnête honest

horaire *m* time schedule; **— des trains** train schedule; **contraintes** *f pl* **d'—s** time constraints

hors (de) outside, apart from

hors-d'œuvre *m* appetizer

hôte *m f* host

houleux(se) turbulent, stormy

huile *f* oil

huilerie *f* mill that produces oil

humeur *f* mood; **mauvaise (bonne) —** bad (good) mood

hurler to scream

I

ici here

idée *f* idea; **— principale** main idea

ignames *f pl* yams

ignorer to be unaware of

il y a there is/are; **il y a... que** it's been . . . since

île *f* island; **Ile de Beauté** Island of Beauty, nickname of Corsica

illettré(e) illiterate

illicite unlawful

illisible unreadable

îlot *m* small island

immeuble *m* apartment building

immonde base, vile

impact *m* **sur l'environnement** impact on the environment

impasse *f* dead-end street

impassiblement impassively

impatience: avec — eagerly

impliqué(e) (dans) involved (in)

impotent(e) crippled

imprévu *m* unexpected

imprévu(e) unexpected, unpredictable

imprimante *f* printer

incendiaire *m* arsonist

incendie *m* fire (major); **— volontaire** arson

inconnu(e) unknown

inconvénient *m* disadvantage

incroyable unbelievable

inculpé(e): être — pour to be charged with

indemnité *f* benefit; **—s de chômage** unemployment benefits

indice *m* clue

indigence *f* extreme poverty

indigent(e) poor

inédit(e) hitherto unheard of

inéluctable inescapable

inépuisable inexhaustive

inespéré(e) unexpected

infirme invalid

infirmier(ère) nurse

informaticien(ne) computer expert

infliger to inflict

informations *f pl* news

informatique *f* data processing, computer science

infraction *f* crime; **— administrative** white-collar crime; **commettre une —** to commit a crime

injurier to insult

inlassablement tirelessly

inquiétude *f* worry, concern

inscrire *(pp incrit)*: **s'—** to sign up, enroll

insoutenable unbearable

inspecter to screen; **— les passagers** *m pl* to screen the passengers

installer: s'— to move in
instant *m* moment; dès l'— starting with the moment
insultant(e) abusive
insupportable unbearable
intempéries *f pl* bad weather
intention: avoir l'— de to intend to
interdire (*pp* interdit) to forbid; être interdit(e) to make illegal
intériner to internalize
interpeller: s'— to shout at each other
interphone *m* intercom
interrogation *f* quiz; inquiry
intervenir (*pp* intervenu) to occur
intime private
intraveineux(se): voie *f* intraveineuse intravenous feeding
inutile useless
invité(e) guest
irréfléchi(e) impulsive; unpremeditated
irriguer to irrigate
isolement *m* isolation
issue *f* solution, exit
ivre drunk
ivresse *f* drunkenness
ivrogne drunken

J

jadis formerly, in times past
jaillissement *m* outpouring
jamais never; ne... — never; not ever
jambe *f* leg
janvier *m* January
jardin *m* garden
jardinage *m* gardening
jaune yellow
jeter to throw; se — to throw oneself
jeu *m* game, play; — de société board or parlor game
jeudi *m* Thursday
jeune young; les —s *m pl* young people
jeûner to fast
jeunesse *f* youth
joindre (*pp* joint) to reach (by telephone)
joli(e) pretty
jouer to perform; to play; — à to play (sport); — de to play (instrument); — la comédie to act (in a film, on stage); — un tour (à) to play a trick (on)
jouir (de) to enjoy
jouissance *f* pleasure, delight
jour *m* day; de nos —s nowadays; —s ouvrables working days; —s fériés holidays (non-working days); un de ces —s one of these days; tous les —s everyday
journée *f* day
juillet *m* July
juin *m* June
jumeaux (jumelles) *m pl (f pl)* twins; les tours *f pl* jumelles the Twin Towers, the World Trade Center

juron *m* swear word
jusqu'à (au) till, until; — présent until now
justement precisely, exactly

K

kaolin *m* clay
klaxon *m* horn (of a car)
klaxonner to blow the horn

L

là there; —-bas over there
lacet *m* shoelace
lâcher to let go; se — to let each other go
lacté(e) made from milk
laid(e) ugly
laideur *f* ugliness
laine *f* wool
laisser to leave; — tomber to forget about; to quit; to leave (someone)
lait *m* milk; — caillé milk with curds
laitière *f* dairy woman
lampion *m* Chinese lantern
lancer to launch, throw
lanceur *m* spatial rocket launcher
langoustines *f pl* prawns
langue *f* tongue
lapin *m* rabbit; cage *f* à — rabbit cage
las(se) tired
lavabo *m* sink
lavage *m* laundry
lave-vaisselle *m* dishwasher
laver to wash; se — to get washed
laveur(se) washer; — de carreaux window washer
lecteur (lectrice) reader
lecture *f* reading
léger(ère) light; quelque chose de — something light
légume *m* vegetable
lendemain *m* the following day; sur— *m* two days after
lentement slowly
lequel (laquelle) which; dans — in which
lessive *f* washing, laundry
lever to raise; se — to get up; — *m* du jour dawn; — du soleil sunrise
lèvre *f* lip
Liban *m* Lebanon
libanais(e) Lebanese
librairie *f* bookstore
libre free; available; —-service *m* self-service
licence *f* degree received after three years of college
licenciement *m* layoff, dismissal
lien *m* link, tie
lier to link together; — à to tie to
lieu *m* place; au — de instead of; avoir — to take place

linge *m* laundry; sèche-— *m* (laundry) dryer
lire (*pp* lu) to read
lit *m* bed; — pliant folding bed; —s superposés bunkbeds
littoral *m* coastal regions
livre *m* book
livrer to give; se — à to indulge in
livreur *m* delivery person
locataire *m f* renter, tenant
location *f* rental
logement *m* housing; —s collectifs projects
logiciel *m* software
logis *m* dwelling; sans-— homeless
loi *f* law
loin (de) far (from); de — by far; far away; pas — not far (from)
loisir *m* leisure; heure *f*/temps *m* de — leisure time
long(ue) long; longuement at length
longtemps (for) a long time
loqueteux(se) person dressed in rags
lorsque when
lotissement *m* housing development, subdivision
louange *f* praise
louer to rent
lourd(e) heavy
loyer *m* rent
lueur *f* glimmer
luge *f* sled
lumière *f* light
lundi *m* Monday
lune *f* moon
lunettes *f pl* glasses; — de soleil sunglasses
lustre *m* chandelier; light
lustrer to polish
lutter to battle, fight
lycée *m* high school

M

machine *f* machine; — à écrire typewriter; — à laver washing machine
magasin *m* store
magasinier *m* warehouse worker
maigre very thin
maigrir to lose weight
main *f* hand; à — armée with a deadly weapon; — de fer iron hand; serrer la — to shake hands
main-d'œuvre *f* workforce
maintenant now
maintenir (*pp* maintenu) to maintain; — en état (le tracteur) to keep (the tractor) running
maintien *m* maintenance
maire *m* mayor
mais but; — non of course not; — si certainly

maïs *m* corn

maison *f* house; company; — **basse** single-story house; — **d'habitation** main house; —-**mère** company headquarters

maître (maîtresse) teacher, professor; — **assistant** assistant professor

maîtrise *f* control

mal bad; **avoir** — to hurt; **mal** *m* difficulty; **avoir du** — (à comprendre) to have trouble, difficulty (understanding)

malade sick

maladroit(e) awkward

malaise *m* feeling of sickness or faintness, discomfort

malgré in spite of; — **soi** against one's will

malheureusement unfortunately

malin (maligne) clever

maltraiter to handle roughly

manche *f* sleeve

mandat *m* money order

manger to eat

mangouste *f* mangoose

manie *f* obsession, habit

manifeste obvious, evident

manifestation *f* demonstration

manioc *m* cassava

mannequin *m* model

manœuvres *m pl* workers

manquement *m* failure

manquer to miss (something); — **à quelqu'un** to be missed by somebody; — **de** to lack

maquiller: se — to put on make-up

marchand(e) shopkeeper, tradesman(woman)

marche *f* walk; — **à pied** on foot; **mettre en** — to get running/working

marché *m* market; **bon** — cheap; — **du travail** labor market

marcher to walk; to work; **faire** — to get running/working

mardi *m* Tuesday

marée *f* tide

marge *f* margin; **vivre en** — (de) to live on the margin (of)

marginal(e) (*pl* **marginaux** [marginales]) outcast

mari *m* husband

mariage *m* wedding

marin(e) sea

Maroc *m* Morocco

marocain(e) Moroccan

marque *f* brand

marquer to show, indicate

marre: en avoir — **de** to be sick of

marron brown

mars *m* March

matelas *m* mattress

matériau *m* building material

matériel *m* hardware

matière *f* subject; — **libre** elective

matin *m* morning

matinée *f* morning; **faire la grasse** — to stay late in bed

maugréer to grumble

maussade sullen

mauvais(e) bad

méchant(e) bad, naughty

mécontent(e) dissatisfied

médicament *m* medicine

méfiance *f* mistrust

méfier: se — to distrust, mistrust

meilleur(e) que better than

mélange *m* mixing, mixture

membre: être — **de** to belong to

même same; **au** — **titre** in the same way

menacer (de) to threaten; **être menacé(e) (de)** to be threatened with

ménage *m* household; cleaning; — **à trois** love triangle

ménagère *f* housewife

mendicité *f* begging

mendier to beg, to ask for handouts

mener to conduct, lead; — **une vie (de)** to lead an existence

mensonge *m* lie

mentir to lie

menton *m* chin

menuisier *m* carpenter

mépris *m* disdain

mépriser to despise, scorn

mer *f* sea; **pleine** — open sea; **poisson** *m* **de** — saltwater fish; **prendre la** — setting sail; **produit** *m* **de** — seafood

mercredi *m* Wednesday; — **des Cendres** Ash Wednesday

mère *f* mother

mesure *f* measure; **à** — **que** as

mesurer to measure, to be... tall (height)

métier *m* job, profession

mètre *m* meter; — **carré** square meter

met(s) *m (pl)* dish(es)

metteur en scène *m* director (of a play)

mettre (*pp* **mis**) to put; — **à la rue** to dump onto the street; — **en fuite** to chase away; — **l'accent (sur)** to stress, point out; — **la table** to set the table; **se** — **à** to begin to; **se** — **en condition** to get work as a servant; **s'y** — to put one's mind to it

meuble *m* (piece of) furniture; — **informatique** computer table

meublé(e) furnished

meurtre *m* (second degree) murder

miam-miam *(fam)* yum-yum

miel *m* honey

mielleux(se) sickly sweet

miette *f* crumb (of bread)

mieux better; **aimer** — to prefer, like better; — **que** better than; **faire de son** — to do one's best

mijoter to simmer

mil *m* millet

milieu *m* place; (social) class; environment; middle; **au** — **de** in the middle of

millier *m* thousand

mince thin

mineur(e) underage

minuit *m* midnight

ministère *m* ministry [of education]

miroir *m* mirror

mise en scène *f* staging

misère *f* poverty, wretchedness

mistral *m* a dry, cold northerly wind that blows across the coast of southern France

mode *m* method; *f* style fashion; — *m* **de vie** lifestyle

moelle *f* marrow

mœurs *f (pl)* custom(s)

moi-même myself

moins less; **de** — **en** — less and less; **du** — at least; —... **que** less . . . than

mois *m* month

moisissure *f* mould

moisson *f* harvest

moitié *f* half

mollesse *f* softness

monde *m* people; world; **tout le** — everybody

monter to get (into); to climb, to go up; to start; — **à cheval** to go horseback riding; — **une pièce** to put on a play

monteur *m* assembler

montre *f* watch

moquer: se — **de** to make fun of

morale *f* ethics

morceau *m* piece; bite

mordant(e) biting

mordre (*pp* **mordu**) to bite

mort *f* death

mosquée *f* mosque

mot *m* word; —**s croisés** crossword puzzles; —**s d'esprit** witty remarks

mou (molle) soft

mourir (*pp* **mort**) to die

moustiquaire *f* mosquito netting

moyen *m* means (transportation); financial capability; way; **avoir les** —**s (financiers)** to be able to afford to; **s'il y a** — if there is a way

moyen(ne) middle, average; **en moyenne** on the average; **niveau** *m* **moyen** average

moyenâgeux(se) of the Middle Ages

muflerie *f* boorishness

muguet *m* lily-of-the-valley

muni(e) de armed with

mur *m* wall; — **antibruit** soundproof wall

musculation: faire de la — to lift weights

musée *m* museum

mutation *f* change

mutuel(le) cooperative

N

nager to swim

naguère not long ago

naissance *f* birth

naître (*pp* né) to be born
nappage *m* coating
nappe *f* surface; tablecloth
natal(e) native
natalité: taux *m* de — birthrate
natation *f* swimming; faire de la — to swim
navré(e): être — to be sorry
ne... que only
néanmoins nevertheless
néfaste harmful
neige *f* snow
nerf *m* nerve; taper sur les —s *(fam)* to get on one's nerves
net(te) clean
nettoyage *m* clean-up
neuf(ve) (brand) new
neuvième ninth
neveu *m* nephew
nez *m* nose
nièce *f* niece
niais(e) simple (silly)
nier to deny; — toute responsabilité *f* dans to deny any responsibility for
niveau *m* level; — de vie standard of living; — moyen average
noce *f* wedding party
nocturne night; vie *f* — night life
Noël *m* Christmas
noir(e) black; voir tout en noir to have a bleak outlook
noix *f (pl)* nut(s)
nom *m* name; au — de in the name of
nomadisme *m* moving about
nombreux(euse) numerous
nommer to name, characterize as
non compris not included
nord *m* North
normalement normally, in general
note *f* grade; note
nouilles *f pl* noodles
nourrir to feed
nourriture *f* food
nouveau/nouvel (nouvelle) new; de nouveau again
nouvelles *f pl* news
nu(e) naked
nuage *m* cloud; — de fumée cloud of smoke
nuire (à) to be detrimental, harm
nuisance *f* environmental pollution
nuit *f* night; boîte *f* de — nightclub; en pleine — in the middle of the night
nul(le) no; zero
nullement the slightest
numérisation *f* digitizing
numéro *m* number; — d'écrou prisoner number

O

objet *m* thing; être l'— de discrimination to be discriminated against; —s trouvés lost and found

obligatoire required
obsédé(e) obsessed
occasion *f* chance, opportunity
occasionnel(le) on special occasions
œil *m (pl* yeux) eye
œuvre *f* work; — d'art work of art; chef-d'— *m* masterpiece; être l'— de to be the work of; main-d'— *f* workforce
œuvrer to work
oie *f* goose
oiseau *m* bird
offre *f* offer; — existante current supply
offrir (*pp* offert) to offer
ombre *f* shadow
onde *f* waters, seas
ondulé(e) wavy
onirique dreamlike
opprimé(e) oppressed
optique *f* point of view
or *m* gold
orage *m* thunderstorm
ordinateur *m* computer
ordures *f pl* (ménagères) (household) garbage, trash
oreiller *m* pillow; taie *f* d'— pillowcase
orienter to point in the right direction
original(e) eccentric (person)
orphelin(e) orphan
oser to dare
otage *m f* hostage; libérer un(e) — to free a hostage; prendre quelqu'un en — to take someone hostage
ôter to take away
ou or; — bien or else
où where, when; d'— from where
oublier to forget
ouest *m* West
oui yes
ours *m* bear
outil *m* tool
outillage *m* set of tools
outre: en — moreover, furthermore
outre-mer overseas
ouvert(e) open
ouverture *f* opening
ouvrier(ère) blue-collar worker
ouvrir (*pp* ouvert) to open

P

PDG *m* (président-directeur général) CEO (Chief Executive Officer)
pagne *m* loincloth
paillasse *f (fam)* mattress
paillote *f* straw hut
pain *m* bread; — de mie sliced white bread in a loaf
paisible peaceful
paix *f* peace
palace *m* luxury hotel
palier *m* hallway
palourdes *f pl* clams

pamplemousse *m* grapefruit
pan *m* patch
panier *m* basket
panne *f* breakdown (car); failure; — d'essence to be out of gas; en — broken down; tomber en — to have a break down
panneau *m* sign; board; — d'affichage billboard
pantalon *m* trousers, pants
paperasserie *f* paperwork
par by; — ailleurs moreover; — contre on the other hand; — rapport à in relation to
parapluie *m* umbrella
parce que because
parcimonieux(se) stingy
parcourir (*pp* parcouru) to cover
parcours *m* run
pare-choc *m* bumper (of car); —s fenders (protection)
pare-brise *m* windshield
pareil(le) the same, similar
parents *m pl* parents, family; beaux-— mother- and father-in-law
paresser to laze
paresseux(se) lazy
parfaire (*pp* parfait) to make perfect
parfois sometimes
pari *m* bet
parler to talk, to speak; se — to speak (talk) to each other
parmi among, between
paroisse *f* parish
parole *f* word
partarger to share
participer à to be party to
particulièrement particularly
partie *f* part; party; game
partir to go, to leave; à — de/du from
partout everywhere
pas *m* step; — à — step-by-step; prendre le — sur to supplant
passager(ère) passenger; inspecter les passagers to screen the passengers
passant(e) bystander; — innocent(e) innocent bystander
passer to pass; to spend; se — de to do without
passerelle *f* footbridge
pâte *f* pastry; cheese; —s *f pl* pasta
patience: jeu *m* de — solitaire
patinage *m* ice skating
patiner to skate
patinoire *f* ice skating rink
patois *m* dialect
patron(ne) boss
pauvre poor (not rich); poor (unfortunate)
pauvreté *f* poverty
pavillon *m* house in the suburbs
paye *f* salary
payer to pay
pays *m (pl)* country(ies)
Pays-Bas *m pl* Netherlands

paysan(ne) peasant

péage *m* tollbooth

peau *f* skin; **bien dans sa —** good about oneself; **couleur de la —** skin color; **l'avoir dans la —** to have gotten under one's skin

pêche *f* fishing; **aller à la —** to go fishing; **canne** *f* **à —** fishing pole

péché *m* sin

pêcheur *m* fisherman

peindre (*pp* **peint**) to paint; draw

peine *f* sorrow, problem

peiner to distress

peinture *f* drawing, painting

pelouse *f* lawn

pencher: se — to lean

pendant during; **— que** while

pendre (*pp* **pendu**) to hang

pénible hard, painful; **être —** to be a pain (a bother)

péniblement with difficulty

penser to think

pension *f* retirement benefit

pente *f* slope

percée *f* breakthrough

perdre (*pp* **perdu**) to lose

père *m* father

permettre (*pp* **permis**) to allow, permit

persil *m* parsley

persillé(e) sprinkled with parsley; marbled, veined

personnage *m* (**principal**) (main) character

perte *f* loss

pervers(e) unfortunate

pétillant(e) bubbly

petit(e) small, little

petit déjeuner *m* breakfast

petit-beurre *m* butter cookie

petit-enfant *m* grandchild

petit-fils *m* grandson

petite-fille *f* granddaughter

peu: un — (**de**) a little (of, about); **encore un peu** a little more

peuple *m* people (ordinary)

peur *f* fear; **avoir —** to be afraid; **de — que** for fear that

peut-être maybe

phare *m* headlight

phobie *f* phobia

phrase *f* sentence

piaillement *m* squawking

pic *m* **à glace** ice pick

pièce *f* room; **— de théâtre** play

pied *m* foot; **aller à —** to go on foot; **casser les —s** *(fam)* to get on one's nerves

pied-noir *m f* French person born in Algeria

piédestal *m* pedestal

piège *m* trap

piégé(e): lettre *f* **piégée** letter bomb; **paquet** *m* **piégé** package bomb; **voiture** *f* **piégée** car bombing

pierre *f* stone

piéton(ne) pedestrian

piétonnier(ère) pedestrian

pile *f* battery; *(adv)* right, exact, on the dot

pillage *m* looting

piller to plunder

pilotage *m* flying; **faire un stage de —** to take flying lessons

piment *m* pepper

pinceau *m* brush

piqué(e) dotted

piqûre *f* shot; sting

pire (**pis**) worse; **le —** the worst

piste *f* lead; trail; runway (airport); **— cyclable** bicycle trail; **suivre une —** to follow a lead; **tenir une —** to have a lead

pistolet *m* gun

placard *m* closet

place *f* space

plafond *m* ceiling

plage *f* beach

plaindre (*pp* **plaint**): **se —** to complain

plaire (*pp* **plu**) to like, please

plan *m* level; map

planche *f* board; **— à repasser** ironing board; **faire de la — à voile** to go windsurfing

plat *m* dish

plateau *m* tray

platine laser *f* CD player

plein(e) full, closed

pleurer to cry

pleuvoir (*pp* **plu**) to rain

pliant(e) folding; **lit** *m* **—** folding bed

plomb *m* lead

plongeur(se) dishwasher

plupart: la — most

plus more; no longer; **—... que** more . . . than; **— rien** nothing (more); **— tard** later

plutôt rather

pluvieux(se) rainy (weather)

pneu *m* tire; **— crevé** flat tire

poche *f* pocket

poids *m* weight

poignée *f* handle

point *m* spot; period; **à —** medium well (beefsteak); **être sur le — de** to reach the point to, be about to

pointu(e) pointed

poire *f* pear

pois *m* *(pl)* pea(s); **petits —** green peas

poisson *m* fish; **— de mer** saltwater fish; **— d'eau douce/de rivière** freshwater fish

poivre *m* pepper

poivron *m* pepper; **— vert** green pepper

poli(e) polite

policier(ère) police officer; **policier** *m* detective novel

polir to polish

polluant *m* pollutant

polluant(e) polluting

pollueur(se) polluter

pommadé(e) wearing a pomade

pomme *f* apple; **— de terre** potato

pompeux(se) pompous

pompier *m* firefighter

pont *m* bridge

populaire lower class

portable *m* cell phone

portatif(ve) portable

porte *f* door; **mis(e) à la —** thrown out, fired

porte-monnaie *m* wallet

porte-parole *m* spokesperson

portefeuille *m* wallet

porter to carry; **— une arme** to carry a gun

portière *f* door (of a car)

portique *m* doorway; **— de détection d'armes** metal detector doorway; **— détecteur de métaux** metal detector

poser to put (down); **— un problème** to be a problem; **— des questions** *f* to ask questions; **posé(e)** serious

poste *m* position, job

postier(ère) postal worker

pot: boire un — to go out for a drink

potage *m* soup

potager *m* kitchen garden

pote *m* *(fam)* pal

poteau *m* post; **— indicateur** sign-post

poubelle *f* garbage can

poudre *f* powder, dust

poule *f* hen

poulet *m* chicken

pour to, for; **— que** so that

pourboire *m* tip

pourquoi why; **— (ne) pas** why not

pourrir to get rotten, get spoiled

poursuite *f* pursuit

pourtant nevertheless

poussière *f* dust

pouvoir (*pp* **pu**) can, be able to; *n m* power, capacity; **— d'achat** purchasing power

pratique practical, useful

précipiter to push in

préciser to specify

prédécoupé(e) precut

préjugé *m* prejudice; **avoir des —s contre** to be prejudiced against

premier(ère) first

prendre (*pp* **pris**) to take, to have; to pick up; **— du poids** to put on weight; **— garde** to be careful; **— la direction de** to take charge of; **— la route** to take the road; **— le pas sur** to supplant; **— pour victime** to victimize; **— quelqu'un en otage** to take someone hostage; **s'y —** to go about it

préoccuper to worry; **se —** to be concerned

préparer: se — (**pour/à**) to get ready (to)

près (**de**) near; **à peu —** almost

présentateur(trice) host(ess)

présenter to introduce; to present
presqu'île *f* peninsula
presque almost
pressé(e) be in a hurry
pressentir to sense
pression *f* pressure; — d'autrui peer pressure
présure *f* rennet
prêt *m* loan
prêt(e) ready
prêtre *m* priest
preuve *f* evidence, proof
prévenir (*pp* prévenu) to give notice; sans — without notice
prévision *f* prediction
prévoir (*pp* prévu) to foresee, anticipate
prière *f* prayer
princier(ère) royal
principe *m* principle; en — in theory
printemps *m* spring
prioritaire having priority
prise *f* de conscience awareness
prisonnier(ière) captive, prisoner
privé(e) private
privation *f* deprivation, loss
prix *m* price; — de vente sale price
prochain(e) next (after this one); next (in a series)
proche close, near; avenir — near future
produit *m* product; —s bios organic foods; — laitier dairy; —s allégés (basses calories) light (low calorie); —s nettoyants cleaning products
profession *f* occupation
profit *m* benefit; au — de to the advantage
profiter (de) to take advantage (of)
promener: se — to take a walk
promettre (*pp* promis) to promise
promouvoir (*pp* promu) to upgrade
propager: se — to spread
propos *m (pl)* term(s), word(s), idea(s); à — in fact; à — de about, concerning
propre clean; own
propriétaire *m f* owner
prospérer to prosper
protéger to protect
provenance: en — de coming from
provenir to come from
provisoirement temporarily
prudent(e) careful
prune *f* plum
pruneau *m* prune
public *m* audience
puisque since
puissant(e) powerful
punition *f* punishment

Q

quai *m* platform
qualité *f* quality; vie *f* de — quality life

quand when
quant à moi as far as I'm concerned
quartier *m* neighborhood, district
quasiment almost
quatuor *m* quartet
que (qu') what, whom, that; ce que what
quel(le) which, what; — que soit whatever
quelconque any
quelqu'un someone, somebody
quelquefois sometimes
quelque(s) some; quelque chose something; quelque part somewhere
querelle *f* quarrel
querelleur(se) quarrelsome
queue *f* tail; — de cheval ponytail; faire la — to stand in line
qui who, that
quiconque anyone who
quitter to leave
quoi what
quotidien *m* daily newspaper
quotidien(ne) daily

R

racine *f* root
raconter to tell
radin *(fam)* stingy
radiologie *f* x-ray
raffiné(e) refined
raid *m* long-distance trip
raide straight (hair)
rail *m* track (from railroad)
raisin *m* grapes
raison *f* reason; avoir — to be right
rajeunir to make younger
ralentir to slow down
ramasser to gather, pick up
ramener: se — à to come down to
randonnée *f* hiking
rang *m* rank; row
rangée *f* row
ranger to pick up; — la vaisselle to put dishes away
rapatrier to return back to France
raphia *m* palm frond
rapidement rapidly
rappel *m* review; calling to arms
rappeler to remind, call back
rapport *m* relationship; par — à in relation to
rapprocher: se — de to get closer to
rarement rarely
raser to raze, to tear down; se — to shave
rassasier to satisfy the appetite (of)
rassemblement *m* assembly, gathering
rassembler: se — to gather
rassurer to reassure
rater to fail, go wrong
ravi(e) delighted
ravoir to get back

rayon *m* ray; — de soleil ray of sunlight
rayonnant(e) shining
réagir to react
réalisateur(trice) movie director
rébarbatif(ve) disagreeable
rebut *m* scrap
récemment recently
recensement *m* survey
recette *f* recipe
recevoir (*pp* reçu) to receive; to host
réchauffement *m* warming; — de l'atmosphère global warming
réchaud *m* hot plate
recherche *f* research; — appliquée applied research
rechercher to look/search for
récidiviste *m* repeater
récit *m* story, short novel
réclamer to require
récolte *f* harvest
récompense *f* reward
reconnaître to recognize, accept
reconquête *f* recovery
reconvertir: se — to convert (oneself)
récréation *f* (lunch) break
recueil *m* book, collection
reculer to go backward; to put off
rédacteur(trice) editor
redoutable formidable, frightening
redresser: se — to sit up
réduire (*pp* réduit) to reduce
refait(e) redone, renovated
réfléchi(e) reflexive
réfugier: se — to take refuge
regarder to watch, look at
régi(e) governed
régime *m* diet
réglementation *f* regulations, rules
regretter to miss
régulièrement regularly
reine *f* queen
rejeter to throw back, reject, drive back; — la responsabilité de l'attentat sur to blame the attack on
rejoindre (*pp* rejoint) to join
relâché(e) released
relever to pick out, raise
reloger to relocate
remettre (*pp* remis) to hand over to
remord *m* remorse
remplir to fill (out)
remporter to win
remuant(e) fidgety
remue-méninges *m* brainstorming
rencontrer to meet
rendre (*pp* rendu) to give back, return; — visite à to visit; — hommage to pay homage/tribute; se — to go
renforcer to tighten; — la sécurité to tighten security
renfort *m* reinforcements, supplies
renommé(e) famous, renowned
renouvelable renewable

rénover to remodel

renseignement *m* information

renseigner: se — to get information

rentabilité *f* profitability

rentable profitable

rentrée *f* beginning of the school year

rentrer to get home; to put back

renvoyer to send (back), dismiss, kick out

répandre (*pp* répandu) to spread wide

répartition *f* division

repas *m* (*pl*) meal; — **principal** main meal

repassage *m* ironing

repasser to iron; **fer** *m* **à** — iron

repêchage *m* re-test

repère *m* (point of) reference

répéter to repeat; — **une pièce** to rehearse a play

répétition *f* repetition; rehearsal

repeuplement *m* restocking

réplique *f* response, reply

répondeur *m* **automatique** telephone answering machine

répondre (*pp* répondu) to answer

reposer: se — to relax, to rest

reprendre (*pp* repris): se — to grab on to each other

repris *m* **de justice** habitual delinquent

réseau *m* circle, network, source; — **d'amis** circle of friends

résidence *f* **universitaire** (college) dormitories

responsabilité *f* responsibility; **nier toute** — **dans** to deny any responsibility for; **rejeter la** — **de l'attentat sur** to blame the attack on

réseau *m* network; — **terroriste** terrorist network

ressentir to feel

restauration *f* **collective** cafeteria (dining area) in a workplace

rester to stay, remain

résumé *m* summary

retour *m* return; — **en arrière** return to the past

retourner to go back; to give back; (se) — to turn around/back

retraite *f* retirement; **prendre sa** — to retire

retraité(e) retired

retroussé(e) turned up

retrouver: se — to meet (each other); se — (**dans**) to wind up (on)

réunir: se — to meet at

réussir to succeed; — **à** (**un examen**) to pass; — **à passer** to make it through

réussite *f* success

revanche *f* revenge; **en** — on the other hand

rêve *m* dream

réveiller: se — to wake up

revendiquer to demand, lay claim to; — **ses droits** to demand one's rights

revenir (*pp* revenu) **à** to result in

revenu *m* income; **faible** — low income

rêver to dream

rêveur(se) dreamer

réviser to service; to revise

révision *f* review

rez-de-chaussée *m* ground floor

rideau *m* curtain

rigoler *(fam)* to laugh, have a good laugh

rigolo *(fam)* funny

ris de veau *m pl* calf sweetbreads

rivage *m* river bank

riz *m* rice

RMI *m* (revenu minimum d'insertion) minimum income given by the French government to unemployed people

robe *f* dress

robot cuisine *m* food processor

rôder to prowl, wander

rognon *m* kidney

rôle *m* role, function; **à tour de** — taking turns

roman *m* novel

rôtie *f* toast (French Canadian)

roue *f* wheel; — **de la fortune** wheel of fortune

rouge red

rougir to blush

route *f* way, road

routier(ière) related to roads

roux(sse) redhead

rue *f* street

S

sable *m* sand

sac *m* bag; — **à linge** laundry bag; — **de couchage** sleeping bag

sachet *m* packet

sage well behaved; —-**femme** *f* midwife

saignant(e) rare (beefsteak)

saillant(e) salient, outstanding

sain(e) healthy

sale dirty

salé(e) with salt, savory

saleté *f* dirt, filth; **vivre dans la** — to live in squalor, filth

salir to dirty

salle *f* room, hall; — **d'eau** bathroom; — **de bains** bathroom; — **à manger** dining room; — **de séjour** living room

saluer to greet

samedi *m* Saturday

sang *m* blood

sanguin(e) of blood

sans without; — **égard** without regard

sans-abri *m pl* homeless

santé *f* health; **état** *m* **de** — state of health

saoûler: se — to get drunk

satellite *m* **de communications** communication satellite

sauf except

saumon *m* salmon

sauter to jump; **faire** — to brown

sauvage wild; **nature** *f* — wilderness; **stationnement** *m* — random parking

sauvegarde *f* protection, preservation

sauvegarder to protect

sauvetage *m* rescue; **opération** *f* **de** — rescue operation

savant(e) scientist

saveur *f* taste, flavor

savoir (*pp* su) to know

savoir-faire *m* know how

savon *m* soap

savoureux(se) tasty

scellé(e) sealed

SDF (sans domicile fixe) with no permanent home

séance *f* showing (movie); session

sec (sèche) dry

sèche-cheveux *m* hair dryer

sèche-linge *m* clothes dryer

sécher to dry; — **un cours** *(fam)* to cut a class

séchoir *m* dryer

secours *m* help

secousse *f* shaking

sécurité *f* safety; **être soucieux(se) de** — to be security conscious; **renforcer la** — to tighten security

secrétaire *m f* secretary; — **de direction** administrative assistant

séduire (*pp* séduit) to seduce, charm, captivate

Seigneur *m* Lord

sein *m* breast

séjour *m* stay

sel *m* salt

semaine *f* week

sembler to seem

semis *m* seedbed

sens *m* direction; meaning; — **unique** one way

sensibilité *f* sensitivity

sensible noticeable; sensitive

sentiment *m* feeling

sentinelle *f* guard

sentir to smell; se — to feel

serpent *m* snake

serré(e) tightened, crowded, pressed

serrer to tighten; — **la main** to shake hands

serviette *f* (**de toilette**) (bath) towel

servir: se — **de** to use

seuil *m* doorway; — **de pauvreté** poverty level

seul(e) lonely; alone

seulement only

sida *m* AIDS

siècle *m* century

sifflement *m* whistle (sound)

sifflet *m* whistle (object)

signaler (**un crime**) to report (a crime)

signe *m* sign; —**s de reconnaissance** gang emblems

simplement simply; **tout** — simply

sirène *f* siren

siroter to sip

situation *f* location; **avoir une bonne —** to have a good job

ski *m* ski; **— de piste (alpin)** downhill skiing; **— de fond** cross-country skiing

SMIC *m* **(salaire minimum interprofessionnel de croissance)** minimum wage

smoking *m* tuxedo

société *f* company, business

sœur *f* sister

soie *f* silk

soigné(e) well-groomed

soigneusement carefully

soi-même oneself

soir *m* evening

soit... soit either . . . or

sol *m* ground

soleil *m* sun; **rayon** *m* **de —** ray of sunlight

sommeil *m* sleep

somnoler to doze

son *m* sound

sonner to ring

sonorisation *f* soundproofing

sopitif(ve) soporific, sleep-inducing

sorcière *f* witch

sort *m* plight

sortie *f* opening (of a film); exit

sortir to go out, to come out; to take out

sou *m* penny; **sans le —** penniless

souci *m* concern; **ne pas prendre le — de** to not bother to

soucieux(se) conscious; **— de sécurité** security conscious

souffler to breathe

souffrir to suffer

soufre *m* sulfur

souhaiter to wish, desire

soulager to relieve

soulever to lift, raise

souligner to underline; to stress

soupe: **—** *f* **populaire** soup kitchen, soup line, bread line

source *f* spring (water); source

sourd(e) deaf

sourire *m* smile

souris *f* mouse

sous under; **— vide** vacuum packed; **—-culture** *f* subculture

sous-marin *m* submarine

sous-sol *m* basement

soutien *m* support

souvenir (*pp* **souvenu**): **se —** to remember

souvent often, a lot

spacieux(se) large, roomy

speaker(ine) announcer

spécialisation *f* (academic) major

spectacle *m* show

spot *m* **publicitaire** commercial

stage *m* internship

stationnement *m* parking; **— sauvage** random parking

STT **(sciences et technologies tertiaires)** *f pl* science and technology in service industry

subir: **faire —** to impose

subtile subtle

subvention *f* financial support (grants, subsidies)

succulent(e) delicious

succursale *f* branch office, branch

sucre *m* sugar

sud *m* South

sueur *f* sweat; **à la — de son front** sweat of one's brow

suffir to be enough; **ça suffit** it's enough

suffisant(e) sufficient

suivre (*pp* **suivi**) to follow; to take (classes); to stalk

sujet *m* subject; **au — de** about, concerning

superflu(e) superfluous

suppléer to make up for

supplicier to torture

supprimer to suppress, take away

surdité *f* deafness

surface: **grande —** *f* hypermarket

surfer to surf; **— sur Internet** *m* to surf the Internet

surgelé(e) frozen; **produits —s** frozen food

surgir to arise; **— de** to rise from

surlendemain *m* two days later

surmené(e) to be exhausted

sursis: **avec —** with a suspended sentence

surtout above all, especially

surveillant(e) guard

surveiller to supervise; watch

survenue *f* occurrence

survivre (*pp* **survécu**) to survive

susceptible **(de)** capable (of)

T

tabasser *(fam)* to beat up

table *f* table; **— basse** coffee table; **— de nuit (de chevet)** bedside table, nightstand; **— roulante** serving table; **mettre la —** to set the table

tableau *m* blackboard; chart; painting

tablette *f* shelf

tabouret *m* stool

tache *f* spot; stain; **—s de rousseur** freckles

tâche *f* chore; task; **—s ménagères** household chores

taille *f* height, size

tailler to cut

taire (*pp* **tû**): **se —** to remain/to be quiet

tam-tam *m* drum

tandis **(que)** while

tant so much; **en — que** as; **— de** so many; **— mieux** so much the better

taper à la **machine** to type (on a typewriter)

tapis *m* rug; carpet

tarif *m* fare

tard late; **plus —** later

tarte *f* pie; **— Tatin** caramelized apple pie

tartine *f* slice of bread with butter and/or jam

tasse *f* cup

tâter to try

taurine of a bull

taux *m (pl)* rate(s); **— de chômage** unemployment rate; **— de criminalité** crime rate

teint(e) colored, tinted

teinturerie *f* dry cleaner's

télécommande *f* remote control

télécommandé(e) remote-controlled

télécopieur *m* fax machine

téléguidé(e) remote-controlled

téléphoner: **se —** to call each other

téléspectateur(trice) TV viewer

téléviseur *m* TV set

tellement so much; **— de** so many; **pas —** not so much

témoin *m* witness

temps *m* time; weather; **à plein —** full time; **à — partiel** part-time; **de — en —** from time to time; **emploi du —** schedule; **en même — que** at the same time as

tenace persistent

tendre (*pp* **tendu**) to stretch; **sous-—** to underlie

teneur *f* content; **forte —** high content

tenir (*pp* **tenu**) to take, hold (on); **— à** to insist on; **— compte de** to take into account; **— le coup** to hold out, last; **— pour acquis** to take for granted

tension *f* pressure; **— artérielle** blood pressure

termitière *f* termite hill

terrain *m* field; piece of land; **— de sports** sports field

terre *f* land; mud

tête *f* head; **—-à-— *m*** one-to-one conversation, in private

têtu(e) stubborn

TGV *m* **(train à grande vitesse)** high speed train

tiers *m* third

timbre *m* stamp

tintement *m* clanging

tirade *f* speech

tirer to shoot; to draw (something); **s'en — à bon compte** to accomplish

tireur(se) shooter; **— fou (folle)** sniper, someone who kills randomly

tiroir *m* drawer

tisser to weave

tissu *m* fabric

titre *m* title; **— de transport** type of ticket

toile *f* canvas

toiletteur *m* (de chiens) (dog) groomer

toit *m* roof; sous le — familial at home

tôle *f* metal

tomber: au — du jour/de la nuit at nightfall; *(v)* to fall; — de sommeil to fall asleep

tondeuse *f* à gazon lawn mower

tondre *(pp* tondu) to mow; — la pelouse to mow the lawn

torchon *m* kitchen towel

tôt early; — ou tard sooner or later

toujours always; still; comme — as always

toupie *f* top

tour *f* tower; les —s jumelles the Twin Towers, the World Trade Center

tournage *m* filming

tournée: en — on rounds (on a tour)

tourneur *m* worker who fashions wood

tout(e)/tous/toutes all; tout *(adv)*; — à coup all of a sudden; — à fait absolutely; — au long for the duration; — d'un coup suddenly; — en all the while; — simplement simply; — de suite right away, immediately

tout-à-l'égout *m* main sewer

traduire *(pp* traduit) to translate; to reveal

traînée *f* streak, trail

traîner to hang out, kick around

traire *(pp* trait) to milk (cows)

trait *m* feature

traite *f* trade; — des esclaves slave trade

traiter to treat

trajet *m* trip

tranche *f* slice; group; — d'âge age group

transports *m pl* publics public transportation

traquer to track down

traumatisant(e) traumatic, horrible

travail *m (pl* travaux) work; — à la chaîne assembly-line work; travaux dirigés lab work

travailler (chez, avec, dans) to work (at/for, with, in)

travailleur(se) (à la chaîne) (assembly-line) worker

travers: à — through

treizième thirteenth

trépidation *f* flurrying about

très very, a lot

trésor *m* treasure

tressé(e) woven, interlaced

tri *m* sorting out, selection

tribunal *m* court

tricher to cheat

tricot *m* knitting; faire du — to knit

tricoter to knit

trier to sort out

tringle *f* rail

triompher: faire — to uphold

tripes *f pl* cow or beef intestines

troisième third

trottoir *m* sidewalk

troué(e) with holes

troupeau *m* herd

trouver: se — to be, find oneself

truand *m* gangster

truite *f* trout

tuer to kill

tuyau *m* pipe, tubing

U

université *f* college, university

urbanisme *m* moderne modern urbanization

usine *f* factory

utile useful

V

vacances *f pl* vacation

vache *f* cow

vagabond *m* tramp, vagrant, wanderer

vague *f* wave; — de terrorisme terrorist spree

vaillance *f* bravery

vaisselle *f* dishes; lave-— *m* dishwasher; ranger la — to put the dishes away

valeur *f* value

valoriser to enhance; validate

vaniteux(se) vain, conceited (person)

vapeur *f* steam

vautour *m* vulture

veau *m* veal; ris de veau *m pl* calf sweetbreads

vedette *f* movie star

veille *f* night before; la — au soir the night before

veillée *f* late evening

veiller to be awake

veine *f (fam)* luck; avec de la — with luck

vendre *(pp* vendu) to sell

vendredi *m* Friday

venir *(pp* venu) to come; — de have just; to come from

vent *m* wind

vente *f* sale; prix *m* de — sale price

ventre *m* stomach; avoir le — vide to have an empty stomach

verdoyer to be green

verger *m* orchard

véritable genuine, real

vérité *f* truth

verre *m* glass

vers toward(s); around, about

verser to pay; to pour

vert(e) green

vertigineux(se) breathtaking

vêtement(s) *m (pl)* clothing

vêtu(e) dressed

veuf (veuve) widower (widow)

viande *f* meat

victime *f* victim; prendre pour — to victimize

vide empty; sous — vacuum packed

vider to empty

vie *f* life; conduite *f* de — lifestyle; mode *m* de — lifestyle; niveau *m* de — standard of living; — de qualité quality life; — dure hard life; — nocturne night life

vieillir to get old, to age

vieux/vieil (vieille) old

vif(ve) alive; lively; au vif on edge

vigne *f* vineyard

ville *f* city, town; en — downtown

vin *m* wine

vingtaine *f* twenty or so

viol *m* rape

violenter to assault, nug

violer to rape

violeur *m* rapist

vis *f* screw

visage *m* face

viser to aim at/for

vite quickly, fast

vitesse *f* speed; — maximale speed limit

viticulteur (viticultrice) wine producer

vitré(e) with a window (glass); baie *f* vitrée bay window

vivant(e) lively; alive

vivre *(pp* vécu) to live; — d'expédients to live from hand to mouth

vœu *m* wish

voici here is/are

voie *f* track; — ferrée railroad

voilà here (is/are); there (is/are)

voile *m* veil

voile *f* sailing; faire de la planche à — to go windsurfing

voilier *m* boat

voir *(pp* vu) to see; se — to see each other

voisinage *m* neighborhood

voiture *f* car; — piégée car bombing

voix *f (pl)* voice(s)

vol *m* theft;— à l'étalage shoplifting; — avec violence armed robbery

vol-au-vent *m* filled puff pastry shell

volaille *f* poultry

voler to steal; to fly

voleur(se) thief; — à l'arraché purse snatcher; — à la tire pickpocket; — à l'étalage shoplifter

vouloir *(pp* voulu) to want; — dire to mean; en — à to bear a grudge against

volonté *f* will, willingness

voyage *m* travel, journey; gens du — *m f pl* people who travel in campers

voyager to travel

voyelle *f* vowel

vrai(e) true; c'est vrai it's true

vraiment really

vu given

vue *f* sight

vulgaire common, popular; vulgar, rude

Index

France

MER DU NORD

Pays-Bas

Angleterre

Allemagne

Belgique

Dunkerque

Calais

NORD-PAS-
DE-CALAIS

Lille

Valenciennes

Luxembourg

LA MANCHE

Cherbourg

HAUTE-
NORMANDIE

Amiens

PICARDIE

Le Havre

Rouen

Seine

Reims

Metz

LORRAINE

ALSACE

Caen

Paris

Nancy

Strasbourg

Saint-Malo

BASSE-
NORMANDIE

Versailles

ÎLE-DE-
FRANCE

CHAMPAGNE-
ARDENNE

Moselle

VOSGES

Brest

Fougères

Troyes

Seine

Mulhouse

Rhin

BRETAGNE

Rennes

Le Mans

Orléans

BOURGOGNE

Saône

Besançon

JURA

PAYS DE LA LOIRE

Blois

Chambord

Dijon

FRANCHE-
COMTÉ

Suisse

Angers

Tours

St-Nazaire

Loire

Chenonceaux

Nantes

Chinon

Azay-le-
Rideau

Bourges

Nevers

Chalon-sur-
Saône

CENTRE

Poitiers

Loire

OCÉAN

LIMOUSIN

Vichy

Rhône

Annecy

La Rochelle

Clermont-
Ferrand

Lyon

ATLANTIQUE

POITOU-
CHARENTES

Limoges

Saint-Étienne

RHÔNE-ALPES

Italie

Périgueux

AUVERGNE

Grenoble

ALPES

Bordeaux

MASSIF CENTRAL

Rhône

PROVENCE-
ALPES-
CÔTE-
D'AZUR

Rodez

AQUITAINE

Garonne

MIDI-PYRÉNÉES

Avignon

Monte-
Carlo

Nîmes

Tarascon

Grasse

Monaco

Biarritz

Bayonne

Toulouse

Montpellier

Aix-en-
Provence

Nice

Pau

PYRÉNÉES

Béziers

Toulon

Cannes

Carcassonne

Narbonne

Marseille

LANGUEDOC-
ROUSSILLON

Espagne

Andorre

Perpignan

MER MÉDITERRANÉE

CORSE

Ajaccio

0   75 km

©1993 Magellan Geographix^{SM}Santa Barbara CA

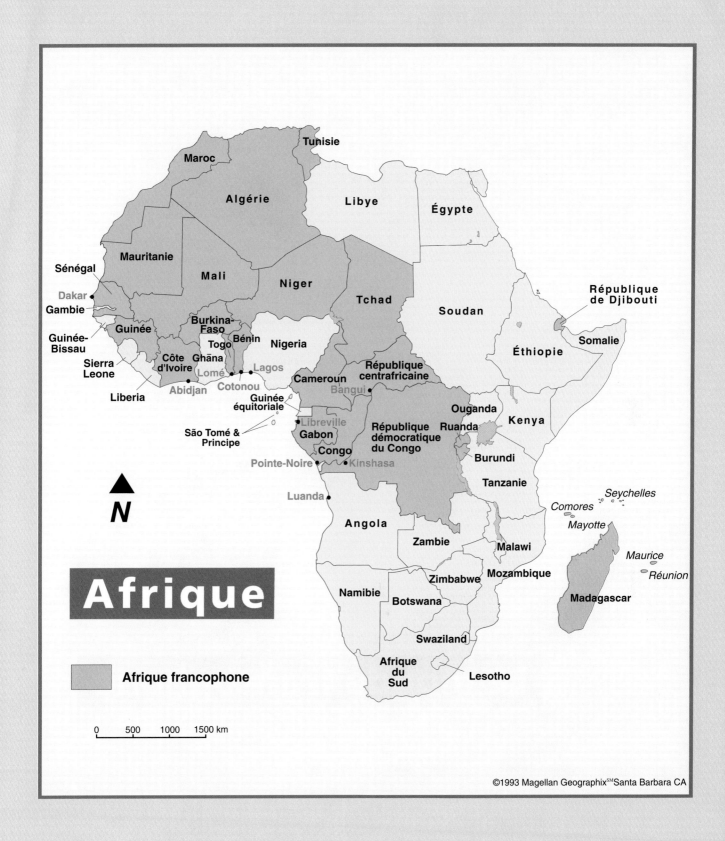

Tunisie
Maroc
Algérie
Libye
Égypte
Mauritanie
Sénégal
Mali
Niger
Dakar
Gambie
Tchad
Soudan
République
de Djibouti
Guinée
Burkina-
Faso
Guinée-
Bissau
Togo Bénin
Nigeria
Somalie
Sierra
Leone
Côte
d'Ivoire
Ghāna
Lomé
Éthiopie
Liberia
Abidjan
Cotonou
Cameroun
République
centrafricaine
Lagos
Guinée
équitoriale
Bangui
Ouganda
Kenya
São Tomé &
Principe
Libreville
République
démocratique
du Congo
Ruanda
Gabon
Congo
Burundi
Pointe-Noire
Kinshasa
Tanzanie
Luanda
Seychelles
Comores
Angola
Mayotte
Zambie
Malawi
Maurice
Réunion
Zimbabwe
Mozambique
Madagascar
Namibie
Botswana
Swaziland
Afrique
du
Sud
Lesotho

N

Afrique

Afrique francophone

0   500   1000 1500 km

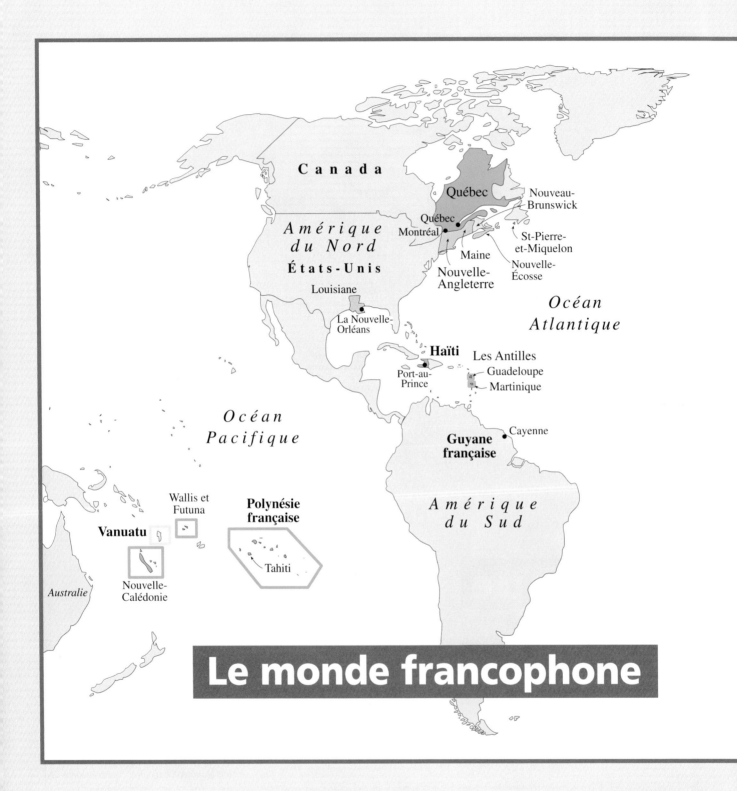

Le monde francophone

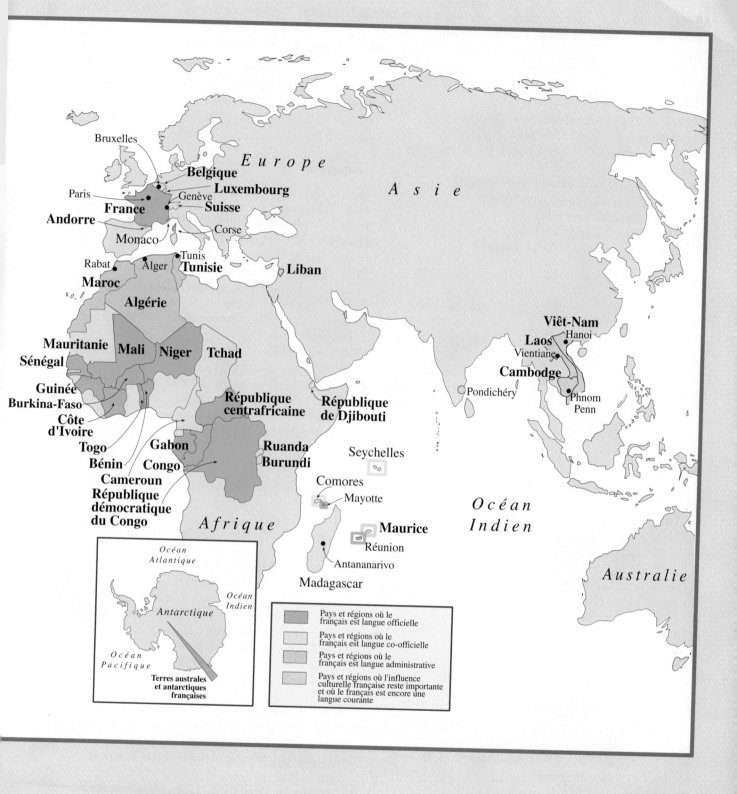

Bruxelles

Europe

Asie

Belgique

Luxembourg

Paris

Genève

France   Suisse

Andorre

Monaco   Corse

Tunis

Rabat   Alger   **Tunisie**   **Liban**

Maroc

Algérie

Viêt-Nam

Laos   Hanoi

Vientiane

Mauritanie **Mali** **Niger** **Tchad**

Sénégal

Cambodge

Guinée

Burkina-Faso

Côte
d'Ivoire

Pondichéry

Phnom
Penn

**République
centrafricaine**

**République
de Djibouti**

Togo   **Gabon**

Bénin   **Congo**

Cameroun

Ruanda

Burundi

Seychelles

**République
démocratique
du Congo**

Comores

Mayotte

Océan
Indien

Afrique

Maurice

Réunion

Antananarivo

Océan
Atlantique

Madagascar

Océan
Indien

Australie

Antarctique

Océan
Pacifique

**Terres australes
et antarctiques
françaises**

Pays et régions où le
français est langue officielle

Pays et régions où le
français est langue co-officielle

Pays et régions où le
français est langue administrative

Pays et régions où l'influence
culturelle française reste importante
et où le français est encore une
langue courante

Credits

photographs not otherwise credited are owned by © Heinle, Thomson. We have made every effort to trace the ownership of all material and to secure permissions from the copyright holders. In the even of any question arising regarding the use of any material, we will make the necessary corrections for future printings.

Chapitre préliminaire

2 *bl* © Timothy O'Keefe/Index Stock Imagery
2 *tr* © Jennifer Broadus/Index Stock Imagery
2 *m* © Omni Photo Communications, Inc./Index Stock Imagery
2 *br* © Henryk T. Kaiser/Index Stock Imagery
3 © Bob Handleman/Stone/Getty Images
5 © Ulrike Welsch/Photo Edit
6 *l* © Eric Kamp/Index Stock Imagery
6 *r* © James Lemass/Index Stock Imagery

PREMIERE PARTIE

7 *t* © Ludovic Maisant/Corbis
7 *m* © Ulrike Welsch
7 *b* © Philip Gould/CORBIS

Chapitre 1

8 *tl* © Scott Daniel Peterson
8 *bl* © Victor Englebert
8 *tr* © Owen Franken
9 © Ludovic Maisant/Corbis
13 *tl,* 17 *tr,* 23 t © Annebicque Bernard/CORBIS Sygma
13 *tm,* 17 *bl* © Giry Daniel/CORBIS Sygma
13 *bl* © Astier Frederik/CORBIS Sygma
16 *t* © Annebicque Bernard/CORBIS Sygma
16 *m* © Jennifer Broadus/Index Stock Imagery
16 *b* © GoodShoot/SuperStock
17 *m* © Owen Franken/CORBIS
17 *br* © Beryl Goldberg
23 *mr* © Victor Englebert
23 *bl* © Stuart Cohen
27 *l* © Réunion des Musées Nationaux/Art Resource, NY
27 *r* © Private Collection, Zurich/SuperStock
28 *l* © Musée d'Orsay, Pariss/Lauros-Giraudon/SuperStock
28 *r* © Tate Gallery, London/Art Resource, NY
31 *m* © ThinkStock LLC/Index Stock Imagery
34 *tl* © Wendell Metzen/Index Stock Imagery
34 *tr, b* © Philip Wegener-Kantor/Index Stock Imagery
35, 36 *tl* © Victor Englebert
36 *tr* © Ben Mangor/SuperStock
36 *br* © Edgar Cleijne/Peter Arnold
37 *t* © Dennis Degnan/CORBIS
42 *t, bml* © Bettmann/CORBIS
42 *ml* © Réunion des Musées Nationaux/Art Resource, NY
42 *mml* © Austrian Archives/CORBIS
42 *mmr* © Ewing Galloway/Index Stock Imagery
42 *mr, bl* © Hulton-Deutsch Collection/CORBIS
42 *bmr* © Archivo Iconografico,S.A./CORBIS
42 *br* © Private Collection, Paris/SuperStock

Chapitre 2

48 *tl* © DeRichemond/The Image Works
48 *tr* © Michael Newman/Photo Edit
48 *br* © Wolfgang Kaehler/CORBIS
49 *t,* 56 *bl* © Nathan Benn/CORBIS
49 *b* © Ulrike Welsch
51 *bl* © Taxi/Getty Images
51 *br* © Tony Freeman/Photo Edit
55 *ml* © Benelux Press/Index Stock Imagery
55 *br* © Omni Photo Communications/Index Stock Imagery
57 © Hemera Photo Objects
60 *br* © Esther Marshall, Heinle
67 *t* © Great American Stock/Index Stock Imagery
71, 72 © Owen Franken/CORBIS
77 © Bud Freund/Index Stock Imagery
79 *t* © ThinkStock LLC/Index Stock Imagery

Chapitre 3

86 *tl* © David Schmidt/Masterfile
86 *tr* © SuperStock
86 *bl* © PicImpact/CORBIS
86 *br* © Thomas Craig/Index Stock Imagery
87 *tl,* 112 *b* © Andrew McKim/Masterfile
87 *br,* 99 *l* © Philip Gould/CORBIS
89 *tl* © Esther Marshall, Heinle
89 *ml* © Thomas Craig/Index Stock Imagery
89 *bm* © Raymond Delalande/JDD/Gamma-Presse
89 *br* © Andrew Lichtenstein/Aurora Photos
104 © Michael Mahovlich/Masterfile
105, 112 *t* © Owen Franken/CORBIS
106 © ThinkStock LLC/Index Stock Imagery
110 © James Kay/Index Stock Imagery
114 © Sebastien Dufour/Gamma-Presse
127 *tl* Pablo Picasso © Artist Rights Society (ARS), NY, "Portrait of Marie-Therese." Photo by B. Hatala, Réunion des Musées Nationaux/Art Resource, NY. Musée Picasso, Paris.
127 *tr* Eugene Delacroix, "Liberty Leading the People." Photo by Herve Lewandowski, Réunion des Musées Nationaux/Art Resource, NY. Louvre, Paris.
127 *ml* Paul Cezanne, "Still Life with Curtain and Flowered Pitcher." Scala/Art Resource, NY. Hermitage, St. Petersburg.

Géographie première, © Bordas, Paris 1982, p. 121

11 Courtesy of Groupe immobilier Mercure, Rennes, France

11 Courtesy of Immobilier Bragato, Auch, France

11 Courtesy of Immovac, Paris, France

11 Courtesy of Immo City, Paris, France

11 Courtesy of Agence Palomar, Blagnac, France

16 Courtesy of Fidim Immobilier, Paris, France

17 *La France au quotidien*, © Presses Universitaires de Grenoble, 2001, pp. 66, 69

18 Gérard Mermet, *Francoscopie 2001*, © Larousse / HER 2000, pp. 175–177, 180

18 *L'Express International*, 27 juin–3 juillet 2002, Paris

37–38 Christiane Rochefort, *Les petits enfants du siècle*, © Éditions Bernard Grasset, Paris, 1961, pp. 41–43

44–46 Ferdinand Oyono, *Une vie de Boy*, © Éditions Julliard, Paris, 1956, pp. 57–64

55–57 Gérard Mermet, *Francoscopie 2001*, © Larousse / HER 2000, pp. 184–191, *Francoscopie 2003*, © Larousse

71–72 Mylène Rémy, *Le Sénégal aujourd'hui*, © Les Éditions du Jaguar, 2003, ISBN 2-86950-372-5, pp. 230–231

76–77 *Mythologies*, Roland Barthes, © Éditions du Seuil, 1957, coll. Points Essais, 1970, pp. 74–79

82–83 Claudine Roland and Didier Grosjean, *Copain de la cuisine*, © Éditions Milan, 1999, pp. 122–123

93 Adapté de Gérard Mermet, *Francoscopie 2001*, © Larousse

115–116 Joseph Zobel, *La Rue Case-nègres*, © Présence Africaine, Paris 1948, pp. 221–223

118 Adapté de Gérard Mermet, *Francoscopie 2003*, © Larousse

121 Adapté de *Les Dernières Nouvelles d'Alsace*, 29 avril 2002

132–133 *Planète Jeunes*, no. 52, août–septembre 2001

139–140 *Fille ou garçon, tous les métiers sont permis*, © Okapi, Bayard Jeunesse, 2002, pp. 13, 15

149–152 *Planète Jeunes*, no. 46, août–septembre 2000, pp. 6–8; [photographes] © Nicolas Cornet/*Planète Jeunes*

166–167 *Planète Jeunes*, no. 53, octobre–novembre 2001, pp. 22–23

170–172 Excerpts from *Le Petit Prince*, Antoine de Saint-Exupéry, © 1943 by Harcourt, Inc. and renewed 1971 by Consuelo de Saint-Exupéry, reprinted by permission of the publisher

174 Gérard Mermet, *Francoscopie 2001*, © Larousse / HER 2000, p. 218

176 *Le Racisme expliqué à ma fille*, Tahar Ben Jelloun, © Éditions du Seuil, 1957, coll. Points Essais, 1970, pp. 7, 9, 10–11

181 Texte de Arnaud Schwartz, *L'Amérique touchée au cœur*, © Okapi, Bayard Jeunesse, 2001

182–183 Courtesy of Hélène Gresso, *New York, la ville qui ne dort jamais, est devenue fantôme!*

184–185 Texte de Guillemette Faure, *11 septembre, 1 an déjà*, © Okapi, Bayard Jeunesse, 2002, pp. 6–7

186–187 *Planète Jeunes*, no. 35, octobre–novembre 1998, pp. 12–15

193–194 Gérard Mermet, *Francoscopie 2001*, © Larousse / HER 2000, p. 262

194 *Le Journal Français*, vol. 24, no. 8, août 2002

195 *Planète Jeunes*, no. 39, juin–juillet 1999, pp. 12–15

198 *Paris le journal*, no. 125, 15 mai 2002, Paris

199 *Planète Jeunes*, no. 45, juin–juillet 2000, pp. 12–14 ; [photographe] © Karim Boye/Hoa-Qui

206 *Pariscope*, nos. 1781, 1774

208 Adapté de © Okapi, no. 687, 1er février 2001

222–238 Michel Butor, *Réseau aérien*, © Éditions Gallimard, pp. 7–34